THE ITALIAN EMIGRATION
to the
UNITED STATES, 1880–1930

LLOYD ITALIANO - Società di Navigazione

Sede Centrale in GENOVA
Sede in NAPOLI

SOCIETÀ ANONIMA
CAPITALE SOCIALE
Lire it. 20.000.000 interamente versato

UFFICIO EMIGRAZIONE
di NAPOLI

№ 02549   N. 172

Biglietto d'Imbarco per N.° **1** posti di 3.ª Classe

col Vapore di bandiera italiana **FLORIDA** (Stazza netta Tonnellate 3120 / Velocità alle prove 14.7 miglia all'ora)

che partirà da **NAPOLI** il 22. 7. 1907 per **NEW-YORK**

toccando di scalo i Porti di _____

DURATA DEL VIAGGIO GIORNI **13** (comprese le fermate nei Porti di scalo).

	NOME E COGNOME	Età	Cuccette	Razioni
1	Mancini Giuseppe	27	1	1
2				
3				
4	Piccolo bagaglio 60			
5	per N. ... colli inferiori L. it. 50 ...			
6	» ... superiori . . » 50			
7	Il passeggero			
	TOTALE		1	1

Nolo di passaggio L. it. _187_ per ogni posto commerciale.

Il presente biglietto dà diritto all'imbarco gratuito di 100 Kg. di bagaglio, purché non superi il volume di mezzo metro cubo, ad ogni posto commerciale. L'eccedenza bagaglio è tassata in ragione di L. it. 5 per ogni decimo di metro cubo.

Buono Anticipato N. 1271
N. ... posti a L. it. ... Totale L. it. ...
Acconto pagato al Rappresentante . . . L. it. ...
Rimanenza . . .

IL VETTORE
LLOYD ITALIANO - Società di Navigazione

Napoli, li 22 Lug 190__

Il nolo comprende la tassa di sbarco americana di dollari QUATTRO a testa (L. it. 21 circa) e la tassa italiana di lire OTTO a posto.

Third Class Passenger Ticket / Naples to New York / July 1907

THE ITALIAN EMIGRATION to the UNITED STATES, 1880–1930

A Bibliographical Register of Italian Views

Including
Selected Numbers From the Italian Commissariat
of Emigration, *Bollettino dell'Emigrazione*

FRANCESCO CORDASCO
and
MICHAEL VAUGHN CORDASCO

1990
JUNIUS-VAUGHN PRESS, INC.
Fairview, New Jersey & London

LIBRARY OF CONGRESS CATALOGING IN PUBLICATION DATA

CORDASCO, Francesco, 1920-

The Italian emigration to the United States, 1880-1930 : a bibliographic register of Italian views, including selected numbers from the Italian Commissariat of Emigration, Bollettino dell'emigrazione / Francesco Cordasco and Michael Vaughn Cordasco.
  p.   cm.
  ISBN 0-940198-05-3
  1. Italians—United States—Public opinion—Bibliography.
  2. Italian Americans—Public opinion—Bibliography. 3. United States—Emigration and immigration—Public opinion—Bibliography.
  4. Italy—Emigration and immigration—Public opinion—Bibliography.
  5. Immigrants—United States—Public opinion—Bibliography.
  6. Public opinion—Italy—History—Bibliography.   I. Cordasco, Michael Vaughn, 1950- . II. Title.
  Z1361.I8C6594   1990
  [E184.I8]   89-28203
                                                          CIP

First published in the United States 1990 by:
Junius-Vaughn Press, Inc.
[A Division of Junius Book Distributors, Inc.]
P.O. Box 85, Fairview, New Jersey 07022 U.S.A.

In the United Kingdom:
Junius Book Distributors, Inc.
Gloucester Crescent, LONDON NW1

COPYRIGHT 1990 By JUNIUS BOOK DISTRIBUTORS, INC.

All rights reserved. No part of this publication
may be reproduced or transmitted, in any form
or by any means, without the written permission
of the Publishers.

Printed & Bound in the United States of America

In Memory of

Margaret Cordasco Macagne (1909–1989)
An immigrant child in America

"I'm one of the millions of immigrant children, children of loneliness wandering between worlds that are at once too old and too new to live in."
—*Anzia Yezierska*

"No one can follow the fortunes of the Italians abroad without being struck by a sort of contempt in which they are often held. "Dago," "gringo," "carcamano," "badola," "cincali," "macaroni"—how long the list of epithets might be! "Italy feeds nobody and is everybody's guest" was the widely quoted utterance of a Frenchman. Whether such names and such opinions originate in the laborer's resentment of competition or in the citizen's easy association of objectionable or misunderstood personal attributes with the idea of the foreigner, they but emphasize the discomfort of the Italians and stir up a sense of shame in Italy. In the Parliament at Rome frequent reference has been made to the dislike in which Italians have been held in the United States, and such men as San Giuliano and Tittoni believed there were reasons for it. Those who have most lauded the Greater Italy of the emigrants have realized its circumscriptions. Money confers a respect and an influence (that of England for example in Argentina) to which toil cannot attain. The Greater Italy is an empire—but a proletariate empire. It bestrides the world like a Colossus—but a Colossus arrayed in rags."

Robert F. Foerster,
The Italian Emigration Of Our Times (1919)

BOOKS BY FRANCESCO CORDASCO

A Selected Short Title List

SHAPING OF AMERICAN GRADUATE EDUCATION (1960)
EDUCATIONAL SOCIOLOGY (1965)
THE SCHOOL IN THE SOCIAL ORDER (1967)
JACOB RIIS REVISITED: POVERTY AND THE SLUM (1968)
EDUCATION IN THE URBAN COMMUNITY (1969)
MINORITIES AND THE AMERICAN CITY (1970)
ITALIANS IN THE UNITED STATES (1972)
PUERTO RICANS ON THE UNITED STATES MAINLAND (1972)
EQUALITY OF EDUCATIONAL OPPORTUNITY (1973)
THE PUERTO RICANS (1973)
ITALIANS: SOCIAL BACKGROUNDS OF AN AMERICAN GROUP (1974)
BILINGUAL SCHOOLING IN THE UNITED STATES (1976)
IMMIGRANT CHILDREN IN AMERICAN SCHOOLS (1976)
THE BLACK HAND: A CHAPTER IN ETHNIC CRIME (1977)
ITALIAN MASS EMIGRATION (1980)
AMERICAN ETHNIC GROUPS: THE EUROPEAN HERITAGE (1981)
THE WHITE SLAVE TRADE AND THE IMMIGRANTS (1981)
THE PUERTO RICAN COMMUNITY AND ITS CHILDREN (3rd ed., 1982)
THE IMMIGRANT WOMAN IN NORTH AMERICA (1985)
THE NEW AMERICAN IMMIGRATION (1987)
DICTIONARY OF AMERICAN IMMIGRATION HISTORY (1989)

THE ITALIAN EMIGRATION
to the
UNITED STATES, 1880–1930

Table of Contents

Frontispiece   *iv*

Preface   *xi*

Introduction   *1*

The Impact of Emigration on Italian Public Opinion and Politics   *11*

The Italian Emigration to the United States, 1880-1930: A Bibliographical Register of Italian Views   *25*

Selected Numbers from the Italian Commissariat of Emigration, *Bollettino dell'Emigrazione*   *59*

1. L'Immigrazione Italiana nel Colorado e nell'Utah. 1902 (No. 5): 26-34
2. Sulla Associazione detta di San Raffaele per la Protezione degli Immigranti Italiani negli Stati Uniti. 1903 (No. 1): 56-62
3. Il Terremoto di San Francisco e la Colonia Italiana. 1906 (No. 12): 28-45
4. Il *Peonage* nel Sud degli Stati Uniti. 1910 (No. 5): 3-20
5. Per gli Immigranti Italiani negli Stati Uniti di America: Consigli e Suggerimenti. 1912 (No. 3): 49-55
6. Le Società Italiane negli Stati Uniti Dell'America del Nord. 1912 (No. 4): 19-54
7. Condizioni della Emigrazione nel R. Distretto Consolare in Chicago. 1913 (No. 1): 27-33
8. L'Emigrazione Italiana in California. 1913 (No. 14): 55-57

A Handlist of Selected Publications on Italian Emigration and Related Matters   *173*

Index   *183*

Preface

Italian visitors to the United States were relatively few before 1850. Henry T. Tuckerman (1813-1871), the American critic and essayist, in his *America And Her Commentators* (1864) mentions only eight Italian visitors: the figure is short of the actual mark, but Andrew J. Torrielli is (in noting Tuckerman's small number) not incorrect in observing that "On the other hand, England, France, and Germany had supplied a long list of observers in the New World, leaving only Spain and Italy scantily supplied with information on the subject."[1] Torrielli's explanation for the paucity of Italian visitors to America is tenable, if not altogether adequate: "Indeed, it had come to be almost a characteristic of the Italian that he did not travel. The main deterrent was obviously the continuously travailed condition of the peninsula. Occupied as he was with plans to overthrow the domination of foreigners or with petty internal quarrels, the intensely patriotic Italian of the period could not for any length of time turn his attention far from Italy. The wars for independence and the subsequent struggle for unification forced the Italians to remain at home."[2]

What Torrielli seems to have missed is that the number of visitors to America is directly related to the patterns of migration to America and to the timeframes in which these migrations took place. Italian emigration to the United States before 1850 was relatively small (miniscule in comparison with other European groups): *e.g.* in 1841 only 179 Italians are recorded; in 1845, only 137; in 1850, only 431. The swelling tide of Italian emigration to the United States began in the last quarter of the 19th century and continued unabated until the American restrictive immigration quotas of the 1920's. In these years Italian emigration ranges from 5711 recorded in 1880 to 358,569 in 1906; 376,776 in 1913; 349,042 in 1920; to the ebb-tide of 35,785 in 1930. It is across

---

[1] Andrew J. Torrielli, *Italian Opinion on America As Revealed by Italian Travelers, 1850-1900* (Cambridge: Harvard University Press, 1941), p. 3.

[2] *Ibid.* For a more insightful analysis, see Anna Maria Martellone, "Italian Mass Emigration to the United States, 1876-1930: A Historical Survey," *Perspectives in American History,* New Series, I (1984): 379-423. A major reference for recent Italian scholarship in the history of Italian transoceanic migration is Emilio Franzina, "Emigrazione Transoceanica e Ricerca Storica in Italia: Gli Ultimi Dieci Anni, 1978-1988," *Altreitalie* 1 (April 1989): 6-57.

this time-frame (1880-1930) which chronicles the vast Italian out-migration that a kaleidoscope of Italian opinion forms and registers the multifaceted reactions to what Anna Maria Martellone calls "perhaps the most significant social phenomenon in Italian post-unification history."

This small volume[3] has, as its chief objective, the compilation of a bibliographical register of Italian opinion from 1880 through 1930 on Italy and the United States set in the larger looming context of an emigration which the American economist Robert F. Foerster observed "belongs among the extraordinary movements of mankind... [which] in its chief lineaments has no like."[4] The bibliographical register is selective and makes no pretense to a complete (or comprehensive) coverage. For the most part (with only a few exceptions) it excludes Italian government official reports, *e.g.*, the voluminous publications of the Italian Commissariat of Emigration, the creature of the Italian Emigration Law enacted by the Parliament on January 31, 1901. We have, however, incorporated into the *Register* all those materials in the Commissariat's *Bollettino dell'Emigrazione* dealing with the United States. The *Bollettino* materials constitute a wide-ranging vast resevoir of contemporary accounts by Italian officials and independent observers. These *Bollettino* materials have a special importance affording, as they do, during the *Bollettino's* history (1902-1927), a mirror in which Italian opinion on the mass emigration (world wide) and its United States components, particularly, are reflected as nowhere else.[5]

This new volume affords the opportunity to make available selected articles drawn from the various numbers of the *Bollettino*. They are reprinted, herein, without change, offering a tantalizing glimpse of the immense resources of the *Bollettino,* essential, in our judgment, for any serious study of Italian mass emigration. Included are accounts of (1) Italian immigration in Colorado and Utah; (2) the *San Raffaele* Association for the Protection of Italian Immigrants in the United States; (3) the 1906 San Francisco earthquake and the Italian community; (4) Italian "peonage" in the American South; (5) Advisements to Italian immigrants to the United States; (6) Italian societies in the United States; (7) Italian immigration in California; (8) Italian immigrants in Chicago.

[3]It may be considered a supplement to Francesco Cordasco, *Italian Mass Emigration: The Exodus of a Latin People: A Bibliographical Guide to the Bollettino Dell'Emigrazione, 1902-1927* (Totowa, N.J.: Rowman & Littlefield 1980) which chronicles the emigration of Italians to all parts of the world.

[4]Robert F. Foerster, *The Italian Emigration of Our Time* (Cambridge: Harvard University Press, 1919). Reissued with an introductory Note by Francesco Cordasco (New York: Russell & Russell, 1968), p. 3. Robert F[ranz] Foerster (1883-1941), the Princeton University economist, has suffered some demeaning criticisms by recent historians, in our judgment undeserved. Professor Foerster was a man of his times and not uninfluenced by its prejudices, but his *Italian Emigration of Our Times* is a *truly* great work whose vast scope and social portraiture are matched only by (for the southern continent) Antonio Franceschini, *L'Emigrazione Italiana nell'America del Sud: Studi sull'Espansione Coloniale Transoceanica* (Roma: Forzani, 1908), sadly as yet not translated into English, and generally unavailable.

[5]For a discussion of the *Bollettino* and its history, see the "Introduction" *infra*.

The more than six hundred entries in the *Register* cover a varied and protean range of Italian opinion on the mass emigration of their countrymen, women and children. Erik Amfitheatrof has graphically caught the sense of this extraordinary phenomenon: "The exodus of southern Italians from their villages at the turn of the twentieth century has no parallel in history. Out of a total population of fourteen million in the South at the time of national unification in 1860-1870, at least five million—*over a third of the population*—had left to seek work overseas by the outbreak of World War I. (In Italy as a whole, over eleven million people, a quarter of the population, emigrated at least once in the thirty-year period between 1881 and 1911.) The land literally hemorrhaged peasants."[6]

The Italian reaction to this *volkerwanderung* is as diverse as the migration's character. It attempts to understand its compelling motivations. The good and evil of emigration are fiercely debated. Was it a case of *lumpenimperialismus,* what Robert F. Foerster with ironic felicity called an *"imperialismo della povera gente"*? Napoleone Colajanni remarked in 1901: "An imperialism fed by misery and that should be a *means* to achieve prosperity rather than a *product* of the latter, has never existed." Was emigration more or less a natural event that had to run its full course according to its own momentum? Was emigration a spearhead of pacific penetration in young and promising nations, "the privileged instrument for the expansion of foreign trade and the enhancing of political and cultural influence abroad"? The Italian historian, Alberto Aquarone, succinctly observes: "More to the point, the ambiguous role of emigration in shaping the various images of expansion offered to Italian public opinion, mirrored the contradictions and ambiguities of the economic and social development of the nation and its related needs in the field of foreign policy."[7] Whatever the ambiguities, the evolving Italian public opinion on emigration is encapsulated, with all of its divergent richness, in the entries of the *Register.*

It is strange that this vast literature on a nation's response to emigration, and concomitantly the experience of Italians in the receiving nations, have invited so little attention. Torrielli's *Italian Opinion on America* (1941) is good as far as it goes, but we suspect that Torrielli's turgid prose, very tightly defined limitations, and "literature of travel" emphasis are attributable to its doctoral idiosyncrasies (it was a Ph.D. dissertation, published as Harvard Studies in Romance Languages, No. 15), and to the inimical disdain of a Harvard professoriate which doubted the legitimacy of "immigration" as a field

---

[6]Erik Amfitheatrof, *The Children of Columbus: An Informal History of Italians in the New World* (Boston: Little, Brown, 1973), p. 138.
[7]Alberto Aquarone, "The Impact of Emigration on Italian Public Opinion and Politics" in Humbert S. Nelli, ed., *The United States and Italy: The First Two Hundred Years.* Proceedings of the Ninth Annual Conference of the American Italian Historical Association. (New York: American Italian Historical Association, 1977), pp. 134-135. Professor Aquarone's essay is the most cogent commentary on the complicated phenomenon, and with his kind permission, we have included his essay in the volume.

of scholarly study. Heinz Reiske's *Die USA in den Berichten Italienische Reisenedr* (1971)[8] is, basically, a handlist of titles with some annotations, of some value, but seriously flawed in its design and data. Giuseppe Massara's *Viaggiatori Italiani in America, 1860-1970* (1976)[9] is a richly textured account (if without a socio-political sophistication) which deserves to be translated into English. What can be done with the protean Italian confrontation and response to America is suggested by Donald Heiney in his *America In Modern Italian Literature* (1964), but Professor Heiney's interests lie elsewhere, and his encounter with Italian emigration is furtively brief.[10]

We have, with little change, included in the volume the "Introduction" to Francesco Cordasco's *Italian Mass Emigration*, and its "Handlist of Selected Publications on Italian Emigration and Related Matters." The frontispiece is a facsimile of a third-class ticket issued on July 28, 1907 for the voyage on the Lloyd Italiano *Florida* from Naples to New York.

We need hardly note that scathing criticisms have been made of the "culturally elitist Italian policies which governed the mass emigration of a surplus rural proletariat." Millions of Italian immigrants were abandoned to an industrial and rural peonage in inhospitable foreign lands, and their labor sold and traded in world markets; the Italian governing bourgeoisie which sent its compatriots across the seas to labor and to die stands indicted, and there is an ineradicable stain on the conscience of a nation.[11] The economist, Robert F. Foerster sensed this shame in 1919 when, in a poetic apostrophe, he attempted to ameliorate the pain of his study.[12]

FRANCESCO CORDASCO
MICHAEL VAUGHN CORDASCO
West New York, N.J., August 1989

[8]Heinz Reiske, *Die USA in den Berichten Italienische Reisender*. Meisenheim am Glan: Verlag Anton Hain, 1971.

[9]Giuseppe Massara, *Viaggiatori Italiani in America, 1860-1970*. Roma: Edizioni di Storia e Letteratura, 1976. See also, Massara, *Americani: L'Immagine Letteraria degli Stati Uniti In Italia* (Palermo: Sellerio, 1984); and A.P. Surdi and G. Penteriani, eds, *Le Immagine degli Stati Uniti Attraverso le Testimonianze dell'Esperienza Italiana in America, 1850-1914* (Roma: Centro di Studi Americani, 1981).

[10]"The part played by emigration in forming the Italian image of America was of great importance, perhaps more important than any other factor, especially among the poor and uneducated. It influenced not only those who went [to America] but also, in a way more strongly, those who stayed behind." Donald Heiney, *America in Modern Italian Literature* (New Brunswick, N.J.: Rutgers University Press, 1964), p. 14.

[11]Italian marxist historians have relentlessly pursued this theme. See, in this connection, Ernesto Ragionieri, "Italiani all'Estero ed Emigrazione di Lavoratori Italiani: Un Tema di Storia del Movimento Operaio." *Belfagor* 17 (1962): 640-699; and also, Martellone, *op. cit.*

[12]"One honor indeed Italy enjoys upon which little or no stress has been laid. Her blood makes its contribution to the great world races. Her sons die, but their sons live on. As generations of plants succeed one another, there is here an immortality of race stock. The Italian blood will count in the remotest future of Europe and North Africa, of South and North America, and in some important countries it will count for a great deal. What the natural historian of emigration here sees is no barren distinction to Italy. But, also, what he sees fails to send a thrill through the heart of the patriot in the Mediterranean, who beholds only the price that has inevitably to be paid: political and cultural discontinuity and sacrifice." Foerster, *op. cit.*, p. 506.

Introduction

Italian Emigration

The Italian emigration of modern times is one of the great mass migrations of a people: in size, in the multiplicity of its destinations, and in the complexity of the forces which brought it into being (what the economist Robert F. Foerster felicitously simplified as *"l'imperialismo della povera gente"*), it may well be without parallel in the annals of modern history. It has been estimated that no fewer than 25,800,000 Italians emigrated between 1876 and 1976, and that since 1900 more than 10 million Italians left their country permanently. In 1913 the emigration reached a high point of 872,598 expatriates; as late as 1961, the number of emigrants was 387,123. The significance of this emigration, in its overall effect on Italy, but equally on those countries to which Italians emigrated, is more fully comprehended in the official figures which delineate the phenomenon of return: from 1905 (the year in which the first official figures appear regarding repatriation of Italians from overseas countries) through 1976, some 8,500,000 Italians returned home. For the millions who did not return, emigration was permanent and an answer to a complex set of factors which impelled the vast human migration out of an inhospitable homeland.[1]

The journalist, Erik Amfitheatrof, has graphically caught the sense of this extraordinary phenomenon: "The exodus of southern Italians from their villages at the turn of the twentieth century has no parallel in history. Out of a total population of fourteen million in the South at the time of national unification in 1860–1870, at least five million—*over a third of the population*—

---

[1] The best overall sourcebook for Italian emigration is Gian-Fausto Rosali, ed., *Un Secolo di Emigrazione Italiana 1876–1976* (Roma: Centro Studi Emigrazione, 1978). Richly documented, it remains an invaluable source, essential for any serious investigator. A documentary history of Italian emigration is available in A. Ciuffoletti and M. Degl'Innocenti, *L'Emigrazione nella Storia d'Italia, 1868–1975* (2 vols. Firenze: Vallecchi, 1978), in which each historical period is introduced by a summary of the major developments, ideas, and principal protagonists which shape migration policies and legislation; and followed by a selection of contemporary official and popular documents.

2 INTRODUCTION

had left to seek work overseas by the outbreak of World War I. (In Italy as a whole, over eleven million people, a quarter of the population, emigrated at least once in the thirty-year period between 1881 and 1911). The land literally hemorrhaged peasants."[2]

The population of the United States includes, amongst all countries, the greatest number of persons of Italian origin: how many exactly nobody knows. Estimates run as low as seven million and as high as twenty million and more.[3] The magnitude of the Italian emigration to the United States is indicated in some of the annual statistics. Between 1900 and 1910, over two million Italians arrived in the United States; in 1907, 298,124 entered; on the eve of World War I, in 1913, 376,776 made their way through American ports. By 1920 there were more than 1.5 million persons of Italian birth in the United States. In the thirty-year period from 1891 to 1920, some four million Italians entered the United States.[4] In whatever time frames are defined, the magnitude of Italian migration to the United States is staggering; and only its magnitude can explain the restrictive quotas of the 1920s which were reactions (cast in the social Darwinism of the period) to the fears of Anglo-Saxons expressed by population statisticians who attempted to show "what disastrous results awaited a country in which 50 Roumanian or Italian peasants would have a perfect army of offspring in several generations whereas the stock of 50 Harvard or Yale men would probably be extinct within the same length of time."[5]

Grazia Dore is correct in noting that the significance of Italian emigration is to be fully understood by examining the social and historical environment from which it developed, and her perceptive analyses represent a starting point from which the extraordinary emigration is to be approached. The conceptual framework in which she studies organized emigration from the Italian peninsula following unification, the new institutions needed to effect this process of emigration, the twin dynamics of "emigration to nationalism," and

---

[2]Erik Amfitheatrof, *The Children of Columbus: An Informal History of Italians in the New World* (Boston: Little, Brown, 1973), p. 138.

[3]"It is not easy to ascertain the number of Italo-Americans, and different figures are given according to different criteria of calculation. For example, *Il Popolo Italiano,* a Philadelphia newspaper, and *Fra Noi,* a Chicago newspaper, seem to have estimated in 1963 and 1969 that, if one included the generations after the second (with which official statistics stop) there would be 21 and a half million persons of Italian descent, half of whom are living on the Eastern Coast (New York, New Jersey, Pennsylvania, Connecticut, and Massachusetts). However, according to an interesting demographic study by Massimo Levi-Bacci, *L'immigrazione e l'assimilazione degli Italiani negli Stati Uniti secondo le statistiche demografiche Americane* (Milano, 1961) in 1950, there were in the United States no fewer than 7 million people, belonging to three generations, who have at least one Italian grandparent. No doubt closer to the truth seems the figure of 15 to 16 million Americans who consider themselves to be Italian Americans." Giuseppe Lucrezia Monticelli, "Italian Emigration: Basic Characteristics and Trends with Special Reference to the Post-War Years," in S. M. Tomasi and M. H. Engel, eds., *The Italian Experience in the United States* (New York: Center for Migration Studies, 1970), p. 18.

[4]G. F. Rosoli, ed., *op. cit.,* Table 3: "Espatri per paesi di destinazione," *passim.*

[5]Carl Wittke, *We Who Built America: The Saga of the Immigrant* (Englewood Cliffs, N.J.: Prentice Hall, 1939), p. 406.

the future which would "impede 'the great proletarian nation' from pushing its sons to emigrate," remains (allowing its neo-Marxian subtleties) the best introduction to a complex historical phenomenon.[6] Italian historians and social scientists have, in the years following World War II, subjected the phenomenon of emigration to penetrating analysis and scrutiny.[7] The best overview of this continuing analysis is Fernando Manzotti's richly detailed study, *La Polemica Sull'Emigrazione nell'Italia Unita* (2nd ed., 1969) which includes an important appendix entitled "Il Problema Dell'Emigrazione Italiana Nella Storiografia" (pp. 186-194), a challenging synthesis of conflicting views which range from the Marxian analyses of Emilio Sereni, *Il Capitalismo Nelle Compagne* (1947) and Francesco Renda, *L'Emigrazione in Sicilia* (1963) to Giuseppe Galasso, *Mezzogiorno Medievale e Moderno* (1965) who describes the emigration as "an authentic and pacific mode of emancipation" for the southern Italian peasantry. The intensity of the debate over emigration which ranged across the half century following Italy's unification is graphically portrayed in Angelo Filipuzzi, *Il Dibattio Sull'Emigrazione, 1861-1914* (1976) which gathers together excerpts from the press of the time. In our own time, the passions which infuse any discussion of a phenomenon as compelling as Italian emigration is encountered in Francesco P. Cerase, *Sotto Il Dominio dei Borghesi: Sottosviluppo ed Emigrazione nell'Italia Meridionale* (1976), and in the perplexing questions posed by Alberto Aquarone: "Mass emigration, especially transoceanic emigration to the Americas, which was mainly permanent rather than temporary as was usually the case of emigration to European countries, obviously represented the most tangible and dramatic expression and consequence of that widespread misery, of the economic and social backwardness that still plagued a great part of Italy. Yet, emigration was also a token of Italian expansion; indeed, it was, in a sense, the only physiological way of expansion available to the country. But how was this particular way of expansion to be related, or how ought it to be related, to expansionism, that is to a conscious and coherent program aimed at the fulfillment of economic development, social stability and political security at home through the widening of the sphere of national influence and power abroad?"[8]

Without equal is Robert F. Foerster's *The Italian Emigration of Our Time* (1919) which remains the basic work on Italian emigration to all parts of the

---

[6]Grazia Dore, "Some Social and Historical Aspects of Italian Emigration to America," *Journal of Social History,* 2 (Winter 1968): 95-122.

[7]Rudolph J. Vecoli, "Emigration Historiography in Italy," *Immigration History Newsletter,* 6 (November 1974): 1-5; also, S. M. Tomasi, "Emigration Studies in Italy, 1975-1978," *International Migration Review,* 13 (Summer 1979): 333-346; and G. Rosoli, "Lo Stato della Ricerca sull'Emigrazione in Italia," *Quaderni Mediterranei,* 3 (1978): 11-30.

[8]Alberto Aquarone, "The Impact of Emigration on Italian Public Opinion and Politics," *Proceedings.* Ninth Annual Conference of the American Italian Historical Association [Georgetown University, October 8-10, 1976]. New York: American Italian Historical Association, 1977, pp. 133-134.

world for the period it covers. Foerster is, of course, a man of his time, and he surveys all that he sees with the cold objectivity of the economist; but he is not without a condescending sympathy for the objects of his study. At the end of his *magnum opus,* he plaintively observed:

> "Among ten illiterate emigrants, only two perhaps will succeed in clearing themselves a path to moderate gains," Sig. Franzoni once declared, and he recommended that the illiterate be prevented from emigrating. But illiteracy is only one evidence of ill-preparedness. The tragedy of emigration lies precisely in this, that it exacts energetic and well directed effort of a mass generally ill fitted therefor. The fact that a man wishes to sally forth is no proof that all is well. There is no one "emigration" by which he can gauge his chances of success; there are emigrations—to Buenos Aires, to Delaware, last year, this year, by one kind of person or another—and the variability of circumstances, according as one year or country or collection of personal attributes is taken, makes any inference from others' fortunes difficult. Italy, we have seen, has recognized the blindness to which the emigrant masses are heir by so far assuming responsibility for their decisions as, from time to time, to suspend emigration to particular regions. But it is by no means certain that the responsibility should not be exercised oftener and in more diverse ways.
>
> No one can follow the fortunes of the Italians abroad without being struck by a sort of contempt in which they are often held. "Dago," "gringo," "carcamano," "badola," "cincali," "macaroni"—how long the list of epithets might be! "Italy feeds nobody and is everybody's guest" was the widely quoted utterance of a Frenchman. Whether such names and such opinions originate in the laborer's resentment of competition or in the citizen's easy association of objectionable or misunderstood personal attributes with the idea of the foreigner, they but emphasize the discomfort of the Italians and stir up a sense of shame in Italy. In the Parliament at Rome frequent reference has been made to the dislike in which Italians have been held in the United States, and such men as San Giuliano and Tittoni believed there were reasons for it. Those who have most lauded the Greater Italy of the emigrants have realized its circumscriptions. Money confers a respect and an influence (that of England for example in Argentina) to which toil cannot attain. The Greater Italy is an empire—but a proletariate empire. It bestrides the world like a Colossus—but a Colossus arrayed in rags.[9]

Professor Foerster's concluding phrase ("[Italy] bestrides the world like a Colossus—but a Colossus arrayed in rags") was richly descriptive and poignantly true for the period it described. Yet, emigration is a continuing phenomenon in Italian history, extending beyond Foerster's chronicle down to the present time.

The Law of 1901 and the Commissariat of Emigration

Until 1888 Italy was without a general emigration law. The great exodus or *Völkerwanderung* of the Italians could not be ignored, and in 1888 a general emigration law was enacted, essentially restrictive in its intent. The law proved ineffective. In Foerster's words:

---

[9]Robert F. Foerster, *The Italian Emigration of Our Time* (Cambridge: Harvard University Press, 1919). Reissued with an Introductory Note by Francesco Cordasco (New York: Russell & Russell, 1968), pp. 503-504.

Emigration was not curbed, but stubbornly went its way. Here, it would seem, was a phenomenon more apt to make laws than to obey them. Men began to believe that all violent interference with its course must only precipitate evils greater than those that had come in its train. Of the new view, no clearer spokesman is to be found than Senator Bodio, who said before the Fourth Geographic Congress: "Emigration is for Italy grounded in necessity. Two or three hundred thousand persons a year must go from us in order that those who stay may find work.... Migrations are ordained by Providence. In the social order their task is analogous to that of the ocean and air currents in the physical, which spread movement and life throughout the earth." ... In the later nineties a new economic reckoning began to be made, revealing valuable gains, earnests of still greater rewards, if emigration were allowed a free course. Einaudi's spirited recital of the *Merchant Prince,* written in admiration of Anglo-Saxon traditions, showed how Italian capital and enterprise might transform "Little Italy" into "Greater Italy." Trade, it declared, should follow the emigrants. Were not these humble folk, as Bodio held, Italy's best travelling salesmen? Defence of emigration became popular as men counted the savings dispatched home by the wayfarers, beheld the foreign markets of Italy grow, and discovered a new era in the coming of an international exchange rate favorable to Italy.[10]

Inevitably, Italian emigration received special bureaucratic attention and recognition in the law enacted by the parliament on January 31, 1901, a comprehensive emigration law almost paternal in character. Grazia Dore succinctly noted: "The emigrants were placed under state tutelage, under a commissariat to which was entrusted the supervision over cargo, over the embarkation operation, the voyages and recruitment."[11] The Italian Commissariat of Emigration (R. Commissariato dell'Emigrazione) represented "the most elaborate creation" of the 1901 law. Foerster understood its centrifugal importance, and clearly recognized that the Commissariat was both the pulsating heart and the body of the 1901 law: "It is the center of all the public protective institutions, and stands in a definite relationship with the private as well.... The Commissioner-General is a member of the Emigration Council, a broadly representative organization of twelve persons who meet in at least two sessions a year to discuss the larger problems that call for action."[12] Actually, the Commissariat was a component of the larger framework afforded by the Ministry of Foreign Affairs (Ministero degli Affari Esteri) from which it derived its authority.

The law of 1901 (and subsequent legislation) gave to the Commissariat a multiplicity of authorizations which had been formerly assumed by other agencies, and the law empowered the Commissariat in a variety of other jurisdictions hitherto ambiguously defined or nonexistent. The Commissariat was empowered "to grant licenses, fix the cost of tickets, oversee the ports of embarkation, establish and maintain hostels for the emigrants, furnish in-

[10]Foerster, *op. cit.,* pp. 475–477.
[11]Dore, *loc. cit.*
[12]Foerster, *op. cit.,* pp. 478–479.

formation, inspect emigrants on departure, grant permits to recruit workers for European countries (emigration agencies having been abolished by the law of 1901), ensure protection of emigrants on board ships through the medium of traveling commissioners, prepare international agreements on emigration and labor, and give aid and protection to emigrants in foreign countries. Carriers were required to lodge emigrants in case of delay in departure, to meet safety and hygienic standards for transporting both expatriates and repatriates, and to restore transportation costs to migrants rejected by immigration authorities provided it could be proved that the legal requirements were known to the undertaking before departure. Other legislation likewise reflecting former abuses, prohibited propaganda or false representations, all-to-often responsible for consular repatriation for which, in some instances, carriers were made to pay the cost. To finance social assistance for emigrants, the Italian government established an Emigration Fund from taxes on railroad tickets and emigrants' passports, fees from recruiting and transport licenses, and fines for infringements of emigration laws."[13]

The success of the Commissariat was, in no small part, due to the men who were appointed Commissioners General of Emigration, extraordinarily able, imaginative and innovative, of whom Luigi Bodio and Giuseppe De Michelis are representative. The suppression of the Commissariat in 1927 (and its replacement by the General Direction of Italians Abroad) was dictated by changing political patterns: "This bureaucratic change emphasized the shift, under Fascist auspices, from a policy of encouragement to one of obstruction of emigration. No longer did Italian workers going abroad benefit from quick delivery of passports and reduced railway fares; instead, the latter advantage was offered to returning laborers. The Emigration Fund was abolished, punishment for clandestine emigration was increased, and emigrants were forbidden to export more than 10,000 lire. Abroad, the ardent propaganda activities of Fascist consular officials discouraged denationalization and assimilation of Italian subjects, thus producing unfavorable reaction not only in foreign circles, but to some extent, among Italian immigrants."[14]

In no area was the success of the Commissariat more manifest than in its officially sponsored publications which offered assistance to emigrants, made available information vitally necessary for the comprehension of migration, and attempted analyses of a phenomenon which so critically affected the nation's destiny. The official publications fall into five categories: (1) the law and jurisprudence of emigration; (2) emigration and the immigrant colonies; (3) periodicals; (4) administrative and regulatory guides; (5) informational

---

[13]Elizabeth Cometti, "Trends in Italian Emigration," *Western Political Quarterly*, 8 (December 1958): 821–822; also, Francesco Cordasco, "The *Bollettino dell'Emigrazione* (1902-1927) as a Guide to the Chronicles of Italian Mass Emigration." *Ethnic Forum* 7 (1987): 57–68.

[14]*Ibid.*, p. 828.

and useful compendia. Each of the categories (and the series of publications which each includes) is an important repository out of which the shape and form of Italian emigration emerge.[15] The publications attest the seriousness of the Commissariat's endeavors, and the high purpose of its eforts. Of all the publications, none is more important than the *Bollettino dell'Emigrazione,* which was issued by the Commissariat during its lifetime, and whose numbers constitute for the period 1902-1927 an unparalleled resource for the study of the twin dynamics of world emigration and immigration.

The Bollettino dell'Emigrazione

The *Bollettino* began publication in 1902 and continued, except for 1918, uninterrupted publication through 1927. Although termed "pubblicazione mensile," its periodicity is irregular. Each of its numbers includes articles, notes, and monographs on all phases of emigration: in a larger sense, the *Bollettini* are respositories of invaluable data which chronicle Italian emigration to all parts of the world, and which delineate the Italian experience outside Italy; and for the quarter-century in which they appear, the *Bollettini* are a contemporary record of the evolving debate which surrounds emigration. The *Bollettino dell'Emigrazione* is best described officially by the Commissariat:

> Le materie trattate nel Bollettino toccano, come già dicemmo, tutte le questioni attinenti, in modo diretto o indiretto, all'emigrazione: sono notizie sul mercato del lavoro dei vari paesi di destinazione, sulle condizioni dei nostri nuclei coloniali, sul movimento legislativo operaio e sulla giurisprudenza del lavoro, sul movimento della pubblica opinione verso la nostra emigrazione nei paesi stranieri. Vengono poi pubblicate relazioni sui servizi intesi alla tutela della nostra emigrazione e sui provvedimenti sanitari: le discussioni fatte davanti al nostro Parlamento in occasione del bilancio annuale del R. Commissariato o di leggi speciali; le discussoni dell'Organizzazione internazionale del Lavoro e di Congressi e Conferenze su materie attinenti all nostra emigrazione; monografie su determinate regioni italiane di emigrazione o su paesi di immigrazione: e notizie e recensioni di pubblicazioni fatte cosi in Italia come all'estero.[16]

The *Bollettino* is much more than the modest description of the Commissariat suggests.

Admittedly, the *Bollettino* is primarily a chronicle of Italian emigration to all parts of the world; but in the very process of chronicling the vast migrations of Italians, the *Bollettino* provides concomitant chronicles of Italian life

---

[15]See generally, *Commissariato Generale dell'Emigrazione. L'Emigrazione Italiana dal 1910 al 1923.* Roma: Commissariato, 1926. 2 vols. II: 751-761 ("Pubblicazioni Ufficiali del Commissariato"). See also, on the archives of the Commissariat, M. R. Ostuni, "Il Fondo Commissariato Generale dell'Emigrazione," *Studi Emigrazione/Etudes Migrations,* 15 (1978): 411-440.
[16]*Ibid.* II: 755.

abroad—in the greater Europe, in the Americas, in Australasia, and in Africa; and in the twin role of emigrant and immigrant, the Italian voyager touches the life of the country to which he goes in ways as profound as his departure affects his native Italy. Foerster speaks eloquently to this point. "One honor indeed Italy enjoys upon which little or no stress has been laid. Her blood makes its contribution to the great world races. Her sons die, but their sons live on. As generations of plants succeed on another, there is here an immortality of race stock. The Italian blood will count in the remotest future of Europe and North Africa, of South and North America, and in some important countries it will count for a great deal. What the natural historian of emigration here sees is no barren distinction to Italy. But, also, what he sees fails to send a thrill through the heart of the patriot in the Mediterranean, who beholds only the price that has inevitably to be paid: political and cultural discontinuity and sacrifice."[17] The *Bollettino,* then, is indispensable to the scholar who wishes to understand the "future of Europe and North Africa, of South and North America," a future which prophetically has shown Foerster to be correct: certainly, the progeny of Italians has "in some important countries... count[ed] for a great deal."

The magnitude of the *Bollettino* is staggering. In all, 345 fascicles (*i.e.,* numbers) were published comprehending a total of over 36,000 pages. Some years (aggregating multiple fascicles) include several thousand pages (*e.g.,* 1908, whose 24 fascicles include 2671 pages; and 1910, whose 18 fascicles include 2809 pages), and many of the fascicles are, in themselves, comprehensive monographs delineating in considerable detail themes of compelling importance. Nothing is truly comparable to Adolfo Rossi's study of Italians in the United States (No. 16, 1904); of inestimable value are the ubiquitous Adolfo Rossi's plaintive accounts of Italian immigrants in San Paolo, Brasil (No. 7, 1902), and of an inhospitable South Africa's exploitive responses to immigrant workers (No. 9, 1903). There is pathos in Amy Bernardy's sad portraits of Italian immigrant women and children in the urban ethnic enclaves of the United States (No. 1, 1909; No. 1, 1911); and largely unused are the sombre accounts of Alfonso Lomonaco of the travail and death of Italian immigrant workers in the building of the Panama Canal (No. 2, 1909). No adequate history of Argentina is possible without recourse to the multifaceted monographs which explore the history of Italians in that nation written for the *Bollettino* by Umberto Tomezzoli (No. 16, No. 17, 1907; No. 3, 1908); Giuseppe Capra's study of Italians in Australia (No. 8, 1910) has been little used, and Giacomo Pertile's comprehensive overview of the Italian presence in Germany on the eve of World War I (No. 11, No. 12, 1914) is essential for an understanding of a Europe which was to disappear across the landscape of an insatiably

---

[17]Foerster, *op. cit.,* p. 506.

destructive political struggle. The tragedy of endemic disease and the hazards of migration are poignantly delineated in Gennaro Candido's clinically harrowing account of the ravages of tuberculosis (No. 14, 1914). And these are but a sampling of the riches of the *Bollettino*.

In the thousands of notes, articles, reviews, legislative debates, regulatory codifications and miscellanea which the *Bollettino* incorporates, there lies an evolving chronicle of human migration which touches the national sovereignties of four continents: in a unique way, the exodus of Italians is inextricably linked to the fortunes of other nations. Foerster understood this, and he began *The Italian Emigration of Our Times* with its lucid exposition:

> What gives importance to an epoch of geographical discovery is the character and consequence of the single voyage. One voyage may even define an epoch; and any voyage that shows persistence in a hard quest or that braves unknown realms finds a world eager to listen to the tale of its adventure. With an epoch of migration a different emphasis appears. The country of destination is known, its wonders have become accepted, even commonplace. The journey thither is no longer unique; it is the experience of the multitude. Then it is not the single traveller, but the comprehensive group alone, which makes history. Or if perchance an emigrant write the tale of his own adventure, the world will peruse it only if pleased to regard his as the typical career, as the miniature representation of the collective whole. Those who compose a great migration may be never so ordinary; *en masse* they arrest attention. The steerage is negligible—but not a thousand times the steerage. So reckoned and tested, a million men outweigh a thousand; and ten millions are a nation. The farther one moves from the experience of the individual, the nearer one approaches to some of the essential traits of the world of men.[18]

The animating spirit of the exodus of an Italian surplus proletariat is nowhere better expressed than by the old Calabrian peasant quoted by Francesco Saverio Nitti in 1888:

> "Here we have a god who, when it rains, sweeps us to the sea, and when it doesn't rain, dries up the world.... You can't live here. The Lord doesn't send us any luck. The fields are dried out. The owner can't manage and abandons us and the land. When we lease a piece of land we leave it soon after. I leased a piece of land. I planted a bushel of seeds and I harvested half of it. Even the least infertile soil yielded only two or three bushels. How can we survive? And then, the better soils are far away. I am old and it takes me four hours to get to a piece of land I work on, but even a young man takes three hours. It is the bitter mountains here, it isn't the flat country.... People leave for America, let them go.... We are dying of hunger here. Nobody should prevent the poor from leaving. I think it is better to look for charity all over the world than to stay here."[19]

[18]*Ibid.*, p. 3.
[19]Anna Maria Martellone, "Italian Mass Emigration to the United States, 1876-1930: A Historical Survey." *Perspectives In American History*. New Series I (1984): 409. Martellone draws this from Nitti's *Inchiesta sulle Condizioni dei Contadini in Basilicata e Calabria*, I, 159. See also, Sergio Mellina, *La Nostalgia nella Valigia: Emigrazione di Lavoro e Disagio Mentale*. Venezia: Marsili 1987; and G. Giannici, "Aspetti dell'Emigrazione Calabrese nella Letteratura del Primo Novecento," *Calabria Letterature* 32 (1984): 1-3.

The Impact of Emigration on Italian Public Opinion and Politics

Alberto Aquarone
Università degli studi di Roma

Italian expansionism in the early twentieth century has often been defined as a case of *Lumpenimperialismus*. And truly, as a late-comer both in the world arena of great powers politics and in the field of industrial nations, as a country chronically starved of capital and still dependent on a rather backward agriculture in terms of national product and of sources of employment for her dense population, Italy didn't fit easily—and doesn't now either, in the eyes of most historical research—in the usual pattern of imperialist relations. Even among Italian contemporaries the awareness of the peculiarity of this situation was not lacking. Witness—among many other examples—the comment of the republican politician and scholar, Napoleone Colajanni, in 1901: "An imperialism fed by misery and that should be a *means* to achieve prosperity rather than a *product* of the latter, has never existed."[1] Of course, one could quarrel with such a view, but this is besides the point, at least in this context.

Mass emigration, especially transoceanic emigration to the Americas, which was mainly permanent rather than temporary as was usually the case of emigration to European countries, obviously represented the most tangible and dramatic expression and consequence of that widespread misery, of the economic and social backwardness that still plagued a great part of Italy. Yet, emigration was also a token of Italian expansion; indeed, it was, in a sense, the only physiological way of expansion available to the country. But how was this particular way of expansion to be related, or how ought it to be related, to expansionism, that is to a conscious and coherent program aimed at the fulfillment of economic development, social stability and political security at home through the widening of the sphere of national influence and power abroad?

After the many and bitter polemics of the eighties and nineties about the good and evil of emigration and the balance sheet of its positive and negative consequences, at the beginning of the century a sort of common consensus—if not yet unanimous—had been reached, to the effect that the phenomenon was a healthy reaction to a pathological situation at home; healthy, if not for anything else, because it was inescapable. But even then, two different approaches to the problem were possible. Emigration could be conceived, and accepted, without too many qualms, as more or less a natural event, that had to run its full course according to its own momentum; all kind of State interference was likely to prove useless or even harmful, beyond those legislative and administrative measures deemed indispensable in order to provide a minimum of protection to the emigrants in the ports of embarkation, during the voyage and at least in the first and most difficult period of settlement in foreign lands. On the other hand, emigration could be harnessed to foreign policy, as a function of national expansion abroad. But here, again, two choices were available. Emigration could be seen, and possibly used more or less consistently, as an alternative to a full-fledged imperialist policy, that is to a policy of planned expansion through military conquest and the acquisition of new colonial possessions; the alternative being, in practice, the recourse to emigration as the spearhead of pacific penetration in young and promising countries, the privileged instrument for the expansion of foreign trade and the enhancing of political and cultural influence abroad. But emigration could also be exploited, by the supporters of a more ambitious and aggressive foreign and colonial policy at home, as the rationalization of the need for territorial conquests and the pursuit of a genuinely imperialist course, in order to extirpate by these means the very roots of emigration, with all the evils that the latter entailed, or at least to provide the new generation of would-be emigrants with lands of settlement under the flag of the mother country, where they might better preserve their national identity and at the same time avoid economic exploitation and social humiliation by ruthless foreigners.

In reality, of course, all these different possibilities and alternatives were far less clear-cut than they may appear here, stated in a few words. But they were there nonetheless and very much part of the world of politics and ideology of the time. More to the point, the ambiguous role of emigration in shaping the various images of expansion offered to Italian public opinion, mirrored the contradictions and ambiguities of the economic and social development of the nation and its related needs in the field of foreign policy.

There was a significant historical coincidence, towards the end of the century, that was in good part responsible for the strong impact that the problem of emigration—even beyond its massive dimensions—had upon the Italian attitudes concerning expansion, in the era of imperialism at its zenith.[2] Italian mass emigration to the Americas was just starting to gain momentum, when in 1896 the disaster of Adowa shattered those dreams of African empire that under Crispi had seemed to be on the verge of becoming a tangible reality. True those ambitions of empire, or even more modest objectives in the field of colonial conquests and protectorates, had not been shared from the beginning by all segments of the Italian ruling class, not to speak of public opinion at a lower level. Yet, after Adowa, the change of scenario was complete; even the die-hards of a policy of imperialist aggression and conquest were obliged to admit that, for a while at least, that alternative route of expansion was out of the question. More than ever, the future, the feasible future, seemed to belong to the other "piu grande Italia," to the greater Italy that was being founded right in those years across the Ocean, especially in South America, among the kin Latin people of Brazil and Argentina.[3] It is of some significance, by the way, that for some time, during those years straddling the two centuries, the term "colony" (or "colonies") was normally used with specific reference not so much to old-style territorial colonies like the ones in Eritrea or Benadir, as to the "free colonies" of Italian nationals who had established permanent settlements in other independent countries; and that by "colonial policy"—in newspapers and journals, pamphlets and even parliamentary debates—was meant a policy of guidance, protection and organization of the great movement of emigration, almost as often as a policy aimed at the establishment of some kind of formal empire. And when, in March 1906, the new Istituto Coloniale Italiano was created in Rome, with a semi-official status and the declared aim of coordinating all propaganda efforts towards an expansionist policy and promoting a "colonial conscience" in the Italian people, its main thrust, at least in the beginning years, was in the direction of the problem of emigration rather than along the lines of a thorough study of the conditions, needs and possible increment of existing colonial possessions. So much so, that the first practical, and well publicized achievements of the Institute, were the two Congresses of Italians abroad (Congressi degli Italiani all'Estero) in 1908 and 1911, the second of which was of considerable importance. But of this, more later.

It seemed, to several people at least, as if Italy were destined, thanks to her peculiar conditions and needs, to follow a different path of expansion in the very age of world imperialism: the path of "pacific penetration," economic and cultural, through the efforts and sacrifices of her millions of children abroad. The ways of military conquest and of ruthless exploitation of subjected peoples could be happily left to others. Not long before Italy embarked again upon a war of aggression in Africa with the Libyan expedition, the well-known economist Achille Loria—reflecting what had been for years a fairly widespread, although by now declining feeling—could write with a self-satisfaction bordering on smugness about the peculiarity of Italian pacific expansion: "Noi Italiani dobbiamo intensamente rallegrarci che l'imperialismo, il *morbus anglius* per eccellenza, che tullavia s'è sparso per tutta la terra e ha fatto strazio di tutte le nazioni, nel nostro paese non abbia mai potuto attecchire, forse per il vivacissimo e incomprimibile spirito di libertà che caratterizza la nostra vita sociale. E l'appassionato augurio che noi facciamo all'Italia, si è che essa segua in questa fecunda sua via e si conservi estranea alle follie coloniali e alle avventure imperialistiche che travolgono tutti gli altri Stati, per convergere tutte le sue energie all'imperialismo intellettuale, il solo che uno Stato civile debba cercare."[4]

But was it, perhaps, mainly a matter of sour grapes? There is no doubt, indeed, that many of those who after Adowa advocated a model of expansionism based on emigration as a lever, did so not because of an ingrained aversion on grounds of principle for other more aggressive and warlike forms of imperialism, but as a consequence of a clear-headed evaluation of the chances concretely available to a country like Italy in the world arena of power politics and imperialist rivalries. Yet, it is also true that emigration as a way of expansion seemed to offer some very factual benefits to be reaped immediately or at least in the near future. The most obvious, or so it seemed for a while, in terms of foreign trade and the conquest of new markets abroad. At the turn of the century, much was made, by several authors and politicans, of the connection between emigration and the increase of Italian exports in countries like Argentina, Brazil and, later, the United States.[5] The connection was, temporarily at least, a real one, since it was easy to see that the products responsible for the increase were mainly those for which there was a heavy demand on the part of Italian immigrants, especially in the field of foodstuffs. Disappointment was not late to follow, though: the connection, that had bred so much interest and such high hopes, proved not to be a long-term, self-sustained process. It was not only a matter of changing tastes in well-settled Italian communities abroad, but also a problem of direct competition, stemming from those very communities which after a while, through the energy and enterprise of some of their ablest members, and with little starting capital, often succeeded in producing and marketing those traditional goods of the mother country that they once imported from Italy. From the point of view of foreign-trade expansion, emigration could easily backfire.[6] Yet, even if it was not a success story in the end, this whole episode of early enthusiasm and rapid disenchantement had its relevance in exposing the existing widespread eagerness to establish a link between emigration and economic expansion, and in showing how that sad phenomenon rooted in the secular misery and backwardness of the country could have its own profitability and could be harnessed for the needs of economic development, in ways that went well beyond the mere inflow of much needed hard-currency, thanks to the individual and straining efforts of even the poorest emigrants.

Another, more indirect contribution that emigration could give—or was seen by many as capable of giving—to economic expansion was in connection with the merchant marine and its improvement, in terms of both quantity and quality. Here, again, the starting point was the observation of a fact: the improvement of the Italian merchant marine, traditionally modest in size and mostly obsolete, had run parallel to the beginning and sustained increase of the vast migratory movement to the Americas, across the Ocean. Certainly, it would have been hard to claim that such an improvement had been exclusively a function of emigration and its take-off during the last two decades of the century; while on the other hand it was also unquestionable that the majority of Italian emigrants were shipped to the New World under a foreign flag. But this could be taken as a proof that not all possible and necessary efforts had actually been made in order to take full advantage of the potentialities inherent in emigration as a stimulus of economic development at home, in that as in other branches of production and services. Not surprisingly, requests that the Government should grant Italian shipping the monopoly of the transportation of emigrants abroad were in those years frequent, although unsuccessful.

But it was not only a matter of putting to use the needs of emigration in order to achieve the expansion and improvement of such a vital sector of the national economy as the merchant marine. Emigrants had not only to be transported: they had to be protected, once settled in foreign countries, against exploitation, harassment and even physical assault bordering at times on mass-murder. Since the last decade of the nineteenth century at least the press was full of reports about the injustices and brutalities inflicted on Italian emigrants in several American countries, some of which, in the Southern part of the hemisphere, were deemed weak and disorganized enough to become the recipients of exemplary punishment through military—that is naval action. In effect, participation in the blockade of Venezuela by German and English vessels in December 1902 and January 1903, was the only tangible example of intervention of this kind on the part of Italy in defence of her nationals on American soil. Yet, advocates of a strong fleet were always keen on seizing every instance of unjust treatment meted out to Italian emigrants to invoke boisterously budget-increases to the benefit of a vast and sustained program of naval expansion and modernization. It is not astonishing that the "Lega Navale," the Italian Navy League founded at the end of the century with the avowed purpose of dramatizing before public opinion the need for a strong and efficient fleet, did always pay close attention, in its bimonthly organ, to the problems of emigration and more specifically to the national duty to give adequate, and if necessary military protection to nationals abroad.[7] With the passage of time, indeed, the interest in emigration as a means of enhancing economic development and expansion shifted increasingly from the rustic field of oil, wine, and "pasta," to the more steely one of shipbuilding and transoceanic carrying.[8]

The impact of the emigration problem on Italian nationalist ideology and the related issue of colonial aggrandizement through military conquest is so well-known and widely accepted, that it needs very little elaboration here. The constant flow of Italian emigrants abroad—which just before the outbreak of World War I reached its peak with almost one million in a single year—was a frustrating and humiliating reminder of Italian inferiority in a world of sharp economic progress, keen imperialist rivalries and colonial empire-building and consolidation. The illusion of using the masses of nationals settled in foreign countries as a lever to enhance Italian influence, prestige and economic expansion abroad was rapidly fading away. No reliable "greater Italies" were blossoming across the Ocean; on the contrary, the process of denationalization affecting Italian communities in the Americas was proving much more speedy and far-reaching than originally foreseen, becoming a constant source of worry and recrimination. If it was demonstrably true—in the eyes at least of the majority of contemporary observers—that the phenomenon of mass-emigration was having various beneficial effects in the economic and social field at home, it was also no less true that it did little or nothing to affect positively Italy's international position and bargaining power. But if emigration could not be put to use for the purposes of Italian economic expansion and political aggrandizement, perhaps the opposite course might prove more successful: it was through a more ruthless and energetic exercise of political power, taking the chances, if necessary, of military action and colonial conquest, that the problem of emigration could be better tackled and solved: and this both in terms of more adequate protection extended to Italian settlements on foreign soil and of going to the economic and social roots of the phenomenon at home, in order to alleviate, if not to extirpate altogether, the very need of mass-emigration.

This was not only a matter of "false conscience." Sure, the plight of the poor emigrant, uprooted from his native soil, deprived of his community connections and traditional customs, to be transplanted among alien people on far-away and unknown lands, exposed to all sorts of deceits and brutalities, was very often cynically exploited by nationalists and other right-wing groups for strictly political purposes and to the immediate advantage of specific economic interests. Yet, the problem was there, in all its magnitude and complexity of causes and manifestations, not to be dismissed easily as a shrewd ploy to ensnare a gullible and tender-hearted public opinion in the spheres of an imperialist foreign policy. If economic expansion was the key to the solution *also* of the emigration problem, and if it was proving too difficult or even impossible to achieve by the means of pacific penetration, who was to claim that the recourse to force, to renewed colonial conquests, had to be set aside in any case, for reasons of principle rather than of expediency? Even people of deep democratic convictions, even socialist leaders and labor organizers, could be enticed to follow such a line of argument. Social Darwinism has perhaps been made too much of, as an intellectual and psychological driving force, responsible for the imperialist ethos so widespread everywhere—and at all levels of political decisions and of supporting public opinion—during the two or three decades before World War I. Yet, there was more than a grain of internalized Social Darwinism, for instance, even in the well known interview in which Antonio Labriola, the foremost Italian Marxist intellectual and surely not a professional Social Darwinist himself, expounded in 1902 the reasons why Italy could not afford to stay at the window in the heat of all the power struggles, international rivalries and colonial competitions, that were the hallmark of the age.[9] And emigration was certainly a major factor, if not the major factor, in giving an air of respectability—even among a minority of socialists and other left-wing groups—to a Social Darwinist twist in foreign policy, with all the imperialist implications that this entailed.

We have touched here upon a question that may look as a rather banal commonplace, but which deserves some closer scrutiny, hardly possible in this context unless in very general terms: the extent to which mass-emigration, especially the one from the Southern regions of Italy, acted as a safety-valve against the violent explosion of a situation characterized by chronic economic hardship and widespread social unrest. Undoubtedly, the constant outflow of hundreds of thousands of people a year from the poorest and most backward areas of the South alleviated the problem of unemployment, with its inevitable upshot of collective discontent and disorder; on the other hand, the regular inflow of cash from emigrants abroad helped to loosen the grip of misery on their families and villages. Yet, the structural conditions, economic and social, of the South in general remained pretty much the same through the years and emigration did very little or nothing toward narrowing the gap between the Mezzogiorno and the more advanced prosperous regions of the country. Very likely, the gap would have widened even further without emigration and some of its consequences, but here we tread on rather shifty ground. It is also certain that emigration contributed very little toward satisfying the expectations of those who were hoping in the creation, as one of its beneficial results of a new rural democracy of small landholders, freed from the chains of debt, usury and the political as well as social dominance of great property-owners. The sanguine hopes nurtured at the time by people like Presutti and Enrico Barone on this point were very soon revealed unfounded and the traditional social hierarchy of power, influence and economic opportunities changed but a trifle.[10] Also Salvemini's dream that the "Americans," that is the thousands of emigrants who were coming back permanently from the United States, would put to use the political and social experience acquired beyond the Ocean and become the backbone of a vast and well organized movement capable to ignite the process of rebirth of the South, remained for several reasons unfulfilled.[11] If one can accept the notion that emigration did contribute to the relieving of social and political tensions in the areas affected, one must also bear in mind that in doing so it acted only on the surface, while its impact at the structural level was slight.

Francesco Saverio Nitti, though, pointed out another aspect of the alleged influence of emigration upon political conditions in the South. It was easily observable—and this had indeed become a commonplace even at the time— that the migratory movement involved in the first place the most active, determined and enterprising members of Southern communities. But this also meant that emigration constantly deprived the South of its potential socialist and labor leaders: one of the reasons why the Socialist Party had such a narrow base in the Mezzogiorno, lay in the fact that the human element which in the more advanced regions of the North formed the backbone of the movement, in the South usually preferred to emigrate. The economic and social situation in the South could therefore be objectively explosive; yet, what was lacking was the igniting spark that could be provided only by the subjective element represented by competent and well organized political leadership.[12] The historical validity of such a line of argument is difficult to assess. What is rather certain, is that the phenomenon of emigration, in the abnormal dimensions it had reached in Italy between the end of the century and the outbreak of World War I, was an additional cause of weakness and inner dissensions for the socialist movement. As it has been emphasized recently by a young historian, the approach of the socialist leadership to the problem of emigration was always haphazard and contradictory, lacking all originality in the analysis of its roots and the evaluation of the best means to circumscribe its evils, heavily conditioned by government initiative and policies and by the theories of bourgeois liberal reformers on the subject.[13] This meant, among other things, that the Socialist Party was never unified in its strategy toward the problem of emigration, so much so that with the passing of time a real cleavage opened on such issue between the Northern, and stronger, section of the party and the southern leadership. While Northern socialists were more interested in the causes and consequences of the more limited phenomenon of temporary emigration to European countries, which affected mainly the Northern regions of Italy, Southern socialists, of course, were deeply worried by the problems of permanent mass-emigration of the peasants of the Mezzogiorno to the Americas. While the former consistently maintained that the real solution to the problem was to be found in the "colonizzazione interna," in vast programs of land reclamation and workers cooperatives along the lines already experienced in many areas of the Po Valley, the latter were more apt to consider emigration as something beneficial, or at least unavoidable, and to succumb to the mirage of new colonial conquests as a practical way of mitigating the chronic plight of Southern misery and unemployment. The general effect of this situation was that emigration became the ground not so much of a hard and wholesale confrontation between the socialist and labor movement on one hand, and the bourgeois political leadership and capitalist class on the other, as of direct or indirect cooperation between the two opposite forces in search of partial and piecemeal remedies to the worst evils of emigration. If this was necessarily wrong, as our author assumes on the wings of his retrospective revolutionary fervor, I really don't know. What is rather certain is the fact that emigration, with all the immediate pressures it involved on almost all segments of Italian society, became not only a point of friction and a cause of further cleavages in Italian politics, but also, along divergent lines, a force of cohesion, relieving domestic tensions but also hardening attitudes in the field of foreign policy.

In June 1911 the *Istituto Coloniale Italiano* celebrated the fifth anniversary of its own foundation, as well as the fiftieth of Italian unity, with a great, efficiently organized Congress of "Italiani all'estero."[14] The Congress was the major effort produced up to that time by the institute, which since the beginning had decided—as I have already mentioned—to concentrate its energies and rather meager resources, at least in its initial phase of existence, on the problem of emigration and of the best utilization of Italian settlements abroad for purposes of national expansion, rather than on colonial policies in the strictest sense. (This does not mean, of course, that the institute neglected this second aspect of expansionism altogether.) For about ten days, all problems of emigration, relating to the life, organization and needs of Italian communities abroad (and the big settlements in the Americas were obviously in the foreground), as well as to the possibilities and means of expanding Italian exports, were examined and discussed.[15] But special attention was also given to the role that existing, and possibly future colonies in Africa, could and should play as lands of settlement for a new generation of emigrants. Indeed, the Congress approved in a climate of enthusiasm (although not without misgivings and some resistance on the part of its presiding members) a resolution prodding the government to take action for the occupation of Tripoli.

That a resolution of this kind was passed on such an occasion was not quite fortuitous. The event reflected something more than a passing mood or the mere fact that, after all, the Congress was heavily dominated, by its very nature, by long-time advocates of expansionist policies. Even in the eyes of the more stubborn optimists, emigration had ceased to appear as a viable instrument for expansion—political, economic, or even just cultural. Neither Italian power, nor Italian prestige or indirect influence abroad, could be adequately enlarged through "pacific penetration," with emigration as its main lever. A greater Italy, if this was to be the aim of national policy and the means for achieving national improvement and prosperity, had to be built on different foundations. Yet, emigration had still an important role to play in the hands of the advocates of imperialism as a remedy for the economic and social inferiority of Italy: the plight of the emigrants on foreign soil, as well as the imbalance that emigration created at home, could be easily exploited in order to bend public opinion to the exigencies of a policy of far less pacific expansion, an expansion, if necessary, by means of military aggression and colonial conquest.[16]

It was a strategy that did pay some handsome dividends. Ironically enough, one of the most enthusiastic comments on the Congress organized by the *Istituto Coloniale* appeared in the official daily of the Socialist Party.[17] Obviously the author, as well as those socialist leaders who had taken an active part in the event, had not yet grasped the true meaning of the evolution undergone by the problem of emigration since the beginning of the century and were missing the deepest significance of the role it was by then played in the field of national politics. Just a year later, the question of the attitude to be taken towards the conquest of Libya—this purported new heaven for Italian emigrants—was the main cause of the split that was to weaken considerably the Socialist Party at the eve of the first election based on quasi-universal suffrage.[18] And already Albania, the Balkans and Asia Minor were becoming the chief objectives of Italian expansion; as markets for goods, but also, if not as lands of settlement for purposes of mass-emigration, as promising outlets for Italian technicians and skilled labor. The link between imperialism and emigration was difficult indeed to sever.

NOTES

[1] N. Colajanni, "Democrazia imperialista? La più grande Italia," *Rivista popolare di politica lettere e scienze,* VII, 11 (1901), p. 207.

[2] For a very good discussion of the "discovery" of the problem of imperialism by Italian intellectuals at the beginning of the XX century, see G. Are-L. Giusti, "La scoperta dell' imperialismo nella cultura italiana del primo Novecento," *Nuova Rivista Storica,* LVIII (1974) and LIX (1975).

[3] For the first standard example of this attitude, not based primarily on shallow slogans for mass consumption, see L. Eináudi, *Un principe mercante. Studio sulla espansione coloniale italiana,* Torino, Bocca, 1899. Also: A. Brunialti, *Le colonie degli italiani,* Torino, U.T.E.T., 1897, pp. 327 ff. and F. Papafava, *Dieci anni di vita italiana, 1899-1909,* Bari, Laterza, 1913, vol, I, pp. 8-9. For a recent view of the problem: G. Dore, *La democrazia italiana e l'emigrazione in America,* Brescia, Morcelliana, 1964, pp. 128 ff. and R. Paris, *L'Italia fuori d'Italia,* in *Storia d'Italia,* vol. IV: *Dall'unità a oggi,* I, Torino, Einaudi, 1975, pp. 569 ff.

[4] A. Loria, *Corso completo di economia politica,* Torino, Bocca, 1910, p. 671, quoted in R. Michels, *L'imperialismo italiano. Studi politico-demografici,* Milano, Società Editrice Libraria, 1914, p. 2.

[5] On this connection between emigration and Italian exports see especially: A. Sansone, *Il futuro d'Italia politico industriale e commerciale,* Milano, 1897; L. Sabbatini, *Per le nostre esportazioni. Appunti sul movimento e sulla organizzazione del commercio di esportazione in Italia,* Milano, Vallardi, 1900; A. Monzilli, "L'emigrazione e l'espansione commerciale," *L'Italia Coloniale,* I, 1, (1900) pp. 717 ff.; G. Prato, "Per l'emigrazione italiana nell'America Latina," *La Riforma Sociale,* X (1900), pp. 104 ff. See also the resolution approved by the IV Italian Georgraphical Congress, "Il IV Congresso Geografico Italiano," *Rivista Geografica Italiana,* VIII (1901), p. 310.

[6] A fairly early instance of such well documented worries is to be found in an article by the future foreign minister under Fortis, Luzzatti and Giolitti: A. Di San Giuliano, "L'emigrazione italiana negli Stati Uniti d'America," *Nuova Antologia,* 202 (1905), pp. 88-104. Di San Giuliano noted, among other things, that there were at the moment 220 macaroni factories in the United States and that wine production in California had increased from 4 million gallons in 1875 to 42 in 1904.

[7] The *Lega Navale* was founded in 1899 with the British Navy League as its ambitious and unequalled model. It published the periodical by the same name, *La Lega Navale.*

[8] It has been often claimed that defence expenditures for the navy were accepted more easily by both Parliament and public opinion in general, than the ones for the army. The navy, in fact, was more popular even with the Left, and this was not only due to the fact that "battleships could not suppress demonstrations," but also to the role ascribed to it in the fields of economic expansion and of emigrants' protection abroad. On this subject see for instance C.J. Lowe-F.

Marzari, *Italian Foreign Policy, 1870-1940,* London and Boston, Routledge & Kegan Paul, 1975, p. 5. The notion that the navy stood for economic and social progress, while the army was eminently tied to conservative interests, was quite widespread at the time. An interesting example of this attitude is to be found in a public lecture delivered by the German historian Otto Hintze in 1906. In his concluding remarks he was very specific indeed on the subject: "Land forces are a kind of organization that permeates the whole body of the state and gives it a military cast. Sea power is only a mailed fist, reaching out into the world; it is not suitable for use against some 'enemy within.' Land forces have stood since the beginning in more or less intimate alliance with the propertied classes; they still carry something of a feudal tradition in them. Sea power lacks all feudal vestiges. To an eminent degree it serves the interests of trade and industry. Its place is with the modern forces in life, simply by virtue of the vital importance that technology and capital have in its development. Sea power is allied with progressive forces, whereas land forces are tied to conservative tendencies." (O. Hintze, *Military Organization and the Organization of the State,* in *The Historical Essays of Otto Hintze,* Edited with an Introduction by Felix Gilbert, New York, Oxford University press, 1975, pp. 214-15.)

[9]Labriola's remarks on the occasion are worth quoting to some length. "Gli Stati di Europa vi ripeto concetti e frasi che ho altra volta espressi—sono in continuo e complicato divenire, in ciò che ambiscono, conquistano, assoggettano e sfruttano in tutto il resto del mondo. L'Italia non può sottrarsi a questo svolgimento degli Stati che porta con sé uno svolgimento dei popoli. Se lo facesse, e potesse farlo, in realtà si sottrarrebbe alla circolazione universale della vita moderna; e rimarrebbe *arretrata* in Europa. Il movimento espansionista delle nazioni ha le sue ragioni profonde nella concorrenza economica. Economia e politica non sono due cose separabili a volontà e artificialmente. La lotta tra gli Stati per quella che si dice sfera d'influenza o raggio d'azione viene dall'intima struttura degli Stati stessi, e il più delle volte è la condizione del loro progredire, e il modo di avverarsi della consistenza loro. Non è possibile, nelle condizioni odierne effettive degli Stati, che la concorrenza ceda il posto ad una giustizia inerme e senza mezzi di coazione. (...) Affermarsi come capace di una propria iniziativa, sarebbe per l'Italia—dirò in linguaggio un po' filosofico—come un cessare dall'essere un incidente e cominciare dall'essere un efficiente. Perciò la questione di Tripoli va giudicata per noi come il primo saggio della nostra prima *libera* e cosciente apparizione nella politica mondiale. (...) Ora, dato che si possa con giusti calcoli prevedere che la Tripolitania diventi nelle parti più coltivabili un terreno d'azione per il capitale e per il lavoro italiano, data la nostra colossale emigrazione, che negli ultimi tempi è enormemente cresciuta, non sarebbe poi tanto antidemocratico, che lo Stato ora impiegasse le forze militari e finanziarie pubbliche in un'impresa che potesse poi incanalare per secoli le forze elementari demografiche della nazione italiana." (Al Labriola, *Scritti politici, 1886-1904,* Bari, Laterza, 1970, pp. 491 ff.)

[10]E. Barone, "Democrazia che s'avanza," *La Tribuna,* 8 December 1906; E. Presutti, *Fra il Triregno c il Fortore. Inchiesta sulle condizioni economiche delle popolazioni del circondario di Larino,* Napoli, A. Tocco, 1907.

[11]G. Salvemini, "Suffragio universale, questione meridionale e riformismo; *Critica Sociale,* 16 October and 1 November 1908, now also in G. Salvemini, *Movimento socialista e questione meridionale,* Milano, Feltrinelli, 1963, pp. 331 ff. One of the main reasons why the "Americans" could give but a modest contribution to the political and social regeneration of the Mezzogiorno was the fact that, being still in great numbers illiterate, they had no right to vote before the electoral reform introducing universal suffrage in Italy. The electoral reform was indeed introduced by Giolitti in 1912, but shortly after the outbreak of World War I severed the ties between the mother country and the emigrants, ties that were not resumed as before in the twenties. In any case, it is very likely that Salvemini exaggerated a good deal the positive role that "Americans" could have performed once back home, neglecting, among other things, the force of absorbtion that the old, traditional environment would have upon them.

[12]F.S. Nitti, *Il partito radicale e la nuova democrazia industriale,* Torino, S.E.I., 1907, p. 66.

[13]M. Degl'Innocenti, "Emigrazione e politica dei socialisti dalla fine del secolo all'età giolittiana," *Il Ponte,* XXX, 11-12, (1974) pp. 1293-1307.

[14]A first "Congresso degli Italiani all'estero" had already been organized by the I.C.I. in 1908: it had been a rather minor affair, staged with the avowed purpose of preparing the ground for a more ambitious project, scheduled for 1911.

[15]For the proceedings of the Congress see Istituto Coloniale Italiano, *Atti del Secondo Congresso degli Italiani all'Estero, 11-20 giugno 1911,* Roma, 1912.

[16]For an authoritative contemporary interpretation of Italian imperialism that heavily emphasized the role of emigration, and of the demographic problem in general, see R. Michels, *op. cit.* The great importance of emigration, especially transoceanic emigration, in the thought and propaganda of one of the founders of Italian nationalist ideology, Enrico Corradini, hardly needs elaboration.

[17]Il Secondo Congresso degli Italiani all'estero. Uno sguardo generale ai risultati," *Avanti!*, 23 June 1911. The conclusion of this article is worth quoting: "Il Congresso, senza dirlo espressamente, ha fatto occare con mano ai più increduli che la posizione economica e per riflesso politica e morale dell'Italia nel mondo è intimamente collegata colle sorti materiali e morali, politiche ed economiche, dell'emigrazione; che in questa è la base dell'unica forma di imperialismo, cui possa nelle condizioni attuali aspirare l'Italia contemporanea, non d'un imperialismo politico-territoriale, che per ragion di contrasto ci esporrebbe al ridicolo, ma di quel tantao d'imperialismo economico che pur senza giurisdizione sovrana e sistemi doganali preferenziali ci è consentito, offerto anzi, dalla fecondità ed attività del popolo nostro." Among the Socialist and labor leaders who participated in the Congress were Turati, Bonomi, Ferri, Quaglino and Cabrini, as well as radicals and republicans like Colajanni and Pantano. It must also be added, though, that not all the comments on the Congress, stemming from left-wing circles, were as sanguine as the one cited above.

[18]On the socialists and the Libyan war see M. Degl'Innocenti, *Il socialismo italiano e la guerra di Libia,* Roma, Editori Riuniti, 1976.

THE ITALIAN EMIGRATION to the UNITED STATES, 1880-1930

A Bibliographical Register of Italian Views

A Bibliographical Register of Italian Views

Abbreviations to Periodicals

BE *Bollettino dell'Emigrazione*
CC *Civiltà Cattolica*
IC *L'Italia Coloniale*
IG *Italica Gens*
NA *Nuova Antologia*
RN *Rassegna Nazionale*

---

1. Adamoli, Giulio. "A Cuba." *NA* 49 (1894): 225-245, 503-522.
2. _____. *Da San Martino a Mentana.* Milano: Treves, 1892.
3. _____. "Lettere a Mio Padre dall'America." *NA* 216 (1922): 120-133, 221-234.
4. _____. "Letters From America." *Living Age* 25 (1922): 582-592; 26 (1922): 716-721.
5. Airoli, G.F. *Democrazia Americana.* Città di Castello: Manazzi, 1887.
6. _____. "La Logica nella Democrazia Americana." *RN* 22 (1885): 414-434; 24 (1885): 251-268; 27 (1886): 345-364; 33 (1887): 662-681.
7. Aldrovandi, Luigi. "Note Sulla Emigrazione Italiana in Pennsylvania." *BE,* No. 3 (1911): 3-51.
8. Arrigioni, Leone Sante. *Un Viaggio in America: Impressioni.* Torino: Tipografio Salesiana, 1906.
9. Attolico, Bernardo. *L'Ostracismo Agli Analfabeti negli Stati Uniti D'America.* Roma: Tipografia Unione Editrice, 1913.
10. Avezzana, Giuseppe. *I Miei Ricordi.* Napoli: Tipographia Portosalvo, 1881.
11. "Avvertenze per Chi Emigra agli Stati Uniti." *BE,* No. 2 (1902): 54-60.

12. "Avvertenze agli Emigranti Italiani Intorno ad Alcuni Paesi Esteri." *BE*, No. 5 (1906): 72-78.
13. Azzaretto, Domenico. *Poesia Siciliana Che Tratta della Miseria dell'Operaio in America*. Fiorenzuola d'Adda: Tipografia Pennaroli, 1908.
14. Bacelli, G.P. "Gli Italiani in Alcuni Distretti dello Stato di New York (Albany e Buffalo)." *BE*, No. 5 (1902): 15-25.
15. Ballerini, Rafaele. "La Civiltà e i Gesuiti al Tribunale del Congresso degli Stati Uniti d'America." *CC* Series 9, 12 (1885): 129-140.
16. _____. "Delle Condizioni Religiose degli Emigranti Italiani negli Stati Uniti d'America." *CC* Series 11, 13 (1888): 641-653.
17. Bamrela, Attilio. *L'Industria del Traffico degli Emigranti in Italia*. Roma: Tipografia Agostiniani, 1906.
18. Barbarani, Emilio. *Per Gli Emigranti e Contro L'Emigrazione*. Verona: Bettinelli, 1913.
19. Barbèra, Piero. *Ricordi Tipografici di un Viaggio agli Stati Uniti (Marzo-Giugno, 1892)*. Firenze: Tiographia della Rassegna Nazionale, 1897.
20. Bassi, Carlo. "Tontitown, Arkansas." *RN* 115 (1900): 704-709.
21. Beccherini, Francesco. *Il Fenomeno dell'Emigrazione Italiani negli Stati Uniti*. San Sepoloro: Tipographia Boncompagni, 1906.
22. Belli, E. *Note sull'Emigrazione in America dei Contadini della Provincia di Treviso*. Oderzo: Bianchi, 1888.
23. Bellini Balestrini, Maria. *Negli Stati Uniti d'America: Appunti di Viaggio (Autunno del 1912)*. Milano: Allegretti, 1913.
24. Beneduce, Alberto. *Saggio di Statistica dei Rimpatriati dalle Americhe*. Roma: Cooperativa Tipografica Manuzio, 1911.
25. _____. *Sul Movimento dei Rimpatriati dalle Americhe*. Roma: Tipografia Libreria Moderna, 1910.
26. Benvenuti, Leo. *Dizionario degli Italiani all'Estero*. Firenze: Tipografia della Rassegna Nazionale, 1890.
27. Bernardy, Amy A. *Piccola Italia*. Firenze: Galileiana, 1906.
28. _____. "Vita Italiana negli Stati Uniti." *L'Italia all'Estero* 3 (Novèmbre-Decèmbre 1908): 431-438.
29. _____. "'Emigrazione delle Donne e dei Fanciulli nella *North Atlantic Division* (Relazione di Amy A. Bernardy, Incaricata di una Missione)." *BE*, No. 1 (1909): 3-208.
30. _____. *America Vissuta*. Torino: Fratelli Bocca Editori, 1911.
31. _____. "Sulle Condizione delle Donne e dei Fanciulli Italiani negli Stati del Centro e dell'Ovest della Confederazione del Nord America." *BE*, No. 1 (1911): 3-170.

32. _____. "L'Emigrazione delle Donne e dei Fanciulli dal Piemonte." *BE,* No. 10 (1912): 3-64.
33. _____. *Italia Randagia Attraverso gli Stati Uniti.* Torino: Fratelli Bocca Editori, 1913.
34. Bertinetti, Giovanni. "L'Avvenire della Dottrina di Monroe." *RN* 88 (1896): 122-135.
35. Bodio, Luigi. *Statistica della Emigrazione Italiana all'Estero.* Roma: Società Geografica Italiana, 1882.
36. _____. "Della Protezione degli Emigranti Italiani in America." *NA* 60 (1895): 628-644.
37. _____. *Della Protezione degli Emigranti Italiani in America.* Roma: Forzani, 1895.
38. _____. "The Protection of the Italian Emigrants in America." *Chautauquan* 23 (1896): 42-64.
39. _____. "Dell'Emigrazione Italiana." *NA* 186 (1902): 529-540.
40. Boglietti, Giovanni. "Il Presidente Garfield." *NA* 29 (1881): 181-207.
41. _____. "Nuove Utopie Americane." *NA* 28 (1890): 609-627.
42. Bonacci, Giovanni. *Calabria e Emigrazione.* Firenze: Ricci, 1908.
43. _____. *Il Problema dell'Emigrazione nel Nord America.* Firenze: Tipographia della Rassegna Nazionale, 1908.
44. Bonardelli, Eugenio. *Emigrazione e Colonizzazione Italiana nella Costa Dell'Pacifico.* Firenze: Tipografia Rassegna Nazionale, 1912.
45. Bonfiglio, Sebastiano. *Vita Coloniale: Il Banchiere Italiano nel Nord America.* Brooklyn, Louis Dimola, 1911.
46. Boni, Antonio. *Di Alcuni Stati dell'America.* Vincenza: Casiano, 1910.
47. Boni, G. "Studi Danteschi in America." *Rivista d'Italia* 2 (1898): 292-316.
48. Bonomelli, Geremia. *L'Emigrazione.* Roma: Desclee, 1912. [1896].
49. Bordoni, Giosuè. *Echi d'America: Versi.* Firenze: Tipographia Claudiana, 1899.
50. Borghese, Paolo. *L'Emigration Italienne.* Firenze: Fratelli Modigliani-Rossi, 1926.
51. Bosco, Augusto. *L'Omicidio negli Stati Uniti d'America.* Roma: Bertero, 1887.
52. _____. "La Schiavitù e la Questione dei Neri negli Stati Uniti." *Rivista Italiana di Sociologia* 2 (1898): 207-224.
53. _____. *Gli Italiani Fuori d'Italia.* Roma: Unione Tipografica Cooperativa, 1907.
54. Bosi, Alfredo. *Cinquant'Anni di Vita Italiana in America.* New York: Bagnasco Press, 1921.

55. Boutet, Federigo. "Istituti di Patronato dell'Emigrazione Italiana negli Stati Uniti." *IC* 1 (June 1903): 574-580.
56. Branchi, E.C. *Il Primato degl'Italiani nella Storia e nella Civiltà Americana.* Bologna: L. Cappelli, 1925.
57. Brandi, S.M. "La Legge di *Lynch* negli Stati Uniti." *CC* Series 12, 14 (1891): 266-277.
58. _____. "La Questione Scolastica negli Stati Uniti." *CC* Series 15 (1892): 552-565.
59. Brenna, Paulo. "Interessi dell'Emigrazione Italiana negli Stati di Washington, Oregon, Idaho e Montana (S.U.A.)." *BE,* No. 7 (1916): 5-42.
60. _____. *L'Emigrazione Italiana nel Periodo Ante Bellico.* Firenze: Bemporad, 1918.
61. _____. *Luci Transatlantiche: Studio di Vita Americana Moderne.* Firenze: Bemporad, 1920.
62. _____. *Storia dell'Emigrazione Italiana.* Roma: Libreria Montegazza, 1928.
63. Brindisi, Rocco. "L'Emigrazione Italiana di Alcuni Stati della Nuova Inghiliterra (Massachusetts, Connecticut, Rhode Island)." *BE,* No. 5 (1902): 3-14.
64. [Brother Jonathan]. "Dall America del Nord." *RN* 76 (1894): 184-198.
65. Bruccoleri, Giuseppe. *L'Emigrazione Siciliana: Caratteri ed Effetti Secondo le Piu Recenti Inchieste.* Roma: Cooperativa Tipografica A. Manuzio, 1911.
66. Brunialti, Attillio. "I Mormoni dell'Utah." *NA* 14 (1888): 479-504.
67. Buonocore, O. *L'Emigrazione.* Napoli: Tipographia Portosalvo, 1923.
68. Cabiati, Attilio. *Il Problema dell'Emigrazione Protteta in Italia.* Torino: Roux e Viarengo, 1904.
69. Calitri, Antonio. *Canti del Nord-America.* Roma: Alberto Stock, 1925.
70. Camia, Lorenzo. *Da Biella a San Francisco di California, . . . Storia di Tre Valligiani Andornini in America.* Torino: Paravia, 1882.
71. Canessa, Pietro. *La Mia Pratica, ossia Consigli all'Emigrante nel Nord America.* Chivari: Tip. Artigianelli, 1898.
72. Cannelli, Antonio, ed. *La Colonia Italiana di New Haven, Connecticut.* New Haven: Stabilimento Tipografico A. Cannelli Co., 1921.
73. Capello, Amalia. *Fra le Foreste della California ed i Ghiacci dell'Alaska.* Torino: G.B. Paravia, 1898.
74. Capitani, Pacifico. *La Questione Italiana negli Stati Uniti d'America.* Cleveland: M.E. M'Cabe, Printer, 1891.
75. Capograsso-Guarna, Baldassare. "Le Grotte di Monmouth nel Kentucky." *La Rassegna Italiana* 1 (1881): 191-198.

76. Capra, Giuseppe. *L'Italica Gens* negli Stati Uniti." *IG* 6 (Ottobre-Dicembre 1915): 255-261.
77. _____. "L'Opera dei Padri Francescani negli Stati Uniti d'America." *IG* 7 (Gennaio-Giugno 1916): 39-56.
78. _____. "I Padri Scalabriniani nell'America del Nord." *IG* 7 (Gennaio-Giugno 1916): 57-68.
79. _____. "Le Scuole in America." *IG* 7 (Luglio-Dicembre 1916): 117-133.
80. _____. *La Colonizzazione negli Stati Uniti*. Firenze: Istituto Agricolo Coloniale, 1916.
81. Caputo, Aldo. *Inchiesta sulle Condizioni del Lavoro Agricolo e sugli Effetti dell'Emigrazione nella Provincia di Cosenze*. Roma: Tipographia Nazionale, 1909.
82. Careri, Giuseppe. *Il Problema dell'Emigrazione Italiana e la Società per L'Emigrazione e Colonizzazione*. Napoli: Tipografia Ferrante, 1890.
83. Carito, Diomede. *Nella Terra di Washington: Le Mie Visioni della Psiche Nord-Americana*. Napoli: Detken & Rocholl, 1912.
84. Carloni, Francesco F. *Gli Italiani all'Estero*. Città di Castello: Tipographia Lapi, 1908.
85. Carnovale, Luigi. *Il Giornalismo degli Italiani nel Nord America*. Chicago: Casa Editrice del Giornale "L'Italia," 1909.
86. Caroli, Francesco. *I Possidenti, I Contadini e L'Emigrazione*. Oderzo: Tipografia Bianchi, 1888.
87. Casamorato, Cesare. "In California." *L'Universo* 4 (1920): 321-334.
88. Cassani, G. "Gli Stati Uniti: Recordi di Carlo Gardini." *RN* 39 (1888): 711-716.
89. Castigliano, A. "Origine, Sviluppo, Importanza ed Avvenire della Colonie Italiani del Nord Michigan e del Nord Minnesota." *BE*, No. 7 (1913): 3-22.
90. Cattapani, Carlo. "Gli Emigranti Italiani fra gli Anglo-Sassoni." In *Atti. Congresso Geografico Italiano* (1911): 143-162.
91. Cesari, Cesare. *La Nostra Storia Coloniale e L'Emigrazione*. Roma: Vaghera, 1905.
92. Cesnola, Luigi Palma di. "Costituzioni Moderne: Gli Stati Uniti." *NA* 23 (1880): 209-240; 24 (1880): 231-264.
93. _____. "A Proposito della Guerra e della Pace fra gli Stati Uniti d'America e la Spagna." *NA* 77 (1898): 193-211.
94. Chiesi, Gustavo. *La Nostra Emigrazione negli Stati Uniti e la Colonizzazione nel Texas*. Roma: Tipografica Cooperativa, 1908.
95. Cianfara, Camillo. *Dall'Unica Protezione Possibile nel Nord America*. Roma: Unione Tipografica Cooperativa, 1900.

96. _____. *Diario di un Emigrante*. New York: [1900?].
97. Ciarlantini, Franco. *Incontro Col Nord America*. Milano: Alpes, 1929.
98. Cipolla, Arnaldo. *Nell'America del Nord: Impressioni di Viaggio in Alaska, Stati Uniti e Canada*. Torino: Paravia, 1925.
99. Ciufoletti, Manlio. "Le Scuole Parrochiali negli Stati Uniti ed in Particolare le Italiane." *L'Emigrato Italiano* 9 (Ottobre-Dicembre 1917): 9-30. *Also:* Roma: Tipografia Pontifica dell'Istituto Pio IX, 1918.
100. _____. "Importanza Sociale delle Parrocchie Italiane in America." *L'Emigrato Italiano* 18 (Ottobre-Dicembre 1924): 1-6.
101. Colajanni, Napoleone. *Razze Inferiori e Razze Superiori: Latini ed Anglosassoni*. Roma: Presso la Rivista Popolare, 1906.
102. _____. "La Criminalità degli Italiani negli Stati Uniti." In: *Gli Italiani negli Stati Uniti*. Roma: Presso la Rivista Popolare, 1906.
103. _____. "La Criminalità degli Italiani negli Stati Uniti." *NA* 145 (1910): 693-712.
104. _____. "Sulle Condizioni che Favoriscono la Crimilalità degli Italiani negli Stati Uniti." *Revista Contemporanea* (Febbraio 1910): 41-173.
105. _____. *Gli Italiani negli Stati Uniti*. Roma: Presso la Rivista Popolare, 1910.
106. _____. "La Criminalità degli Italiani negli Stati Uniti d'America." *BE*, No. 4 (1910): 3-61.
107. Coletti, Francesco. *Dell'Emigrazione Italiana in Cinquant'Anni di Storia Italiana, 1860-1910*. Milano: Hoepli, 1912.
108. Colletti, Umberto M. "Gli Aspetti Economico-Sociali della Immigrazione agli Stati Uniti." *Il Carroccio* 1 (May 1915): 21-28.
109. "Colonizzazione Italiana negli Stati Uniti." *IC* 5 (Augusto-Settèmbre 1904): 146-149.
110. Condorelli, Natale. *Nei Due Emisferi: Viaggi*. Milano: Baldini Castoldi, 1899. [Based on a series of articles in *Giornale di Sicilia* during 1887, originally collected in *Settentrione: America-Europa*, Catania: Niccolo Giannotta, 1896.]
111. "Condizioni Attuali delle Coloni Agricole Italiane di Daphne (Alabama), High Bank (Texas), e Hearne (Texas)." *BE*, No. 8 (1913): 70-72.
112. Consolino, Filippo. *L'Emigrazione Negli Stati Uniti: Guida*. Ragusa Inferiore: Tipographia Criscione, 1915.
113. Conte, A. "Stati Uniti: Protezione degli Immigranti Italiani in Boston." *BE*, No. 7 (1903): 42-48.
114. Conte, Gaetano. *Dieci Anni in America: Impressioni e Ricordi. Conferenze Riguardanti l'Emigrazione Italiana nell'America del Nord*. Palermo: G. Spinnato, 1903.

115. _____. *Le Missioni Protestanti ed i Nostri Emigrati.* Venezia: Tipografia dell'Istituto Industriale, 1906.
116. Contento, Aldo. *Cio Che Insegna L'Emigrazione Italiana del 1905.* Torino: Roux & Viarengo, 1906.
117. Cordova, Antonio. *Gli Aspetti Presenti e Future dell'Emigrazione.* Torino: Lattes, 1923.
118. Corinaldi, Leopoldo. "L'Emigrazione Italiana agli Stati Uniti d'America." *BE,* No. 2 (1902): 4-13.
119. _____. *L'Emigrazione Italiani negli Stati Uniti d'America.* Roma: Bertero, 1902.
120. Cornelio, A.M. "L'Emigrazione e l'Abate [Alphonse] Villeneuve." *RN* 67 (Septembre 1892): 241-248.
121. Corradini, Enrico. "Dall'Emigrazione al Nazioalismo. *Il Carroccio* (Novembre 1916): 46-53.
122. _____. *La Patria Lontana.* Milano: Treves, 1910.
123. Corridore, Francesco. *Una Nuova Fase dell'Emigrazione Italiana.* Torino: G.B. Paravia, 1908.
124. [C.R.]. "La Missione Italiana del S. Cuore in Boston." *IG* 5 (Settembre-Dicembre 1914): 221-224.
125. Cuneo, Giuseppe. "L'Emigrazione Italiana nel Colorado e nell'Utah." *BE,* No. 5 (1902): 26-34.
126. Della Vedova, G. "Il Conte L. Palma di Cesnola." *Rivista d'Italia* 1 (1899): 432-442.
127. Dalla Volta, Riccardo. *Per La Tutela degli Emigranti.* Firenze: Seeber, 1897.
128. _____. *L'Analfabetismo nell'Immigrazione agli Stati Uniti.* Torino: Roux & Viarengo, 1906.
129. _____. *Imperialismo Americano.* Firenze: Ricci, 1906.
130. _____. *Sulle Conseguenze Demografiche dell'Emigrazione in Italia.* Firenze: Ricci, 1908.
131. D'Ambrosio, Manlio. *Il Mezzogiorno d'Italia e L'Emigrazione negli Stati Uniti.* Roma: Athenaeum, 1924.
132. D'Amico, Silvio. *Scoperta dell America Cattolica: Note al Congresso Eucaristico di Chicago.* Firenze: Bemporad, 1927. 2nd ed., 1928.
133. Daneo, F[erdinando]. "L'Emigrazione in California." *BE,* No. 14 (1913): 55-57.
134. _____. "I Pescatori Italiane nell'Alaska (Nord America)." *BE,* No. 4 (1915): 39-44.
135. _____. Condizioni delle Colonie Italiane a Stockton e nelle Conte di Sonora, Jackson e Amador City (California)." *BE,* No. 4 (1915): 45-47.

136. De Biasi, Agostino. "La Morte di Padre [Pietro] Bandini." *Il Carroccio* 5 (Febbraio 1917): 103-104.
137. _____. "La Nightingale Italiana: Suor Francesca Saverio Cabrini." *Il Carroccio* 7 (Gennaio): 46-47.
138. _____. "Il Sacerdote dell'Italianità, Roberto Biasotti." *Il Carroccio* 24 (Luglio 1926): 66-67.
139. De Biasi, M. "Colonie Italiane d'America: Philadelphia." *IC* 1 (Gennaio-Febbraio 1904): 48-58.
140. de Concilio, Gennaro. *Su lo Stato Religioso degli'Italiani negli Stati Uniti d'America*. New York: Tipografia J.H. Carbone, 1888.
141. "Della Emigrazione Italiana." *CC* Series 13, 11 (1888): 385-403.
142. "Della Emigrazione Europea in America." *CC* Series 15, 6 (1893): 641-652.
143. "Delle Condizioni Religiose degli Emigrati Italiani negli Stati Uniti d'America." *CC* Series 13, 9 (3 Settembre 1888): 641-653.
144. de Luca, Paolo Emilio. *Della Emigrazione Europea ed in Particolare di Quella Italiana*. Torino: Bocca, 1909-1910. 4 vols.
145. de Riseis, Giovanni. *Dagli Stati Uniti alle Indie*. Roma: Athenaeum, 1899.
146. De Santo, Vincenzo. "L'Università di Pennsylvania e la Vita degli Studenti in America: Impressioni e Ricordi." *NA* 1 (1914): 102-114.
147. Des Planches, Edmondo. *California: Gli Italiani in California*. Roma: Tipografia del Ministero degli Affari Esteri, 1904.
148. _____. "Nel Sud degli Stati Uniti." *NA* 206 (1906): 593-615.
149. De Stefani, Carlo. "Le Università dell'America Settentrionale." *NA* 16 (1913): 288-294.
150. De Vecchi, Paolo. "L'Emigrazione Italiana per la California Dovrebbe Essere Principalmente Agricola." *IC* 2 (July 1901): 50-52.
151. _____. *Un Chirurgo Italiano a New York*. Firenze: Tipographia Ricci, 1911.
152. De Vincentiis, Gedeone. *L'America del Nord*. Napoli: Tipographia Perrotta, 1905.
153. Di Palma Castiglione, G.E. "La Protezione degli Emigranti in New York." *Rivista Popolare* 10 (May 30, 1904): 150-155.
154. _____. "Italian Immigration into the United States, 1901-1904." *American Journal of Sociology* 11 (1905): 183-206.
155. _____. "L'Ufficio del Lavoro per gli Immigranti in New York: Relazione del Direttore dott. G. Di Palma Castiglione, al Consiglio Direttivo, sull'Attività Spiegata dall'Ufficio Durante l'Anno 1908. Primi dati per l'Anno 1909." *BE*, No. 8 (1909): 13-37.

156. _____. "Dove Possono Andare gli Italiani Immigranti negli Stati Uniti (Conferenza)." *BE,* No. 18 (1909): 3-26.
157. _____. "L'Immigrazione Italiana negli Stati Uniti dell'America del Nord da 1820 al 30 Giugno 1910." *BE,* No. 2 (1913): 103-112.
158. _____. *L'Immigrazione Italiana negli Stati Uniti D'America dal 1820 al 30 Giugno 1910.* Roma: Tipographia Cartiere Centrali, 1913.
159. _____. "Numero, Provenienza e Distribuzione degli Italiani in Chicago (Illinois)." *BE,* No. 4 (1915): 49-68.
160. _____. "Vari Centri Italiani negli Stati d'Indiana, Ohio, Michigan, Minnesota e Wisconsin (S.U.A.)." *BE,* No. 6 (1915): 7-46.
161. _____. "Vari Centri Italiani negli Stati di Indiana, Ohio, Michigan, Minnesota e Wisconsin (S.U.A.)." *BE,* No. 7 (1915): 7-62.
162. _____. *I Minatori di Carbone Bituminoso negli Stati del Centro della Confederazione Nord Americana e la Colonia Italiana di Clinton, Indiana.* Roma: Stab. Tip. Cartiere Centrali, 1915.
163. Dobelli-Norris, A. Anita. *Dieci Mesi in America.* Roma: Ed. A. Manzoni, 1904.
164. Dondero, Carlo. *Relazione Sugl'Italiani della Costa del Pacifico.* San Francisco. Camera di Commercio Italiana, 1897.
165. _____. "L'Italia negli Stati Uniti ed in California." *IC* 1 (June 1901): 9-22.
166. "Il Dovere dei Cattolici degli Stati Uniti verso i Loro Correligionarii Italiani." *CC* Series 18, 9 (1903): 467-472.
167. Dragoni, Ladislao. "L'Attività dei Francescani Italiani negli Stati Uniti." *Il Carroccio* 24 (Ottobre 1926): 389-397.
168. Einaudi, Luigi. "Un Missionario Apostolo [Fr. Pietro Maldotti] degli Emigranti." [Torino] *La Stampa,* 9 Settembre, 1898. Reprinted: *Studi Emigrazione* 3 (Ottobre 1966): 66-69.
169. _____. "Il Problema dell'Emigrazione in Italia." [Torino] *La Stampa,* 16 Marzo, 1899. Reprinted: *Studi Emigrazione* 3 (Ottobre 1966): 70-73.
170. _____. *Studio Sull'Espansione Coloniale Italiana.* Torino: Fratelli Bocca, 1900.
171. _____. *I Fondatori della Grande Italia Transatlantica.* Torino: Fratelli Bocca, 1901.
172. "Gli Emigranti Italiani a Nuova York." *CC* 55, 2 (1904): 172-179.
173. Faccenna, D. Filippo. *Al Di là dell'Oceano.* Tivoli: Tipografia Tivoli, 1913.
174. Fano, Giulio. *Un Fisiologo Interno al Mondo: Impressioni di Viaggio.* Milano: Treves, 1899.

175. Fant, P. A. *Luigi Carnovale: L'Eroe della Italianità negli Stati Uniti d'America.* Roma: Tipografia delle Terme, 1927.
176. Fara Forni, G. "Gli Italiani nel Distretto di Nuova Orleans (Stati Uniti)." *BE,* No. 17 (1905): 3-17.
177. Fava, [Baron] Saverio. "Le Colonie Agricole Italiane nell'America del Nord." *NA* 197 (Ottobre 1904): 462-468.
178. Feraud, Lorenzo. *Da Biella a San Francisco di California...Storia di Tre Valligiani Andornini in America.* Torino: Tipografia Paravia, 1882.
179. Ferrante, Gherardo. "Chiese e Scuole Parrocchiali Italiane." In *Gli Italiani negli Stati Uniti d'America."* New York: Italian American Directory Company, 1906), 89-95.
180. Ferreri, Gherardo. *L'Istituzioni Americane per L'Educazione dei Sordomuti.* Roma: Tipografia Dantonis, 1903.
181. _____. *Gli Italiani in America: Impressioni di un Viaggio agli Stati Uniti.* Roma: Tipografia del Campigoglio di G. Antonio, 1907.
182. _____. *L'Italia nel Giudizio degli Italiani all'Estero.* Roma: Tipografia Dantonis, 1907.
183. Ferrini, Rinaldo. "Una Curiosità dell'Esposizione di Chicago." *RN* 76 (1894): 103-109.
184. Fiamingo, G. [M.] "Il Carattere della Società Americana agli Stati Uniti." *NA* 75 (1898): 129-154.
185. Fidel, Camillo. *L'Emigration Italienne aux Etats Unis.* Paris: France-Amerique, 1912.
186. Folci, Raimondo. *Un Viaggio negli Stati Uniti.* Palermo: Tipografia Pirulla, 1914.
187. Fraccaroli, Arnaldo. *Vita d'America.* Milano: Treves, 1928.
188. _____. *Hollywood: Paese d'Aventura.* Milano: Treves, 1928.
189. _____. *New York: Ciclone di Genti.* Milano: Treves, 1929.
190. Franceschini, Antonio. *Problemi Relativi alla Colonizzazione Agricola Italiana Specialmente nelle Americhe.* Roma: Tipografia Manuzio, 1908. [Atti del I Congresso degli Italiani all'Estero.]
191. _____. "Cenni sulli Condizioni dell'Emigrazione Italiana nel Distretto Consolare di Boston (Stati Uniti)." *BE,* No. 7 (1909): 64-67.
192. Franzoni, Ausonio. *Per Decoro del Nome Italiano in America.* Milano: Premiato Stabilimento Tipografico P.B. Bellini, 1901.
193. _____. *Dei Mezzi più Acconci a Modificare il Concetto degli Stranieri Riguardo alla Nostra Emigrazione.* Milano: Tipografia Bellini, 1902. [Atti del IV Congresso della Società Geografica Italiana.]
194. _____. *Emigrazione Transoceanica.* Roma: Tipografia A. Manuzio, 1908. [Atti del I Congresso degli Italiani all'Estero.]

195. _____. *Stati Uniti e Italia.* Roma: Unione Tipografica Cooperativa, 1908.
196. _____. *Gli Interessi Italiani in New York.* Roma: Tipografia della Unione Cooperativa Editrice, 1908.
197. _____. *Gli Italiani d'America e la Cittadinanza.* Roma: Tipografia Cooperativa Sociale, 1923.
198. Frescura, Bernardino. *Guida degli Stati Uniti nell'America del Nord.* Genova: Tipografia Montorfano, 1903.
199. _____. *Sull'Oceano con gli Emigranti.* Genova: Tipografia Marittima, 1908.
200. [G.] "La Nuova Elezione Presidenziale negli Stati Uniti D'America." *RN* 3 (1880): 796–826.
201. Galanti, T. "Agricultura Americana e Agricultura Italiana." *NA* 38 (1883): 110–155, 479–508; 39 (1883): 240–261.
202. Gambera, G[iacomo]. "Il Clero Italiano in America e l'Assistenza degli Emigranti Italiani." *IG* 2 (Maggio 1911): 217–225.
203. _____. "In Onore di un Apostolo [Fr. Giovanni Vogel]." *IG* 3 (Ottobre-Novembre 1912): 324–328.
204. Gardini, Carlo. *Gli Stati Uniti: Recordi.* Bologna: Zanichelli, 1887.
205. [Garlanda, Frederico]. *La Terza Italia: Lettere di un Yankee. Tradotte e Annotate da Frederico Garlanda.* Roma: Soc. Ed. Laziale, 1903. New ed., 1906.
206. Giacosa, Giuseppe. "Gli Italiani a New York ed a Chicago." *NA* 40 (1892): 619–640.
207. _____. "Chicago e la Sua Colonia Italiana." *NA* 44 (1893): 15–33.
208. _____. "New York." *NA* 45 (1893): 5–21.
209. _____. *Impressioni d'America.* Milano: L. F. Cogliati, 1908.
210. Giorgio, R. *Emigrazione, Unionismo e Propaganda nel Nord America.* Salerno: Tipografia Spadafora, 1927.
211. Giriodi, Clotilde. *Una Signorina Italiana in America.* Torino: L. Roux e C., 1893.
212. Godio, Guglielmo. *Nuova Orizzonti: L'America nei Suoi Primi Fatori. La Colonizzazione e L'Emigrazione.* Firenze: Barbera, 1893.
213. Grivetti, Giuseppe. "L'*Italica Gens* negli Stati Uniti e Canada al 31 Dicembre 1910." *IG* 2 (Aprile 1911): 145–169.
214. _____. "La Missione dei Padri Scalabriniani a Boston." *IG* 2 (Agosto-Settembre 1911): 308–313.
215. _____. "Il Nostro Segretariato Centrale di New York: Resoconto del Primo Anno di Attività." *IG* 3 (Marzo-Aprile 1912): 65–75.

216. _____. "Il Segretariato Centrale di New York Durante l'Anno 1912." *IG* 4 (Marzo-Aprile 1913): 78-87.
217. Grossi, Vincenzo. "L'Emigrazione Italiana in America." *NA* 55 (Febbraio 1895): 740-757.
218. _____. "Italian Emigration to America." *Chautauquan* 21 (1895): 270-274.
219. _____. *Questioni di Geografia Coloniale: Gli Italiani negli Stati Uniti.* Palermo: Sandron, 1895.
220. _____. *L'Emigrazione Italiana in America.* Roma: Forzani, 1895.
221. _____. *Gli Italiani in America.* Roma: Tipografia di G. Balbi, 1896.
222. _____. *La Politica dell'Emigrazione Italiana nell'Ultimo Trentennio, 1866-1898.* Roma: Tipografia Forzani, 1899.
223. _____. *Guida degli Emigranti della Lombardia.* Milano: Tipografia degli Operai, 1909.
224. "Il Cattolicism in Philadelphia." *RN* 12 (1883): 494-504.
225. "Indicibili Difficoltà per i Missionari di Evangelizzare gli Emigranti." *CC* 51 (July 23, 1900): 375-376.
226. "Iniziative per Migliorare le Condizioni di Vita nella Campagne e Favorere l'Avviamento degli Immigranti all'Agricoltura negli Stati Uniti dell'America del'Nord." *BE*, No. 8 (1909): 3-11.
227. "Iniziative per una Piu Efficace Protezione degli Emigranti nello Stato di New York." *BE*, No. 6 (1909): 3-31.
228. Isoleri, A. *Un Ricordo delle Feste Colombiane Celebrate in Philadelphia, Stati Uniti d'America nell'Ottobre del 1892.* Philadelphia: Printing House, 1893.
229. "Istituti di Patronato per gli Emigranti all'Estero: *Boston Italian Immigrants' Society.*" *BE*, No. 6 (1909): 32-43.
230. "Isituzioni di Patronato per gli Emigranti: *Society for Italian Immigrants in New York.*" *BE*, No. 8 (1909): 38-47.
231. "Istituzioni di Patronato per gli Emigranti: *Society for Italian Immigrants in New York.*" *BE*, No. 18 (1909): 57-62.
232. [Italia]. Commissariato dell'Emigrazione. *Gli Italiani negli Stati Uniti e il Loro Risparmi.* Roma: Edizioni del Commissariato dell'Emigrazione, 1920.
233. [Italia]. Commissariato Generale dell'Emigrazione. *Emigrazione e Colonie: Raccolta di Rapporti del R.R. Agenti Diplomatici e Consolari.* 3 vols. Roma: Tipografia dell'Unione Editrice, 1903-1909.

Volume 3, part 3 includes "Stati Uniti," pages 1-260. A. Ravajoli, "La Colonia Italiana del Distretto di Columbia," pages 159-63; Gustavo Tosti, "La Colonia Italiana di Boston," pages 164-67; Giacomo Fara

Forni, "Gli Italiani del Distretto Consolare di Philadelphia," pages 168-72; Lionello Scelsi, "Il Distretto Viceconsolare di Pitsburgh," pages 173-201; Giacomo Fara Forni, "Gli Italiana nel Distretto di Nuova Orleans," pages 202-21; Gerolamo Naselli, "Il Distretto Consolare di San Francisco [California]," pages 222-42; Giulio Riccardi, "Le Condizioni del Lavoro e L'Emigrazione Italiana in California," pages 223-60.

234. [Italia]. Ministero degli Affari Esteri. Commissariato Generale dell'Emigrazione. *L'Emigrazione Italiana del 1910 al 1923*. Roma: Edizioni del Commissariato dell'Emigrazione, 1926.

235. [Italia]. Ministero degli Affari Esteri. *Elenco di Legge Decreti e Regolamenti Circa l'Emigrazione degli Stati d'Europa e l'Emigrazione e Colonizzazione in America, Asia e Oceania. Fino al Marzo 1907*. Roma: Tipografia Bertero, 1908.

236. _____. *Proibizione dello Sbarco negli Stati Uniti agli Stranieri Analfabeti. Relazione dell'On. Consiglio dell'Emigrazione.* Roma: Tipografia Bertero, 1914.

237. "Gl'Italiani in Alcuni Distretti dello Stato di Nuova York." *BE*, No. 5 (1902): 15-25.

238. "Gli Italiani negli Stati Uniti." *IC* 2 (September 1901): 87-90.

239. *Gli Italiani negli Stati Uniti d'America*. New York: Italian American Directory Company, 1906.

240. "Gli Italiani negli Stati Uniti e i Loro Risparmi." *BE*, No. 11 (1925): 1089-1110.

241. "Gl'Italiani nel Distretto Consolare di Filadelfia." *BE*, No. 10 (1903): 19-41.

242. "L'*Italica Gens*. Federazione per l'Assistenza degli Emigranti Italiani in Paesi Transoceanici." *Le Missioni Italiane* 13 (Dicembre 1909): 55-59.

243. "L'*Italica Gens*." *IG* 1 (Febbraio 1910): 3-16.

244. "La *Italica Gens* nel Terzo Anno dalla Sua Fondazione." *IG* 3 (Dicembre 1912): 353-358.

245. Jachini, Carlo. *La Mia Prima Missione in Nord-America: Breve Resoconto Giornalistico*. Roma: A. Carelli, 1910.

246. Jadot, Louis. "L'Emigration Italienne." *Questions Diplomatiques et Coloniales* 18 (Août 16, 1904): 209-219.

247. "L'America Come e Veduta dall'Estero." *RN* 102 (1898): 375-386.

248. "L'Immigrazione e le Colonie Italiani nella Pennsylvania." *BE*, No. 4 (1902): 40-64.

249. "L'Immigrazione Italiana in Alcuni Stati della Nuova Inghliterra." *BE*, No. 5 (1902): 3-14.

250. "La Mostra di Chicago." *NA* 156 (1893): 718-734.

251. Lanini, Pietro. "Civilitá Americana: Impressioni di Vita Americana." *NA* 16 (1930): 243-248.
252. "La Nuova Legge sull'Immigrazione negli Stati Uniti d'America." *BE*, No. 5 (1924): 389-396.
253. "I Lavoratori Italiani nel West Virginia." *IC* 2 (Agosto-Settembre 1903): 858-861.
254. "Il Lavoro di Assistenza degli Emigranti Svolto dal Nostro Segretariato di New York dal Gennaio 1913 al Giugno 1915." *IG* (Luglio-Settembre 1915): 207-209.
255. "Le Agenzie di Collocamenti nello Stato di Nuova York." *BE*, No. 1 (1906): 30-38.
256. Le Conte, René. *Les Italiens dans L'Amerique du Nord: Etude sur L'Emigration Italienne*. Paris: A. Michelon, 1908.
257. Lembo, Vincenzo. *Il Problema dell'Emigrazione: I Ritocchi alla legge e al Regolamento*. Cambobasso: Tipografia Colitti, 1907.
258. Lenza, Antonio Giulio. *Critiche e Processi ai Responsabili delle Colpe*. New York: Bagnasco Press, 1919.
259. Lerda, Giovanni. "Gli Italiani all'Estero." *Rivista Italiana di Sociologia* (1899): 619-631.
260. "Le Società Italiane all'Estero nel 1908." *BE*, No. 24 (1908): 1-147.
261. Lessona, Carlo. *L'Emigrazione*. Torino: Roux, 1897.
262. Levasseur, E. "L'Immigrazione Straniera negli Stati Uniti." *Revista Italiana di Sociologia* 1 (1897): 332-352.
263. Liberi, Italo. *L'Italia in America: Notizie per gli Emigranti Italiani*. Genova: Tipografia Pellas, 1883.
264. Lomanaco, Alfonso. "Da Palermo a New Orléans." *RN* 92 (1896): 237-272, 532-556, 749-768; 93 (1897): 22-78.
265. _____. *Da Palermo a New Orléans*. Roma: Loescher, 1898.
266. _____. "Il Canale di Panama e il Lavoro Italiano." *BE*, No. 2 (1909): 3-154.
267. Lombroso, Cesare. "Gli Stati Uniti d'Africa e d'America." *NA* 86 (1900): 682-691.
268. _____. "Un'Epidemia di Baci in Nord America." *Revista d'Italia* 1 (1900): 266-272.
269. Longhena, Mario. *Proposte Pratiche a Vantaggio della Nostra Emigrazione*. Bologna: Tipografia Azzoguidi, 1909.
270. Lucattini, Arrigo Luccattino. *L'Emigrazione Italiana con Note di Legislazione Sociale e di Geografia Economica*. Tortona: Tipografia Vacarri, [1910?].

271. Luiggi, Luigi. "Per la Cittadinanza degli Italiani all'Estero Specialmente in America." *NA* 231 (Settembre 16, 1923): 187-191.
272. Macchioro, Gino. "Il Nostro Avvenire in America." *NA* 84 (Dicembre 1, 1899): 522-538; 85 (Gennaio 16, 1900): 262-273.
273. Maffei, Gioacchino. "Il Dovere degli Italiani d'America." *IG* 7 (Luglio-Dicember 1916): 134-148.
274. _____. *L'Italia nell'America del Nord. Rilievi e Suggerimenti per la Grandezza e l'Onore d'Italia*. Valle di Pompei: Tipografia di Francesco Sicignano & Figli, 1924.
275. Magnani, F. *La Città di Buffalo, N.Y., e Paesi Circonvicini e le Colonie Italiane*. Buffalo: Tipografia Editrice Italiana, 1908.
276. Magrini, G.B. *Emigrazione e Colonie*. Arezzo: Tipografia Pichi, 1888.
277. Malnate, Natale. *Gli Italiani in America*. Genova: Tipografia Pellas, 1898.
278. _____. *Tutela dell'Emigrazione Italiana*. Torino: Roux, 1899.
279. _____. *Agenti d'emigrazione*. Firenze: Uffizio Nazionale, 1911.
280. Mantegazza, Vico. *Agli Stati Uniti: Il Pericolo Americano*. Milano: 1910.
281. Marazzi, Antonio. *Emigrati*. Milano: Tipografia Gussoni, 1898.
282. Marcelli, Federico Nicola. *Gli Emigranti e L'Italia*. Firenze: Tipografia Baroni e Lastrucci, 1900.
283. Mariotti, A. *L'Emigrazione Italiana*. Fano: Tipografia Cooperativa, 1899.
284. Marisi, Frederigo. *Viaggio nell'America del Nord*. Chieti: C. Marchionne, 1889.
285. Mastrangelo, Vito. *Saggio sull'Emigrazione Italiana: Sue Cause ed Effetti*. Bellinzona: Tipografia Colombo, 1911.
286. Mastrogiovanni, Salvatore. *Le Prime Società di Patronato per gli Emigranti negli Stati Uniti ed in Italia*. Venezia: Tipographia dell'Istituto Industriale, 1906.
287. Matteucci, Francesco. "Impressioni d'America." *Revista d'Italia* (Gennaio 1909): 36-68.
288. Mauro, Francesco. *Gli Stati Uniti: Vista da un Ingegnere*. Milano: Hoepli, 1928.
289. Mayor des Planches, Edmondo. *Gli Italiani in California*. Roma: Tipografia del Ministero Affari Esteri, 1904.
290. _____. "Discorso del R. Ambasciatore in Washington alla Camera Italiana di Commercio di New York (29 Febbraio 1908)." *BE*, No. 7 (1908): 3-10.
291. _____. *Attraverso gli Stati Uniti: Per l'Emigrazione Italiana*. Torino: Unione Tipografico-Editrice, 1913.

292. Mazzei, Eugenio. "Egisto Rossi: Gli Stati Uniti e la Concorrenza Americana." *RN* 20 (1884): 140-147.
293. _____. "Egisto Rossi: L'Istruzione Pubblica negli Stati Uniti." *RN* 53 (1890): 803-807.
294. Mazzei, Raffaele. "Di una Recente Pubblicazione sugli Stati Uniti d'America." *RN* 64 (1892): 34-44.
295. "Memorandum degli Istituti Italiani di Patronato degli Emigranti in New York sulle Cause che Ostacolano l'Avviamenti all'Agricola degli Immigranti Italiani negli Stati Uniti." *BE*, No. 8 (1908): 8-100.
296. Michieli, Adriano A. *L'America del Nord*. Milano: Federazione Italiana delle Biblioteche Popolare, 1915.
297. "Le Missionarie del S. Cuore in America." *IG* 1 (Aprile 1910): 119-124.
298. *La Missione dell'Alaska: Memoria del R.P. Pasquale Tosi... Superiore della Missione*. Roma: Tipografia A. Belfani, 1893.
299. Montesarchio, Alfonso. *Emigrazione e Analfabetismo*. Sulmona: Tipografia Sociale, 1914.
300. Morasso, M. *L'Emigrazione Italiana Come Politica d'Espansione*. Città di Castelo: Tipografia Lapi, 1904.
301. Moroni, Gerolamo. "L'Emigrazione Italiana nel Distretto Consolare di Nuova Orleans. (Relazione del R. Viceconsole Onorario e Addetto per L'Emigrazione in Nuova Orleans, Conte Gerolamo Moroni)." *BE*, No. 16 (1908): 17-25.
302. _____. "Il Texas e L'Emigrazione Italiana (Da un Rapporto del R. Addetto all'Emigrazione in Nuova Orleans, Conte G. Moroni)." *BE*, No. 18 (1909): 27-56.
303. _____. "Il *Peonage* nel Sud degli Stati Uniti." *BE*, No. 5 (1910): 3-20.
304. _____. "Gli Italiani in Tangipahoa (Luisiana)." *BE*, No. 7 (1910): 3-6.
305. _____. "Condizioni degli Operai Italiani nelle Miniere di Carbone nell'Est [sic] Tennessee." *BE*, No. 7 (1910): 7-9.
306. _____. "Società Italiane nel Distretto di New Orleans." *BE*, No. 10 (1910): 3-8.
307. _____. "Lo Stato dell'Alabama." *BE*, No. 1 (1913): 34-66.
308. _____. "L'Emigrazione Italiana in Florida." *BE*, No. 1 (1913): 67-68.
309. _____. "La Luisiana e L'Emigrazione Italiana." *BE*, No. 4 (1913): 51-53.
310. _____. "L'Emigrazione Italiana nell'America del Nord. (Da Rapporto del Conte G. Moroni, Maggio e Giugno 1913)." *BE*, No. 12 (1913): 47-55.
311. _____. *Lo Stato dell'Alabama/Emigrazione Italiana in Florida*. Roma: Stab. Tipografia Cartiere Centrali, 1913.

312. _____. *Il Texas e l'Emigrazione Italiana.* Roma: Stab. Tipografia Cartiere Centrali, 1913.
313. Mosso, Angelo. "Le Università Cattoliche negli Stati Uniti." *NA* 16 (1901): 611-662.
314. _____. *La Democrazia nella Religione e nella Scienza: Studi sull'America.* Milano: Treves, 1901. New edition, 1908.
315. _____. "L'Educazione della Donna agli Stati Uniti." *NA* 98 (1902): 193-207.
316. Muri Panettieri, Concetta. *Note sull'Emigrazione Italiana.* Messina: Tipografia Eco di Messina, 1919.
317. Muzio, Carlo. *Stati Uniti.* Milano: Sonzogno, 1921.
318. Napolitano, Gaetano. *Italia e Stati Uniti: Correnti Emigratorie e Commerciali.* Roma: Tipografia Grafia, 1925.
319. Naselli, Gerolamo. "Stati Uniti—Gli Italiani nel Consolare di Filadelfia (Stati di Pennsylvania, Maryland, Delaware, South Carolina, North Carolina, West Virginia, Virginia e Georgia)." *BE,* No. 10 (1903): 19-41.
320. _____. "Il Terremoto di San Francisco e la Colonia Italiana." *BE,* No. 12 (1906): 28-45.
321. Naselli, Giovanni Battista. *Commemorizione di Mons, Giovanni Battista Scalabrini.* Piacenza: Tipografia F. Solari di G. Tononi, 1909.
322. Nava, Cesare. *Monsignor Giovanni Battista Scalabrini Vescovo di Piacenza.* Roma: Tipografia Pont. dell'Istituto IX, 1916.
323. Nicola, Giovanni Battista. *L'Emigrazione degli Analfabeti e l'Anima Americana.* Roma: Tipografia Unione Editrice, 1917.
324. Nicholis di Robilant, Irene. *Vita Americana.* Preface by Giuseppe Prezzolini. Torino: Bocca, 1929.
325. Nicotri, Gaspare. *Dalla Conca d'Oro al'Golden Gate': Studi e Impressioni di Viaggi in America.* New York: The Author, 1928.
326. Nitti, Francesco Saverio. *L'Emigrazione Italiana e i Suoi Avversari.* Torino-Napoli: L. Roux & C., Editori, 1888.
327. _____. *La Nuova Fase dell'Emigrazione Italiana.* Portici: Stabilmenti Vesuviano, 1897.
328. _____. "Italian Anarchists." *North American Review* 167 (1898): 598-608.
329. Nocito, Pietro. "Le Legge di Lynch e il Conflitto Italo-Americano." *NA* 33 (1891): 551-583.
330. _____. *La Legge di Lynch e il Conflitto Italo-Americano.* Roma: Tipografia della Camera del Deputati, 1891.
331. Octtavi, Giuseppe Antonio. *L'Emigrazione, i Problemi Sociali e l'Agricoltura.* Casale: Tipografia Cassone, 1884.

332. Ojetti, Ugo. "Le Origini della Constituzione degli Stati Uniti d'America." *RN* 72 (1893): 623-638.
333. _____. "Note sull'America Durante la Guerra." *NA* 68 (1898): 146-157.
334. _____. *L'America Vittoriosa*. Milano: Treves, 1899.
335. _____. *L'America e l'Avvenire*. Milano: Treves, 1905.
336. Olivari, Aristede. *Intorno al Mondo: Note di Viaggio*. Genova: Tipografia Montorfano, 1894.
337. "Le Opere Cattoliche a Nuova York." *CC,* Serie 17, 10 (1900): 712-718.
338. Orani, Annibale. *La Legislazione Fascista sulle Scuole Italiane all'Estero*. Roma: G.B. Paravia & C., 1927.
339. "Un Orfanotrofio Italiano a Denver." *IG* 6 (Gennaio-Febbraio 1915): 62-64.
340. Orlandini, Vittorio. "Una Colonia di Pescatori Siciliani a Boston." *Italia* 1 (1912): 355-359.
341. Ottolenghi, Costantino. *Emigrazione Agricola*. Roma: Atti della R. Accademia delle Scienze, 1884.
342. _____. *Emigrazione Agricola Italiana dal 1884 al 1892*. Torino: Clausen, 1894.
343. _____. *Le Migrazioni del Lavoro agli Stati Uniti d'America*. Roma: Giornale degli Economistri, 1900.
344. "Il Palazzo delle Donne a Chicago." *NA* 45 (1893): 466-487.
345. Palmieri, F. Aurelio. "L'Aspetto Economico del Problema Religioso negli Stati Uniti." *Rivista Internazionale di Scienze Sociali e Discipline Ausiliarie* 77 (Luglio 1918): 184-210.
346. _____. "Il Clero Italiano negli Stati Uniti." *La Vita Italiana* 8 (Febbraio 15, 1920): 113-127.
347. _____. *Il Grave Problema Religioso Italiano negli Stati Uniti*. Torino: Tipografia Sordomuti, 1921.
348. Papa, Dario. *La Donna in America*. Milano: Galli, 1889.
349. _____. *La Donna in America e la Donna in Italia*. Milano: Galli, 1895.
350. Papa, Dario, and Ferdinando Fontano. *New York*. Milano: Galli, 1884.
351. Papandrea, Tommaso. *L'Operosità degli Italiani all'Estero*. Acireale: Tipografia Micale, 1899.
352. Parisi, L., *et al.* "Le Colonie Italiane negli Stati Uniti." *IC* 3 (Luglio 1902): 53-60; (Agosto): 184-195; (Settembre 1902): 286-304; (Novembre 1902): 500-509; (Dicembre 1902): 645-656; (Febbraio 1903): 194-198; (Marzo 1903): 302-309. Also, *IC* 3 (Gennaio-Febbraio 1902): 48-58.
353. Pasteris, Emiliano. *"Le Scuole Italiane agli Stati Uniti e al Canada."* *Pro Emigranti* 3 (1909): 21-22.

354. Pavesio, Giovanni. *Disoccupazione e Emigrazione.* Torino: Tipografia Viretto, 1913.
355. Paviolo, Annibale. *L'Emigrazione.* Cuneo: Tipografia Subalpina, 1910.
356. Pecorini, Alberto. *Gli Americani nella Vita Moderna Osservati da un Italiano.* Milano: Fratelli Treves, 1909.
357. _____. "The Italians in the United States." *Forum* 45 (January 1911): 15-29.
358. _____. "Our Italian Problem." *Review of Reviews* 43 (1911): 236-237.
359. Pedrazzi, Orazio. *Problemi dell'Emigrazione Italiana negli Stati Uniti.* Firenze: Tipografia Ricci, 1919.
360. Penne, Giovanni Battista. *Per l'Intellettualità e l'Assetto delle Nostre Colonie all'Estero.* Roma: Tipografia Nazionale, 1908.
361. "Per gli Emigranti Italiani." *CC,* 65 2 (1914): 360-369.
362. "Per l'Emigrazione Italiana negli Stati Uniti." *BE,* No. 7 (1909): 3-9.
363. Perez, Giovanni. *Ricordi d'America.* Palermo: Tipografia Statuto, 1882.
364. Pertusio, Mario. *L'Emigrazione.* Napoli: Tipografia Gennaro Enrico, 1910.
365. Petrocchi, Carlo. *Le Presenti Condizioni dell'Emigrazione Italiana.* Milano: Uffici della Critica Sociale, 1903.
366. Pezzini, Antonio. *L'Emigrazione Nazionale: Proposte.* Parma: Tipografia Grazioli, 1890.
367. Pierantoni, Augusto. *I Fatti di Nuova Orleans e il Dirritto Internazionale.* Roma: Fratelli Palotta, 1891.
368. _____. "I Linciaggi negli Stati Uniti e la Emigrazione Italiana." *IC* 1 (Aprile-Maggio 1904): 423-447; 2 (Luglio 1904): 34-52.
369. Pincitore, Alberico. *L'Emigrazione.* Palermo: Tipografia Clause, 1889.
370. Pinedo, Francesco. *Il Mio Volo Attraverso l'Atlantico e le Due Americhe Con un Proemio di Gabrielle d'Annunzio.* Milano: Hoepli, 1928.
371. Pisani, Pietro. *L'Italia all'Estero.* Roma: Unione Tipografica, Editrice, 1907.
372. _____. *L'Emigrazione: Avvertimenti e Consigli agli Emigranti.* Firenze: Ufficio Centrale dell'Unione Popolare fra i Cattolici d'Italia, 1907.
373. _____. "Un Pioniere [Pietro Bandini] della Colonnizzazione Italiana negli Stati Uniti d'America." *IG* 1 (Febbraio 1910): 31-37.
374. _____. "La Scuola del Buon Consiglio di Philadelphia." *IG* 1 (Marzo 1910): 49-58.
375. _____. "La Colonia Italiana di Chicago, e la Nuova Iniziativa di Marconiville." *IG* 1 (Maggio 1910): 155-178.
376. _____. "Asili Infantili e Orfanotrofi per Figli di Italiani a New York." *IG* 1 (Agosto-Settembre 1910): 307-315.

377. _____. "La Colonia Italiana di Providence." *IG* 1 (Ottobre-Novembre 1910): 349-369.
378. _____. "Gli Italiani a Rochester, New York." *IG* 2 (Gennaio 1911): 25-31.
379. _____. "La Parrochia di S. Francesco e la Colonia Italiana di Hoboken, New Jersey." *IG* 2 (Marzo 1911): 137-140.
380. _____. *L'Immigrazione nell'America del Nord: Note e Proposte*. Roma: Ufficio de la Rivista Internazionale, 1911.
381. Porena, Filippo. "La Città Moderna in America." *NA* 25 (1890): 561-581.
382. Prat, F. "Gli Italiani negli Stati Uniti e Specialmente nello Stato di New York." *BE*, No. 2 (1902): 14-41.
383. Prato, Giuseppe. *Per l'Emigrazione Italiana*. Torino: Roux e Viarengo, 1900.
384. _____. *La Tendenza Associativa fra gli Italiani all'Estero*. Torino: Roux, 1906.
385. "Un Prete [Pietro Bandini] Italiano Primo Sindaco di un Comune degli Stati Uniti del Nord-America." *IG* 1 (Marzo 1910): 86-87.
386. Preziosi, Giovanni. "L'Immigrazione Italiana negli Stati Uniti." *Rivista d'Italia* 1 (1898): 240-259.
387. _____. "Le Scuole Italiane negli Stati Uniti del Nord e la Scuola Parrocchiale del Buon Consiglio di Philadelphia." *Rivista Iternazionale* (Settembre 1906).
388. _____. *Gli Italiani negli Stati Uniti del Nord*. Milano: Libreria Editrice Milanese, 1909.
389. _____. "L'Emigrazione Italiana nel Nord-America e la Colonizzazione Agricola." *Rassegna Contemporanea* 111 (Gennaio 1910): 111-118.
390. _____. *La 'Dante Alighieri' e l'Emigrazione Italiana negli Stati Uniti*. Roma: Libreria Editrice Romana, 1911.
391. _____. *Inchiesta sul Mezzogiorno e Emigrazione negli Stati Uniti*. Roma: Tipografia Unione Editrice, 1911.
392. *Progetto di Colonizzazione nell'Alabama, Stati Uniti*. Roma: Archivo Clinico Italiano, 1880.
393. Properzi, Nazareno. "Uno Nuova Missione Italiana tra le Colonie del Massachusetts." *IG* 7 (Gennaio-Giugno 1916): 78-82.
394. "Protezione degli Emigranti Italiani all'Estro." *BE*, No. 11 (1903): 81-89.
395. Provana, L. "Condizioni della Emigrazione nel n. Distretto Consolare in Chicago." *BE*, No. 1 (1913): 27-33.

396. Punto, Biagio. *L'Emigrazione*. Caltanisetta: Tipografia Ospizio Umberto I, 1911.
397. Quairoli, Carlo. "La Colonia di Vineland (New Jersey)." *BE*, No. 16 (1908): 51-57.
398. *Questione Scolastica negli Stati Uniti e la Decisione della Propaganda*. Roma: Tipografia Sociale, 1892.
399. Raggi, Luigi. *L'Emigrazione Italiana nei Suoi Rapporti col Diritto*. Città di Castello: S. Lapi Tipografo Editore, 1903.
400. Raia, Gian Battista. *Il Fenomeno Emigratorio Siciliano con Speciale Riguardo al Quinquennaio di 1902-1906*. Palermo: Tipografia dell'Impresa Affari e Pubbliciatà, 1908.
401. Raione, Ercole. *Una Nuova Malattia Sociale: l'Emigrazione*. Ariano: Stabilimento Tipografico Apulo Irpine, 1911.
402. Rasini, Carlo. *Di Alcuni Provvedimenti sull'Emigrazione e Immigrazione Italiana*. Torino: Tipografia Viretto, 1911.
403. Ratto, Mario Orsini. *Gli Stati Uniti di Domani: Impressioni Nord-Americane*. Milano: Traves, 1930.
404. Ravaioli, Antonio. "La Colonizzazione Agricola negli Stati Uniti in Rapporto all'Immigrazione." *BE*, No. 4 (1904): 3-49.
405. "I Recenti Scioperi di New York." *BE*, No. 10 (1903): 46-48.
406. *Relazione Esectiva per una Società di Colonizzazione Agricola al Texas*. Milano: Tipografia La Stampa Commerciale, 1909.
407. Repetti, G.V. *Note Storiche sulle Condizioni dell'Assistenza Igiencico Sanataria degli Emigranti Prima e Dopo il 1901 Epoca d'Istituzione del Commissariato dell'Emigrazione*. Roma: Tip. del Ministero della Marina, 1928.
408. Restagno, Carlo Felice. *Le Scuole Italiane all'Estero*. Roma: Società Geografica Italiana, 1886.
409. Revelli, Paolo. *Terre d'America e Archivi d'Italia*. Milano: Fratelli Treves, 1926.
410. Ribeira, Alberico. *L'Italia all'Estero*. Roma: Unione Tipografica Cooperative, 1909.
411. Rizotti, Ferruccio. *Gli Italiani in America*. Milano: Tipografia Cooperativa Insubria, 1891.
412. _____. "L'Italiano Padre Eusebio Chini, Pionere, Exploratore, Civilizzatore." *L'Illustrazione Italiana* 8 (Maggio 1930): 911-913.
413. Romei, Giuseppe. *Degli Emigranti*. Bologna: Tipografia Andreoli, 1903.
414. Rondina, F.S. "L'Emigrante Italiano: Rocconto." *CC* Ser. 15, 1 (1892): 65-81, 174-193, 296-315, 438-454, 566-581, 690-706; 2 (1892): 51-68, 181-200, 310-328, 438-450, 571-584, 690-702.

46 A BIBLIOGRAPHICAL REGISTER

415. Rosati, Teodorico. *Assistenza Sanitaria agli Emigranti e Marinai.* Milano: Vallardi, 1910.
416. _____. *Servizi Sanitari per l'Emigrazione Durante gli Anni 1910-1915.* Roma: Annali di Medicina Navale, 1916.
417. Rosenda, Gabriele. *Lo Stato Moderno e l'Emigrazione.* Torino: Tipografia Menzio e Raselli, 1907.
418. Rossati, Guido. *Relazione di un Viaggio d'Istruzione negli Stati d'America.* Roma: Tipografia Nazionale, 1900.
419. _____. "La Colonizzazione negli Stati di Mississippi, Louisiana, ed Alabama." *BE,* No. 14 (1904): 3-30.
420. _____. *Gli Italiani negli Stati Uniti.* Roma: Tipografia Nazionale, 1906.
421. _____. "Organizzazione ed Opera dell'Ufficio di Collocamento al Lavoro in Nueva York per gli Immigranti Italiani." *BE,* No. 3 (1907): 3-65.
422. _____. "Condizioni del Lavoro negli Stati Uniti al 31 Ottobre 1906." *BE,* No. 3 (1907): 66-74.
423. _____. "Le Condizioni del Lavoro negli Stabilimenti Industriali in Tessitura negli Stati Uniti." *BE,* No. 3 (1907): 75-79.
424. Rossi, Adolfo. *Nacociù la Venere Americana: Avventure degli Emigranti al Nuovo Mondo.* Roma: Perino, 1889.
425. _____. *Un Italiano in America.* Milano: Treves, 1892. [A revised and expanded issue of No. 424].
426. _____. *Vita d'America.* Roma: Perino, 1892.
427. _____. *Nel Paese dei Dollari: Tre Anni a New York.* Milano: Kantorvinz, 1893.
428. _____. "Per la Tutela degli Italiani negli Stati Uniti. [Lettere dell'Ispettore Cav. Adolfo Rossi, Scritte al Commissariato dell'Emigrazione nel Corso di una Sua Missione negli Stati Uniti del Nord." *BE,* No. 16 (1904): 3-136.
429. _____. *Impressioni Italo-Americane.* Roma: Unione Tipografia Cooperativa, 1907.
430. Rossi, Alessandro. "L'America del Nord Vista a Volo d'Uccello nel Gennaio 1897." *RN* 94 (1897): 455-469.
431. _____. "Immigranti nelle Città—L'Ufficio del Lavoro di Washington e le Classi Rurali." *RN* 97 (1897): 599-604.
432. Rossi, Egisto. *Gli Stati Uniti e la Concorrenza Americana.* Firenze: Barbera, 1884.
433. _____. *L'Istruzione Pubblica negli Stati Uniti.* Roma: Tipografia Fantozzi, 1889.

434. _____. "Dall'America del Nord." *RN* 56 (1890): 839–852; 57 (1891): 318–330; 58 (1891): 368–393; 60 (1891): 476–508; 62 (1891): 686–707; 64 (1892): 695–721; 70 (1893): 97–121.
435. _____. *Del Patronato degli Emigranti in Italia e all'Estero; Relazione al Primo Congresso Geografico Italiano*. Roma: Società Geografico Italiano, 1893.
436. _____. *Il Patronato degli Emigranti in Italia e all'Estero*. Genova: Tipografia dei Sordomuti, 1894.
437. _____. "Gli Scioperi di Chicago." *RN* 79 (1894): 492–507.
438. _____. "L'Emigrazione Italiana agli Stati Uniti." *Bollettino del Ministero degli Affari Esteri*, No. 112 (1897): 543–560; No. 137 (1898): 719–746; No. 153 (1899): 431–446; No. 197 (1900): 659–678.
439. _____. "Stati Uniti: Delle Condizioni della Virginia dell'East Rispetto alla Colonizzaione." *BE*, No. 11 (1902): 19–22.
440. _____. "Istituti di Patronato dell'Emigrazione Italiana negli Stati Uniti." *BE*, No. 4 (1903): 29–47.
441. Rotondano, M. *Brevi Cenni sull'Emigrazione: Cause, Effetti, Rimedi*. Lagonegro: Tipografia Lucana, 1906.
442. Russo, Giovanni. *L'Emigration et ses Effets Dans le Midi de L'Italie*. Paris: Marcel Rivière, 1912.
443. _____. *Emigrazione Transoceanica e Trasporti Marittimi dal Porto di Trieste*. Roma: Stab. Tipografia Cartiere Centrali, 1919.
444. Ruggieri, Vincenzo. *Dal Transvaal all'Alaska*. Roma: Tipografia Perino, 1901.
445. Sada, Luigi. *Progetto di Società Commerciale per la Protezione dell'Industria in Conseguenza della Colonizzazione Italiana del Texas*. Milano: Tipografia Colombi e Cordani, 1881.
446. Saint-Martin, G. "Gli Italiani nel Distretto Consolare di Nuova Orleans (Stati Uniti-Luisiana, Texas, Florida, Mississippi)." *BE*, No. 1 (1903): 3–23.
447. Salomone, Enrico. *Per la Riforma della Legge sull'Emigrazione: Proposte e Considerazioni*. Genova: Tipografia Pelles, 1897.
448. Salzano, Achille. *La Nuova Legge sull'Emigrazione e le Sue Conseguenze*. Napoli: Tipografia Errico, 1900.
449. _____. *Un Po di Luce a Proposito della Nuova Legge sull'Emigrazione*. Napoli: Tipografia Errico, 1900.
450. _____. *Circa i Mezzi Piu Acconci per Proteggere gli Emigranti sia in Italia che all'Estero*. Napoli: Errico & Aliberti, 1907.
451. Salvini, Tommaso. *Ricordi, Aneddoti ed Impressioni*. Milano: Treves, 1895.

452. Samama, Nissim. *Provvedimenti Atti a Diffondere la Lingua Italiana all'Estero e a Migliorare la Cultura delle Masse Emigratrici.* Firenze: Tip. Ariani, 1908.
453. Sanminiatelli, Donato. *Metodi d'Azione per lo Sviluppo della Dante Alighieri nelle Colonie Italiane d'America.* Roma: Tipografia Bicchieri, 1897.
454. _____. *Sull'Istruzione delle Masse Emigratrici.* Roma: Tipografia Manuzio, 1910.
455. Santarelli, G. "Gli Stati Uniti e L'Esposizione di Chicago." *RN* 77 (1894): 30-68, 339-386.
456. Santini, Felice. *Intorno al Mondo a Bordo della R. Corvetta Garibaldi (Anni 1879-1882): Memorie di Viaggio.* Venezia: Tipografia Paroni, 1884.
457. _____. *Gli Italiani all'Estero.* Venezia: Tipografia Paroni, 1885.
458. Sardella, Antonio. *L'Emigrazione.* Lecco: Tipografia Resegone, 1912.
459. Sardi, Cesare. *L'Emigrazione Italiana.* Bologna: Tipografia Arcivescovile, 1888.
460. Sartori, Francesco. *Accordi Internazionali sull'Emigrazione.* Roma: Unione Tipografica Cooperativa, 1906.
461. Sartorio, Enrico. *Americani di Oggigiorno.* Bologna: N. Zanichelli, 1920. [also, Sartorio, *Social and Religious Life of Italians in America.* Boston: Christopher Publishing House, 1918; with New Introduction by Francesco Cordasco, New York: Augustus M. Kelley, 1974.]
462. Sartoris, Antonio. "Fra gli Italiani Emigrati nella Pennsylvania." *IG* 6 (1915): 132-135.
463. Savini, Achille Carlo. *Emigrazione e Pellagra.* Undine: Tipografia Patria del Friulli, 1885.
464. Scala, Luigi. *Poche Considerazioni sull'Emigrazione Italiana negli Stati Uniti e Particolarmente in Luisiana.* Roma: Tipografia Manuzio, 1911.
465. Scalabrini, Angelo. *Vincoli Legali e Morali tra l'Emigrazione la Madre Patria.* Genova: Tipografia dei Sordomuti, 1894.
466. Scalabrini, [Vescovo, Mons.] Giovanni Battista. *L'Emigrazione Italiana in America: Osservazioni.* Piacenza: L'Amico del Popolo, 1887.
467. _____. *Il Disegno di Legge sull'Emigrazione: Osservazioni e Proposte.* Piacenza: Tipografia dell'Amico del Popolo, 1888.
468. _____. *Dell'Assistenza alla Emigrazione Nazionale e degli Istituti Che vi Provvedono.* Piacenza: Marchesotti e Porta, 1891.
469. _____. "L'Italia all'Estero." In *Gli Italiani all'Estero* (Torino: Roux-Frassati, 1899): 21-39. Also in: *Il Conferenziere* 2, No. 1 (Gennaio, 1900): 5-26.

470. _____. "L'Emigrazione degli Operai Italiani." *Atti e Documenti del XXV Congresso Cattolico Italiano* (Venezia 1899): 90-100.
471. Scalise, Giuseppe. *L'Emigrazione dalla Calabria.* Napoli: Pierro, 1905.
472. Scheibler, Felice. *Sette Anni di Caccia Grossa e Note di Viaggio in America, Asia, Africa, Europa.* Milano: Treves, 1900.
473. Schiaffino, P., *et al.* "Stati Uniti—Gli Italiani in Alcuni Stati della Confederazione dell'America del Nord (Maryland, Ohio, Kentucky, Michigan, Luisiana, Missouri). *BE,* No. 11 (1902): 3-18.
474. [Segretariat Femminile per la Tutela delle Donne e dei Fanciulli Emigranti]. *Le Donne e i Fanciulli Emigranti nel Porti d'Imbarco. Nel Porto di Napoli. Relazione.* Roma: Tipografia Mundus, 1913.
475. Semenza, Guido. "Di Alcuni Aspetti della Vita Americana." *NA* 1 (1923): 78-85.
476. Sergi, Giuseppe. *Il Preteso Mutamento delle Forme Fisiche nei Discendenti degli Immigrati in America.* Scansano: Tipografia degli Olmi, 1912.
477. Serra, [S.]. "Gl'Italiani in California ed in Altri Stati della Costa del Pacifico (Stati Uniti)." *BE,* No. 5 (1902): 35-54.
478. Sestine, Leone. *La Tubercolosi degli Emigranti Italiani.* Milano: Tipografia Fossati, 1910.
479. _____. *Tubercolosi e Emigrazione.* Roma: Tipografia Zecchini, 1910.
480. _____. *Profilassi dell'Emigrazione e Polizia Sanitaria Marittima.* Torino: Unione Tipografia Edit. Torinese, 1918.
481. Siciliani, Domenico. *Fra gli Italiani degli Stati Uniti d'America: Luglio-Settembre 1921.* Roma: Stabilimento Poligrafico per l'Amministrazione dell Guerra, 1922.
482. Sitta, Pietro. *Le Problème de l'Immigration dans les Etats Unis d'Amerique.* Paris: Marcel Frères, 1893.
483. _____. *Emigrazione e Populazione Rurale in Italia.* Roma: Unione Tipografica Cooperativa, 1900.
484. *Società di Patronato per gli Emigranti di Lucca e Garfagnana al Il Congresso degli Italiani all'Estero.* Lucca: Tipografia Baroni, 1911.
485. [La] *Società di Patronato per gli Emigranti Italiani.* Piacenza: Tipografia Marchesotti, 1896.
486. [Società Nazionale Dante Alighieri]. *Atti della Società Nazionale Dante Alighieri per la Diffusione della Lingua e della Cultura Italiana Fuori d'Italia.* Roma: La Società, 1893-1927.
487. [La] *Società San Raffaele per la Protezione degli Immigranti in* Boston. ...New York: Tipografia Ciocia, 1906.

488. [New York] Society for the Protection of Italian Immigrants. *Constitution,* 1901; *Annual Reports,* 1-13 (1902-1919). New York: The Society: 1902-1919.
489. Sormani, G. *Eco d'America.* Milano: Treves, 1888.
490. Speranza, Gino C. "Inchiesta sugli Abusi Contro gli Italiani nel West Virginia." *BE,* No. 14 (1903): 10-23.
491. _____. "The Italian Foreman as a Social Agent." *Charities* 11 (July 1903): 26-28.
492. _____. "Forced Labor in West Virginia." *Outlook* 74 (June 1903): 407-410.
493. _____. "Ufficio di Assistenza Legale per gli Immigranti Italiani in Nuova York." *BE,* No. 5 (1907): 3-22.
494. _____. *L'Assistenza degli Operai Italiani all'Estero.* Atti del il Congresso degli Italiani all'Estero. Roma: Tipografia Editrice Nazionale, 1911.
495. Stalfa, S. *Dell'Emigrazione e delle Colonie Agricole.* Napoli: Tipografia Ferrente, 1880.
496. Stanghellini, Luigi. *L'Emigrazione nella Provincia di Verona.* Verona: Tipografia Civelli, 1906.
497. Strafile, Alfonso. *Memorandum Coloniale con Monografia Illustrativa della Colonia di Filadelfia.* Philadelphia: Tipografia Mastro Antonio, 1910.
498. "Stati Uniti—L'Immigrazione Durante l'Anno Finanziario 1901-1902." *BE,* No. 11 (1902): 23-31.
499. [Stati Uniti d'America]. "Il Rimpatrio degli Emigranti. Movimento Emigratorio. Cento Anni di Immigrazione Americana. Progetto di Legge per l'Educazione e l'Americanizzazione degli Stranieri." *BE,* No. 6 (1919): 53-81.
500. "Statistica degli Immigranti Italiani negli Stati Uniti (1900-1901)." *BE,* No. 2 (1902): 42-47.
501. Stella, Antonio. "Tuberculosis and the Italians in the United States." *Charities* 12 (May 7, 1904): 486-489.
502. _____. "The Prevalence of Tuberculosis Among Italians in the United States." *Transactions of the Sixth International Congress on Tuberculosis.* Washington, September 28-October 5, 1908. Vols. 1-5. Philadelphia: W.F. Fell, 1908.
503. _____. *The Effects of Urban Congestion on Italian Women and Children.* New York: William Wood & Company, 1908.
504. _____. "La Diffusione della Tubercolosi fra gli Italiani negli Stati Uniti." *BE,* No. 17 (1909): 24-57.
505. _____. *Assicurazione Obbligatoria degli Emigranti Contro la Tubercolosi.* Roma: Tipografia Colombo, 1912.

506. _____. *La Lotta Contra la Tubercolosi fra gli Italiani nella Città di New York ed Effetti dell'Urbanesimo.* Roma: Tipografia Columbo, 1912.

507. _____. *Some Aspects of Italian Immigration to the United States.* With a Preface by Nicholas Murray Butler. New York: G.P. Putnam's Sons, 1924. Reprinted, New York: Arno Press, 1975.

508. Stoppani, P. "Da Chicago a Parigi." *RN* 93 (1897): 225-253, 437-464.

509. Strazza, T. *Vita Americana: Caccie e Viaggi.* Milano: Treves, 1885.

510. Strazza, T., G. Fossati. *Il Texas: Terreni e Bestiami.* Milano: Treves, 1884.

511. "Sull'Addensamento della Popolazione in New York (Discorsi Tenuti alla *Exhibit on Congestion of Population in New York,* Marzo 1908)." *BE,* No. 17 (1908): 3-59.

512. Taroni, Clodaco. *La Nuova Roma nell'Italia Coloniale.* Milano: Tipografia Poligrafico Italiano, 1908.

513. Taruffi, Dino, et al. *La Questione Agraria e l'Emigrazione in Calabria.* Firenze: G. Barbera, 1908.

514. _____. *I Concetti Informatori del Colonizzamento Agricolo...* Firenze: Istituto Agricolo Coloniale Italiano, 1915.

515. Tenani, Gino. *Emigrazione e Guerra.* San Remo: Tipografia Bianchieri, 1913.

516. Teresi, Matteo. *Con la Patria nel Cuore: La Mia Propaganda fra gli Emigranti.* Palermo: Casa Editrice d'Antoni, 1925.

517. Teso, Antonio. *Emigrazione Italiana.* Roma: Tipografia Cecchini, 1901.

518. Testa, Luigi. *Relazione al II Congresso degli Italiani al'Estero (Emigrazione, Esercizio delle Professioni Liberali, Società, Sculoe,* Leva Militare, Cittadinanza, Cosoli). Lanciano: Stab. Tipografia Masciangelo, 1911.

519. [Il] *Texas: La Nuova Ferrovia e la Colonizzazione Italiana della Costa.* Torino: Roux, 1881.

520. Thaon de Revel, V. "Dell'Condizione dell'Emigrazione negli Stati Uniti nell Anno 1882." *Bollettino Consolare* 20 (1884): 3-59.

521. Tiscar, F. "L'Emigrazione Italiana nel Distretto della R. Agenzia Consolare di Scranton (Pennsylvania)." *BE,* No. 13 (1913): 25-41.

522. Tolomei, Ettore. *Provvedimenti Atti a Defendere l'Ensegnamento della Lingua Italiana all'Estero.* Roma: Tipografia Manuzio, 1908.

523. _____. *Le Scuole Italiane all'Estero.* Roma: Manuzio, 1910.

524. Tortesi, Arnaldo. *Tutti in America: La Questione Sociale Risolta con l'Emigrazione.* Osimo: Tipografia Querceti, 1886.

525. Tosti, Gustavo. "Agricultural Possibilities of Italian Immigration." *Charities* 12 (May 1904): 474.

526. _____. *Consoli e Colonie.* Philadelphia [1906].

527. _____. *Limiti Giuridici alla Considdetta Protezione dei Cittadini all'Estero*. Roma: Athenaeum, 1915.
528. Tredici, Vittorio. *Emigrazione e Sardegna*. Cagliari: Tipografia Mussunti, 1920.
529. Trimarchi, G. "La Pazzia nello Stato di New York in Rapporto all'Immigrazione Europea ed in Ispecie Italiana (con Notizie Complementari di A.W. Ferris)." *BE*, No. 17 (1909): 58-86.
530. Tripi, Romano Eugenio. *Crestomazia Critica della Legge 30 Dicembre 1888 sull'Emigrazione e del suo Potere Esecutivo*. Napoli: Tipografia Tornesi, 1893.
531. Tropeano, Giuseppe. *Scienza e Politica dell'Emigrazione*. Napoli: Tipografia Borrelli, 1913.
532. Tumedei, C. *Il Voto agli Emigranti*. Roma: Biblioteca del Bollettino dell'Emigrazione, 1922.
533. [La] *Tutela degli Emigranti durante il Viaggio per Mare e l'Articolo 10 della Nuova Legge sull'Emigrazione 30 Novembre 1900*. La Spezia: Tipografia Argioffo, 1900.
534. [La] *Tutela del Denaro Emigranti*. Genova: Tipografia Cabelle, 1899.
535. *Uffici Diplomatici e Consolari pei Paesi di Maggiore Emigrazione Lucchese*. Lucca: Tipografia Baroni, 1911.
536. *"Ufficio del Lavoro per gli Immigranti Italiani in New York." BE*, No. 8 (1909): 13-37.
537. Ulema, [Barone] Giulio di Ceastelnuovo. *Italiani all'Estero: Emigrazione e i Camere di Commercio Coloniali*. Roma: Stab. Tip. Italiano, 1887.
538. [Un Italiano all'Estero a S.E. Giulio Prinetti, Ministro degli Esteri]. *La Emigrazione e la Colonizzazione Italiana d'Olremare*. Roma: Casa Editrice Italiana, 1902.
539. L'Unione Italiana dei Lavoranti Sarti di New York." *BE*, No. 10 (1921): 673.
540. Vaccari, A. *Cenni sull'Opera Compiuta dal Segretariato dell'Emigrazione di Verona negli Anni 1904-1910*. Verona: Tipografia Apollonio, 1911.
541. Valensin, Guido. *Note sul Movimento Emigratorio*. Atti della R. Accademia Economico Agraria dei Geogofili di Ferenze. Firenze: Accademia, 1908.
542. _____. *Emigrazione nella Romagna Toscana*. Firenze: Tipografia Ricci, 1914.
543. _____. *Di Alcune Errate Previsioni in Tema d'Emigrazione*. Firenze: Tipografia Ricci, 1920.
544. Vallardi, Pietro. *Il Disegno di Legge sull'Emigrazione*. Milano: Tipografia Pagnoni, 1900.

545. Valli, Giannetto. *Rappresentanza Libera delle Colonie.* Atti del II Congresso degli Italiani all'Estero. Roma: Tipografia Editrice Nazionale, 1911.
546. Vanerosi, R. "Per la Lingua e la Cultura Italiana." *IG* 1 (Luglio 1910): 255-256.
547. _____. "La Coscienza Nazionale fra gli Emigranti Italiani." *IG* 2 (Agosto-Settembre 1911): 299-300.
548. "[I] Vanni Tentativi degli Emigranti Clandestini [Stati Uniti]." *BE,* No. 9 (1926): 1171-1172.
549. Vecchi, A.V. "Il Sogno degli Stati Uniti." *RN* 105 (1899): 17-32.
550. *Venticinque Anni di Missione [Padri Missionari di San Carlo Borromeo] fra gli Immigranti Italiani di Boston.* Milano: Tipografia Santa Lega Eucaristica, 1913.
551. Verdi, Tullio Suzzara. *Vita American.* Milano: Treves, 1894.
552. [Un] Viaggiatore. "Una Visita agli Stati Uniti." *NA* 21 (1889): 489-508.
553. Vianello, Chiodo Mario. *La Cittadinanza del Nostro Emigrato.* Roma: Tipografia Manuzio, 1910.
554. Vichi, Umberto. *Emigrazione. Conferenza.* Bologna: Tipografia Garagneni, 1912.
555. Vigna del Ferro, Giovanni. *Un Viaggio nel Far West Americano.* Bologna: Monti, 1881.
556. Villa, O. "L'Alasca e le Missioni dei Gesuiti Italiani." *CC* (1926): 444-453.
557. Villari, Luigi. "Gli Italiani nel Distretto Consolare New Orleans (Stati Uniti d'America)." *BE,* No. 20 (1907): 3-46.
558. _____. "Gli Italiani nel Sud degli Stati Uniti (Relazione del R. Vice Console in Nuova Orleans)." *BE,* No. 10 (1907): 39-49.
559. _____. "L'Emigrazione Italiana nel Distretto Consolare di Filadelfia (Relazione del R. Viceconsole e Addetto per l'Emigrazione, Dott. Luigi Villari)." *BE,* No. 16 (1908): 26-50.
560. _____. "Pubblicazione Estere sull'Emigrazione. L'Analisi Sociale di una Città Americana." *BE,* No. 8 (1909): 79-80.
561. _____. "L'Emigrazione Italiana negli Stati Uniti d'America." *NA* 44 (1909): 294-311.
562. _____. "L'Opinione Pubblica Americana e i Nostri Emigrati." *NA* 148 (August 1910): 497-517.
563. _____. *Il Nazionalismo e l'Emigrazione: Relazione al Congresso del Nazionalismo Italiano.* Firenze: Quattrini, 1911.
564. _____. *Gli Stati Uniti d'America e l'Emigrazione Italiana.* Milano: Fratelli Treves, 1912. Reprint. New York: Arno Press/New York Times, 1975.

565. Villari, Pasquale. "La Costituzione degli Stati Uniti d'America." *NA* 23 (1889): 417-446.
566. _____. *Discussioni Critiche e Discorsi.* Bologna: Zanichelli, 1905.
567. _____. "Le Consequenze della Emigrazione Italiana Giudicate da un Cittadino Americano." *NA* 215 (Settembre 1907): 3-8.
568. _____. *Lettere Meridionali.* Torino: Bocca, 1908.
569. _____. *Scritti sull'Emigrazione e Sopra Altri Argomenti Vari.* Bologna: Zanichelli, 1909.
570. _____. *Storia Politica e Istituzione.* Milano: Hoepli, 1914.
571. Villeneuve, A. *Les Etats Unis d'Amerique et l'Emigration.* . . . Marseille: Bureau du XX Siècle, 1892.
572. Vincentini, Domenico. *L'Apostolo degli Italiani Emigrati nelle Americhe Ossia Mons. Scalabrini e l'Istituto dei Suoi Missionari.* Piacenza: Tipografia Editrice A. Del Maino, 1909.
573. Vincenti, Pasquale. *Il Reclutamento dell'Esercito in Rapporto all'Ingiene e alla Emigrazione.* Napoli: Tipografia Ile Lavoro, 1909.
574. Vinci, Francesco. *Per la Nostra Marina Mercantile a Vapore e la Nostra Emigrazione all'Estero.* Napoli: Tipografia Gallo, 1908.
575. Vinci, Adolfo. "Banche e Banchieri negli Stati Uniti." *Revista Coloniale* (Dicembre 1909): 1139-1156.
576. _____. *Della Tutela Legale a Favore dei Nostri Emigranti negli Stati Uniti.* Roma: Unione Editrice, 1909.
577. _____. *La Scuola e la Cultura Italiana negli Stati Uniti.* Roma: Unione Editrice, 1910.
578. _____. "Le Miniere di Ferro nel Minnesota." *BE,* No. 1 (1921): 9-20.
579. Vincis, Nicola. *Emigrazione: Cause e Rimedi.* Cuneo: Tipografia Galimberti, 1887.
580. Virgili, Filippo. *Colonie Italiane nella Storia, nella Vita Presente e nel Loro Avvenire.* Milano: Editrice Hoepli, 1907.
581. Visconti, Aldo. *Emigrazione e Esportazione: Studio dei Rapporti tra l'Emigrazione e le Esportazione per gli Stati Uniti d'America e la Repubblica Argentina.* Torino: Tipografia Baranelle e Falconieri, 1912.
582. Visconti-Venesta, [S.]. *Discorso sull'Emigrazione.* Roma: Tipografia Camera dei Deputati, 1900.
583. "Vista Medica Obbligatoria per gli Equipaggi delle Navi Mercantile." *BE,* No. 6 (1926): 700.
584. "Vita degli Italiani all'Estero." *BE,* Nos. 4-5 (1920): 177-178.
585. Vitacolonna, Scipione. *L'Eccezione dell'Ignoranza della Legge in Tema d'Emigrazione.* Milano: Vallardi, 1913.

A BIBLIOGRAPHICAL REGISTER   55

586. Vivenza, Andrea. *L'Emigrazione, l'Agricoltura Nazionale e le Colonie.* Mantova: Tipografia Mondovi, 1889.
587. *Voci del Cuore! Pagine d'Afetto e Consigli Dedicati ai Nostri Emigranti.* Pinerolo: Tipografia Chiantori e Macarelli, 1914.
588. Volpe Landi, G[iovanni] B[attista]. *Avvertimenti per gli Italiani che Vogliono Emigrare negli Stati Uniti d'America.* Piacenza: Tipografia Marchesotti, 1891.
589. _____. *L'Emigrazione e le Sue Cause, I Suoi Bisogne e Provvdimenti.* Piacenza: Tipografia Marchesotti e Porta, 1893.
590. _____. *Circolare del Comitato Centrale dell'Associazione di Patroato per gli Emigrani.* [Roma]: Rassegna Nazionale, 1893.
591. _____. *Le Missioni nei Rapporti con l'Espansione Coloniale.* Atti del Congresso Geografico Italiano. Genova: Tipografia dei Sordomuti, 1894.
592. _____. "Il Problema dell'Emigrazione." *Revista Internazionale di Scienza Sociali, e Discipline Ausilarie* 13 (1897): 500-520.
593. _____. "Sulla Associazione detta di *San Raffaele* per la Protezione delle Immigranti Italiani negli Stati Uniti." *BE,* No. 1 (1903): 50-62.
594. Voog, Claude. *La Politique de Emigration de l'Italie.* Paris: Less Presses Universitaires, 1930.
595. Watchorn, Robert. "La Verità sugli Immigranti negli Stati Uniti." *BE,* No. 17 (1909): 87-94.
596. Yver, G. "L'emigration Italienne." *Annales de Geographie* 6 (1897): 123-132.
597. Zagnoni, Arturo. *Pro Veritate. Alcune Lettere sulla Colonia Italiana di New York.* New York: Tipografia Aste, 1900.
598. Zampini-Salazar, Fanny. "La Città di Pullman." *NA* 53 (1894): 720-733.
599. _____. *L'Italia all'Estero.* Roma: Officina Polygrafica Romana, 1902.
600. _____. *La Unione Italo-American.* Roma: Officina Poligrafica Romana, 1902.
601. Zanichelli, Domenico. *La Questione tra l'Italia e gli Stati Uniti.* Firenze: Tipografia Ricci, 1891.
602. Zanni, Lodovico. *Emigrazione e Scuole in Friuli.* Undine: Tipografia Del Bianco, 1912.
603. Zannini, Alessandro. *De l'Atlantique au Mississippi: Souvenirs d'un Diplomate.* Paris: Marcel, 1884.
604. Zannoni, Italo. *Relazioni sull'Emigrazione e la Colonizzazione.* Bologna: Tipografia Azzguidi, 1905.
605. Zendrini, Andrea. *Esercito e Emigrazione.* Roma: Tipografia Voghera, 1910.

606. Zona, Temistocle. *Avvenire Coloniale d'Italia e Nozioni Utili all'Emigrante.* Palermo: Tipografia del Giornale di Sicilia, 1886.
607. Zunini, Leopoldo. *Emigrazione.* Savona: Stab. Tipografia A. Ricci, 1890.

Selected Numbers
Commissariat of Emigration
Bollettino Dell'Emigrazione

(1) L'Immigrazione Italiana nel Colorado e nell'Utah. 1902 (No. 5): 26-34.
(2) Sulla Associazione detta di San Raffaele per la Protezione degli Immigranti Italiani negli Stati Uniti. 1903 (No. 1): 56-62.
(3) Il Terremoto di San Francisco e la Colonia Italiana. 1906 (No. 12): 28-45.
(4) Il *Peonage* nel Sud degli Stati Uniti. 1910 (No. 5): 3-20.
(5) Per gli Immigranti Italiani negli Stati Uniti di America: Consigli e Suggerimenti. 1912 (No. 3): 49-55.
(6) Le Società Italiane negli Stati Uniti Dell'America del Nord. 1912 (No. 4): 19-54.
(7) Condizioni della Emigrazione nel R. Distretto Consolare in Chicago. 1913 (No. 1): 27-33.
(8) L'Emigrazione Italiana in California. 1913 (No. 14): 55-57.

'MINISTERO DEGLI AFFARI ESTERI

R. COMMISSARIATO DELL'EMIGRAZIONE

BOLLETTINO DELL'EMIGRAZIONE

Anno 1902. N. 5.

SOMMARIO.

I. L'immigrazione italiana in alcuni Stati della Nuova Inghilterra (Massachusetts, Connecticut, Rhode Island).
II. Gl'Italiani in alcuni distretti dello Stato di New York (Albany e Buffalo).
III. L'immigrazione italiana nel Colorado e nell'Utah.
IV. Gl'Italiani in California ed in altri Stati della Costa del Pacifico.
V. Tutela delle rimesse e dei risparmi degli emigrati.
VI. Movimento dell'emigrazione italiana per paesi transoceanici nel 1° trimestre dell'anno 1902.

ROMA
TIPOGRAFIA NAZIONALE DI G. BERTERO E C.
VIA UMBRIA

1902

L'IMMIGRAZIONE ITALIANA NEL COLORADO E NELL'UTAH.

(Da un rapporto del R. Console italiano a Denver, Colorado,
signor GIUSEPPE CUNEO)

Sviluppo e carattere dell'immigrazione italiana. — Da oltre un decennio l'immigrazione italiana negli Stati Uniti ha assunto un così grande sviluppo, da doversi considerare come un fatto di massima importanza, e tale da richiamare tutta l'attenzione del Governo, poiché questa corrente emigratoria potrà forse scemare, potrà essere fino ad un certo punto contrastata, ma non impedita assolutamente, a meno che non si vogliano adottare severe misure proibitive.

Dieci anni fa gl'Italiani erano sparsi in tutte le regioni degli Stati Uniti, ma pochissime erano le colonie veramente importanti. Quando i braccianti italiani, provenienti in massima parte dalle province meridionali d'Italia, principiarono a giungere a centinaia ed a migliaia per volta, le loro condizioni erano assai dure, anche quando non mancava il lavoro, perché venivano a trovarsi in un paese ad essi sconosciuto, senza amici, né parenti, né indirizzo alcuno, e dovevano lottare contro gravi difficoltà, quali l'ignoranza della lingua, una certa diffidenza o anche disprezzo da parte della gente del paese, la poca stima degli stessi connazionali, in massima parte delle province settentrionali del Regno, residenti in America da lungo tempo.

Fu quello il periodo più doloroso per la nostra emigrazione. Ma il tempo ha attenuato, se non eliminato del tutto, questi inconvenienti. Oggi gli emigranti italiani giungono negli Stati Uniti non più con l'incertezza e lo sconforto, ma chiamati da amici e da parenti, che possono essere loro di guida e di aiuto.

Fra le colonie italiane degli Stati Uniti, quella residente nel distretto consolare del Colorado e dell'Utah è sempre stata ordinata, laboriosa, rispettata, salvo pochi ed inevitabili screzi, comuni a tutte le colonie in genere. Mentre per il passato cresceva piuttosto lentamente, da dieci anni a questa parte aumenta con grande rapidità.

I nostri connazionali arrivano quotidianamente in gran numero, specialmente dalle province meridionali del Regno, soprattutto dalla Basilicata e dal Molise, attratti dalle notizie pervenute in patria circa le buone condizioni economiche di questa Colonia.

L'immigrazione in questo distretto si può dividere in parti uguali fra temporanea e permanente. Alcuni vengono qui per tre o quattro anni, raccolgono un discreto gruzzolo a forza di lavoro e di economie, e quindi rimpatriano col proposito di tornar da capo dopo qualche anno. Gli altri, appena giunti, prendono in affitto un pezzo di terreno per coltivarlo ad uso di giardino, e, dopo un anno o due, lo comperano e si stabiliscono definitivamente in questo paese.

Gl'immigranti italiani non sono, come agricoltori, inferiori a quelli inglesi e tedeschi, che pure sono ritenuti negli Stati Uniti i primi coloni del mondo. Le piccole fattorie, condotte da famiglie di contadini italiani, danno in generale buoni risultati, mentre il contrario accade per le vaste estensioni di terreno, e ciò perché i nostri emigranti ignorano le nozioni anche più elementari della moderna agronomia. Essi adottano qui gli stessi sistemi antiquati, che usavano in patria per la coltivazione dei terreni, nè sanno persuadersi della necessità di sostituirli coi nuovi meccanismi agricoli, e coi moderni metodi di concimazione.

Popolazione di questo distretto consolare. — Secondo i risultati del censimento della popolazione degli Stati Uniti, al 30 giugno 1901, si contavano nel Colorado 6818 persone nate in Italia, e nell'Utah 1062, non compresi i figli degl'Italiani nati in queste contrade, i quali sono considerati come cittadini americani.

Vi sono però fondate ragioni per ritenere che queste cifre siano molto al disotto del vero, poiché, secondo informazioni fornite da privati, da ditte commerciali, e da società italiane, i nostri connazionali sparsi qua e là pel Colorado sarebbero circa 24,000, e circa 6000 quelli residenti nell'Utah.

Mercedi e salari. — Così i salari come il modo di pagamento varia secondo i mestieri e le professioni esercitati dagli immigranti. Talora essi sono pagati a giornata, altre volte a settimana, ed anche a quindicina, od a mese. I braccianti in generale hanno un salario da 1.50 a 2 dollari al giorno (equivalente, in moneta italiana, a 8 o 10 lire), i barbieri, tutti napoletani e siciliani, da 9 a 12 dollari la settimana; i sarti da 5 a 18 dollari la settimana; i minatori di carbone da 2.50, a 3 dollari al giorno; i minatori d'oro, d'argento o d'altri minerali da 3 a 4 dollari al giorno; gli scalpellini di dollari 4 al giorno. Questi ultimi provengono in massima parte dalle province dell'Italia centrale.

Alcune donne delle province meridionali hanno incominciato a lavorare nelle sartorie, e più ancora a domicilio, a un tanto per capo: ma per guadagnare un dollaro o un dollaro e mezzo, debbono lavorare non solo il giorno, ma anche parte della notte, poiché il commercio degli abiti fatti è in massima parte in mano degli ebrei, i quali, per poter vendere a buon mercato, si valgono della mano d'opera meno retribuita, quale è quella delle donne italiane di bassa condizione. Vi sono anche parecchi arrotini ambulanti, la maggior parte della provincia di Campobasso, e moltissimi fabbricanti di statuette di gesso, quasi tutti toscani, specialmente del Lucchese; ma così per gli uni come per gli altri il guadagno è sempre incerto.

Giudizi intorno all'immigrazione italiana. — Fino a poco tempo fa la stampa americana era apertamente ostile all'immigrazione italiana negli Stati Uniti; e ad essa si aggiunsero poi le proteste di associazioni operaie e le inchieste ordinate dal Congresso, tanto che pareva imminente qualche disposizione legislativa intesa ad impedirla o per lo meno a limitarla.

Le principali accuse che si muovevano alla nostra immigrazione erano:

1° Di portare in America un numeroso contingente del così detto *paupers labor*, vale a dire di mano d'opera che si offriva per scarsa mercede, e che veniva a fare una concorrenza dannosa sul mercato americano, producendo un tale abbassamento di salari che questi non erano più sufficienti ad un tenore di vita anche mediocre:

2° Di non portare un aumento effettivo nella popolazione dell'Unione, poichè molti, se non tutti gli emigranti nostri, venivano col proposito di ritornare in patria dopo un breve soggiorno in America;

3° Che quasi tutti spedivano in Italia i loro risparmi, sottraendo così agli Stati Uniti una parte di capitale, per farlo fruttare altrove, mentre qui avrebbero potuto impiegarlo con maggior profitto, negli estesi terreni, nelle industrie e nei commerci fiorenti:

4° Che la massa degl'immigranti italiani era composta di gente rozza, ignorante, con scarsa educazione morale abituata a vivere in condizioni inferiori di pulizia e d'igiene, donde il pericolo di un abbassamento del livello morale ed intellettuale della nazione americana.

Ma questo stato di cose accenna a migliorare. Il *Daily News*, uno dei maggiori organi quotidiani della metropoli americana (New York), pubblicava recentemente un articolo in proposito, di cui mi piace riprodurre alcuni brani, come prova di ciò che ho affermato testè:

" In questi ultimi tempi le relazioni degl'immigranti italiani
" col nostro paese hanno subito una notevole trasformazione.
" Fino a poco fa gl'Italiani non miravano ad altro, venendo qua,
" che ad accumulare poche migliaia di dollari, per indi ritornare
" in patria e passarvi il resto della loro vita, in grembo a quel-
" l'agiatezza che può procurare il possesso di un modesto podere.
" Per conseguire tale intento, essi, pur essendo soggetti a duri
" e faticosi lavori, si privavano del necessario, vivevano misera-
" bilmente nelle case e nei quartieri peggiori delle città, nutren-

" dosi di scarso e povero cibo, e facendo economie eccessive,
" finché riuscivano a raggranellare il desiderato peculio, che essi
" sottraevano alla nostra ricchezza nazionale ed esportavano in
" Italia.

" Pertanto essi non solo non arrecavano alcuna utilità al no-
" stro paese, ma gli erano anzi d'aggravio.

" Ma a poco a poco questa gente fiera, dalla voce dolce e
" melliflua, ha incominciato ad amare l'America, ed ora essa emi-
" gra qui col proposito di fissarvi stabile dimora, di formarvisi
" una posizione e di allevare ed educare i figli secondo le leggi
" ed i costumi americani. Dato questo nuovo indirizzo, l'immigra-
" zione italiana è divenuta un elemento apprezzabile della nostra
" popolazione, giacché ora gl'Italiani, pur mantenendo l'abito della
" frugalità e vivendo entro i limiti delle loro entrate, adottano
" i migliori precetti della nostra civiltà, e conservano i sani
" principii e le lodevoli abitudini, cui si ispirano le istituzioni
" del paese che li ospita. Molti Italiani negli Stati Uniti hanno
" raggiunto e vanno raggiungendo una posizione invidiabile nelle
" arti e nelle professioni, ed altri fanno rapidi progressi nei me-
" stieri e nel commercio.

" Inoltre i figli degl'immigranti italiani frequentano le nostre
" scuole, e sono educati a sentimenti di affetto per la loro patria
" di adozione.

" È con viva soddisfazione che l'osservatore deve constatare
" il progresso di questi uomini dal cuore caldo ed impulsivo, e
" dall'animo religioso, rimirando con compiacenza l'avvenire del
" cittadino italo-americano. „

Chi conosca la storia economica degli Stati Uniti sa che la
lotta contro l'immigrazione italiana non è altro che una manife-
stazione dell'opposizione sistematica dell'elemento indigeno, fomen-
tata dalle idee intransigenti religiose dell'elemento irlandese pre-
dominante in queste contrade, contro l'arrivo di nuove e continue
masse di lavoratori, a qualunque nazionalità appartengano.

La stessa guerra fu mossa all'immigrazione tedesca, ma essendo questa composta di **ottimi** operai, di persone d'ogni ceto e condizione, dotate di **grande** capacità e attività e di spirito d'ordine, tanto da **essere** divenuti i migliori agricoltori che attualmente possiede l'America, l'astio cadde e la guerra cessò, poichè essi s'**imposero** sia per il loro carattere freddo e serio, sia per il loro **numero**; e la sola accusa che oggi si fa ai Tedeschi è quella di portare qui teorie socialistiche e astratte, all'infuori dell'ordine pratico delle idee americane. Lo stesso accadde presso a poco rispetto ai Norvegesi, agli Ungheresi, ai Croati, ai Polacchi, agli Ebrei russi; ma furono e sono idee sostenute specialmente da coloro che vorrebbero cingere gli Stati Uniti di una muraglia più alta di quella della Cina.

Passando alla prima delle accuse che abbiamo accennate, occorre osservare che non è poi così grande la differenza tra le mercedi, che si davano agli operai prima che prendesse un così grande sviluppo l'emigrazione italiana, e quelle che si danno ora; e che d'altra parte un salario giornaliero, che varia dalle 7 alle 9 lire, è più che sufficiente a sopperire alle necessità della vita. La diminuzione delle mercedi degli operai, in questo distretto consolare, dipende piuttosto dal fatto che i lavori ferroviari e le grandi vie di comunicazione, che attraversano le Montagne Rocciose, sono quasi tutte compiute, e quindi la ricerca della mano d'opera è assai diminuita.

Alla seconda ed alla terza accusa non si può negare un certo fondamento di verità, poichè molti dei nostri connazionali, appena sono riusciti ad accumulare un discreto peculio, fanno ritorno in patria. Per altro non bisogna dimenticare che se i loro risparmi vanno ad accrescere il benessere e la ricchezza italiana, essi lasciano qui il frutto dei difficili lavori eseguiti, che sono poi fonte di utilità pei cittadini americani. Quanto all'ultima accusa, sebbene essa sia esagerata, è pur d'uopo riconoscere che le condizioni intellettuali di una gran parte degli emigranti italiani lasciano molto a desiderare. Giova tuttavia sperare che se gli emigranti appartenenti ad altre nazioni hanno saputo innalzarsi al livello del popolo americano, i nostri connazionali non saranno da meno di loro e li seguiranno sulla via della civiltà e del progresso. È infatti confortante il constatare che in questi ultimi tempi la nostra emigrazione ha fatto grandi passi ed ha avuto un innegabile miglioramento morale e materiale; nè è lontano il tempo in cui gli Americani cesseranno di mostrarsi ostili ad un popolo, che, dopo tanti secoli di oppressione, seppe in breve volger di tempo rialzare le sorti della patria, ed iniziare la sua trasformazione politica, morale ed economica.

I banchieri, i " bosses ", gli spostati. — Le vere e proprie piaghe delle colonie italiane negli Stati Uniti in genere, e in ispecie in questo distretto consolare, sono tre, cioè: i banchieri, i *bosses* e gli spostati.

È nota l'opera di quelli che assumono il nome pomposo di banchieri, e si spacciano per tali. Anche fra costoro vi sono delle persone rispettabili ed oneste che, pur facendo il proprio interesse, servono scrupolosamente il pubblico italiano. Ma s'intende qui parlare di quei tali banchieri sporadici, che sorgono non si sa come nè donde; che aprono banche con tanto di casse forti, e con vistose iscrizioni, circondano i poveri emigranti, inducendoli a depositare i loro risparmi nelle pretese banche, e, quando il gruzzolo è grosso, fuggono, prendendo la via del Canadà o del Messico. Miserie e privazioni sono lo strascico di tali scomparse; poi tutto rientra nella quiete, e gli emigranti, non ancora ammaestrati dall'esperienza, si affidano ad altri *banchieri*, che non tardano ad imitare i loro predecessori.

I *bosses*, padroni o capi squadra, formano un'altra piaga della nostra emigrazione. Gli appaltatori (*contractors*) delle opere pubbliche preferiscono in genere l'elemento italiano a quello di altre nazioni, e specialmente all'irlandese, sia perché gl'Italiani sono gente robusta, resistente al lavoro, sobria e rispettosa, sia perché si contentano di mercedi alquanto inferiori agli altri, sia, infine, perché provvedono da sé stessi ai loro pasti, senza servirsi del *board*, o pensione dell'appaltatore.

Siccome gli emigranti non parlano la lingua del paese, nè possono da soli trovarsi lavoro e tutelare i propri interessi, così sorge il *boss*, ordinariamente italiano, il quale lo assolda per conto dell'imprenditore, e pattuisce per sè una percentuale sulla giornata di paga, a scapito dell'operaio. Oltre a ciò il *boss* si crea altri diritti, senz'altro scopo fuorchè quello di spogliare gli emigranti, i quali, buoni e fiduciosi, si lasciano facilmente ingannare.

Quando si accorgono del danno sofferto, il più delle volte è troppo tardi per rimediarvi, ed allora sono lamenti e recriminazioni, non scompagnati dalla pretesa che l'autorità consolare vi ponga riparo.

Un'altra piaga della nostra emigrazione è formata da tutti gli spostati che si riversano ogni anno in America; gente non abituata al lavoro, senza mestiere, senza professione, senza attitudine a questa vita di adattamento, non solo riesce quasi sempre di aggravio ai propri connazionali, ma ricorre spesso, per vivere, ai mezzi più indecorosi, con danno della dignità della patria nostra.

Altre osservazioni. — Negli Stati del Colorado e dell'Utah non si può determinare con precisione il valore delle proprietà rustiche ed urbane, appartenenti agli Italiani residenti in questo distretto consolare; tuttavia non si è molto lontani dal vero, affermando che esso ammonta a parecchie centinaia di migliaia di dollari. Nessun istituto italiano di credito esiste in questa circoscrizione consolare, e neppure vi sono istituzioni di assistenza o previdenza. Il Governo locale è indifferente rispetto all'immigrazione italiana, e non cerca nè di favorirla, nè di porvi restrizioni.

Per trovare occupazione in certi determinati lavori, gli operai italiani hanno bisogno di acquistare la naturalizzazione americana. I liberi professionisti debbono far autenticare dalle autorità locali i loro titoli, se vogliono essere ammessi all'esercizio delle loro professioni.

La colonia del Colorado e dell'Utah costituisce una piccola parte dell'immigrazione italiana negli Stati Uniti, ma, nonostante il suo grande sviluppo, sa conservarsi ordinata, e prospera rapidamente. Gl'inconvenienti che in essa si riscontrano sono del resto comuni alle altre nostre colonie.

È soprattutto da deplorare che molti dei nostri emigranti, anziché dedicarsi alle occupazioni agricole, si dedichino, nelle città, a mestieri contrari a quelli per i quali avrebbero naturale inclinazione.

Un fatto doloroso esiste in questo paese, vale a dire il linciaggio; ma è sperabile che le leggi emanate in proposito, e più ancora l'educazione del popolo americano, riescano a modificare il presente stato di cose.

MINISTERO DEGLI AFFARI ESTERI

COMMISSARIATO DELL'EMIGRAZIONE

BOLLETTINO DELL'EMIGRAZIONE

Anno 1903. N. 1.

SOMMARIO.

I. Gli Italiani nel distretto consolare di Nuova Orleans (Stati Uniti — Luisiana, Texas, Florida, Mississippi).

II. Relazione sui noli per il trasporto degli emigranti nel terzo quadrimestre 1902.

III. Sulla associazione detta di *San Raffaele* per la protezione degli immigranti italiani negli Stati Uniti.

IV. R. Decreto n. 540, che modifica il Regolamento 10 luglio 1901, n. 375, sull'emigrazione.

ROMA
TIPOGRAFIA NAZIONALE DI G. BERTERO E C.
VIA UMBRIA

1903

SULLA ASSOCIAZIONE DETTA DI *SAN RAFFAELE*
per la protezione degli immigranti italiani negli Stati Uniti.

(Notizie fornite dal Presidente, marchese VOLPE LANDI,
al Commissario generale dell'emigrazione)

Piacenza, 8 dicembre 1902.

Il Vescovo di Piacenza, Monsignor Scalabrini, ha fondato l'Istituto dei missionari intitolato a Cristoforo Colombo e la Società di San Raffaele, dedicati all'assistenza a favore dell'emigrazione italiana in America.

La Casa madre dell'Istituto Cristoforo Colombo di Piacenza, aperta nel 1889, è mantenuta dal suo fondatore con oblazioni private. Sono accolti in essa attualmente 52 fra sacerdoti e chierici, che si destinano alle Missioni, coi rispettivi professori di discipline ecclesiastiche e di lingue straniere.

Da quella Casa partono i missionari per le diverse destinazioni, negli Stati Uniti del Nord-America e nel Brasile, e nell'Argentina, ove siano colonie di Italiani.

L'Associazione di San Raffaele ha costituiti 19 Comitati in Italia nei vari centri migratori. Taluni di essi cessarono di agire; ma si dà opera a ricostituirli sopra nuove basi per cura del Comitato centrale.

In unione all'Associazione nazionale pei missionari, esso ha fondato nel 1894 anche la Missione del porto di Genova, alla quale era fin qui preposto don Pietro Maldotti, che ha dimorato lungamente nel Brasile per il suo ministerio. Lo stesso Don Maldotti scrisse e pubblicò due relazioni dei suoi viaggi nel Brasile, la prima delle quali, nel

1896, era diretta al Ministro degli esteri, marchese Emilio Visconti-Venosta.

L'Associazione ha promossa la costituzione della Missione del porto a New-York per l'assistenza, ad Ellis Island, degli Italiani che sbarcano agli Stati Uniti, dell'Asilo ricovero e del Comitato di San Raffaele in quella città.

Nè la Missione nè il Comitato poterono in passato esercitare l'opera loro in modo abbastanza vigoroso, per insufficienza di mezzi pecuniari. Dal giugno 1901, hanno svolta qualche maggiore attività, mercè un sussidio concesso dal R. Commissariato per l'emigrazione.

Nel Nord-America sonvi missioni, chiese, asili d'infanzia, scuole, ospedali, ospizi, a cui sono preposti sacerdoti, missionari e suore della Congregazione del Sacro Cuore, pur esse alla dipendenza di monsignor Scalabrini, negli Stati di Nuova York, Connecticut, Massachusetts, Rhode Island, Michigan, Missouri, Ohio, Kansas, Luisiana, Virginia e Arkansas (a Tontitown).

Vi sono inoltre parrocchie di Italiani a Chicago, a Baltimora, a Filadelfia, a Digburg, le quali non sono dirette da missionari dell'Istituto Cristoforo Colombo, ma sono ad essi affigliate.

Le chiese, le residenze dei missionari, le scuole, gli asili, gli ospizi, furono acquistati costituendo debiti ipotecari sugli edifizi stessi, da estinguersi, mediante ammortizzazione, coi liberi proventi del culto.

L'opera dei missionari e delle suore è naturalmente gratuita, e le colonie provvedono al loro mantenimento. Occorrerebbero sussidi in libri per le scuole e in denaro per le istituzioni di beneficenza.

Il Comitato di San Raffaele in Nuova York è composto di 16 persone, scelte fra i notabili della colonia italiana. Sono fra esse il generale Palma di Cesnola, direttore del Museo Nazionale in Nuova York, il comm. Piva, presidente dell'Istituto italiano di beneficenza, e l'avvocato Roversi. Il Comitato corrisponde con diversi Sottocomitati, costituiti accanto alle diverse Missioni e sparsi nei vari Stati dell'Unione.

Oltre ad assistere gli immigranti al loro arrivo ad Ellis Island, il Comitato spiega la sua azione anche col fissare le tariffe presso gli albergatori per quelli che sono forniti di denaro, ed alloggiando *gratis* nell'apposito asilo-ricovero gl'immigranti privi di mezzi, sottraendo gli uni agli altri alla speculazione disonesta e alle note spogliazioni.

Nell'America meridionale sonvi pure missionari di San Carlo, chiese, scuole. La casa centrale delle Missioni è a San Paolo nel Brasile, ove da non molti anni è sorto un grandioso ospizio (ad Ypiranga), che raccoglie gli orfani dei due sessi degli emigrati italiani. Di esso è direttore il padre Faustino Consoni.

Le altre Missioni hanno sede ad Encantado, Nuova Bassano, Cappueras, nella diocesi di Porto Alegre; a Santa Felicitade, nella diocesi di Curityba; a Nuova Mantova, a Santa Teresa, nello Stato di Espirito Santo; e a Nuova Helvetia, nell'Argentina.

I missionari residenti nelle suindicate località assistono con visite periodiche anche gli Italiani stabiliti nelle colonie limitrofe.

A compimento di queste note si aggiunge essere proposto della Società di San Raffaele di prendere accordi coi governi del Cile e dell'Argentina per ottenere la cessione a favore dei nostri emigranti, a mezzo dei missionari, di terreni coltivabili e redimibili mediante riscatto garantito da speciali forme cooperative di assicurazione, secondo un piano maturamente studiato.

A questo fine è partito il giorno 4 corrente da Genova il missionario don Maldotti suddetto, per esaminare le cose sopra luogo, farsi un concetto della condizione in cui si troverebbero colonie organizzate che ivi si formassero ed iniziare le opportune trattative, in modo che, nella prossima primavera, si possano indirizzare colà famiglie di contadini nostri, ai quali possa essere assicurato un sicuro e vantaggioso collocamento.

(Seguono due Allegati A e B).

Allegato A.

Missioni di San Carlo dell'Istituto Cristoforo Colombo istituite negli Stati del Nord America.

Nuova York.

Nuova York. — Missione al Porto, con 2 missionari e un laico per l'assistenza in Ellis Island, e 6 suore della Congregazione del Sacro Cuore per l'asilo. Superiore rev. padre Giacomo Gambera. Due chiese e case parrocchiali, l'una, di San Gioacchino, in Rooswelt Street, superiore padre Oreste Alussi, e l'altra, di Santa Maria, in Bleecher Street, superiore padre Antonio Demo, con 9 missionari per l'assistenza religiosa di oltre 40 mila Italiani. Una scuola è in via di formazione, e sarà tenuta dalle suore di detta Congregazione.

Broocklyn. — Chiesa di Sant'Antonio, e casa con 3 missionari per il servizio di circa 15 mila Italiani. La scuola funziona da vari anni ed è tenuta da 10 suore. Superiore padre Carlo Lapomo.

Newark. — Chiesa di San Filippo, e casa con 3 missionari e circa 8 mila parrocchiani. L'asilo è diretto da 8 suore. Superiore padre Felice Morelli.

Jersey City. — Chiesa di San Michele e casa con 3 missionari. Popolazione assistita 18 mila. Superiore padre Vincenzo Scrolla.

Buffalo. — Chiesa di Sant'Antonio e casa parrocchiale con diversi oratori nei dintorni della città, con 3 missionari. Popolazione assistita circa 22 mila. La scuola parrocchiale è diretta da 7 suore. Superiore padre Bernardo Casazza.

Connecticut.

New-Haven. — Chiesa di San Michele; casa e scuola diretta da 3 missionari e 7 suore. Popolazione assistita 17 mila. Superiore padre Bartolomeo Marenghini. Derbi. Chiesa con un missionario. Popolazione 1800. Bricce-Port.

Massachusetts.

Boston — Chiesa del Sacro Cuore e casa con 5 missionari. I locali per la scuola e per l'orfanatrofio furono acquistati nell'ottobre 1901 al prezzo di dollari 32 mila; l'una e l'altro funzionano ora a meraviglia. Popolazione assistita circa 30 mila. Superiore padre Norberto Biasotti.

Winthrop. — Chiesa e casa con un missionario. Popolazione assistita 3 mila.

Rhode Island.

Providence. — Chiesa, casa e scuola con 4 missionari. Popolazione assistita 2 mila. Superiore padre Paolo Novati.

Santa Anna. — Chiesa e casa con 4 missionari. Popolazione circa 20 mila. Superiore padre Giulio Triolo.

Utica. — Chiesa e casa con 2 missionari. Popolazione assistita circa 10 mila.

Michigan.

Detroit. — Chiesa e casa con un missionario. Popolazione assistita 6 mila. Superiore padre Francesco Beccherini.

Siracusa. — Chiesa e casa con 2 missionari. Popolazione assistita circa 16 mila. Sarà aperta tra breve una scuola. Superiore padre Vittorio Lavilla.

Ohio.

Cleveland. — Due chiese con 3 missionari che assistono una popolazione complessiva di 14 mila Italiani.

Cincinnati. — Chiesa e casa con 2 missionari. Popolazione assistita circa 6 mila. Due scuole dirette da 8 suore. Superiore don Giuseppe Quadranti.

Columbus. — Chiesa e casa con un missionario. Popolazione assistita 2 mila.

Kansas.

Kansas City. — Chiesa e casa con 2 missionari. Popolazione assistita 8 mila. Tra breve si invieranno le suore per l'apertura di una scuola. Superiore padre Carlo Del Becchi.

Kansas City Kansas. — Parrocchia mista di Italiani e di Slavi, con un missionario. Popolazione assistita 3 mila.

Missouri.

San Luigi Missouri. — Chiesa e casa con 2 missionari. Popolazione assistita 7 mila. È già pronto il locale per una scuola.

Luisiana.

Nuova Orleans. — Chiesa e casa con 2 missionari. Popolazione assistita 25 mila. Scuola diretta da 7 suore. Superiore padre Luigi Piroli.

Virginia.

Residenza mobile. — Superiore padre Angelo Chiereglione.

Colorado. — Superiore padre Giuseppe Raffo.

Arkansas.

Tontitown. — Superiore padre Giuseppe Bandini.

Allegato B.

Origine della Colonia italiana di Tontitown nell'Arkansas

(Note del rev. P. Pietro Bandini: ottobre 1902)

Cinque anni or sono da Nuova York fui mandato a visitare una colonia italiana di circa 200 famiglie, che si trovavano nella Contea di Chicot, all'angolo estremo di S. E. nell'Arkansas. Il terreno aveva le più grandi attrattive immaginabili; il suolo era assai fertile e produttivo: tutto all'intorno un meraviglioso panorama. All'est scorre il maestoso fiume del Mississippi, solcato da grossi battelli a vapore e da velieri carichi di merci e di viaggiatori. All'ovest quelle terre sono quasi interamente circondate dal graziosissimo lago Chicot, animato anch'esso da molte barche a remi e da qualche battello a vapore.

Quelle famiglie, venute direttamente dall'Italia, erano buone, oneste e animate dal desiderio di procurarsi col lavoro un equo sostentamento.

Era opportuno che non fossero lasciate più a lungo senza l'assistenza religiosa, che trovassero direzione e conforto nel sacerdote connazionale, il quale ne elevasse lo spirito e ne educasse l'animo.

Così in pochi mesi il sacerdote italiano, vivendo in mezzo ad essi, potè col suo concorso ottenere la chiesa, la scuola, le suore in loro aiuto. Il tutto procedeva a meraviglia con generale soddisfazione, quando avvenne la morte pressochè improvvisa del signor Corbin, fondatore della colonia. Inoltre il soggiorno per qualche tempo in quei luoghi fece persuasi che esso era infestato dalla malaria, di guisa che la Colonia s'andava rapidamente decimando pei troppo numerosi decessi. Questi fatti spaventarono siffattamente i coloni, che molti di essi si diedero disordinatamente a fuggire, e, prestando fede ad intermediari interessati, rimasero poi derubati e traditi. Un buon numero di famiglie però si strinsero intorno a me, e mi scongiurarono a non volerle abbandonare ed anzi a scortarle in qualche luogo più sano, dove potessero procurarsi il bisognevole per la vita. Io ero stato già per ben tre volte gravemente ammalato e, a detta dei medici, mi era trovato in fin di vita.

Il sobbarcarmi quindi a questa nuova impresa sembravami superiore alle mie forze; e la responsabilità di tante famiglie a cui provvedere troppo gravosa per me. Ma il pensiero che queste famiglie sarebbero di leggieri cadute in mano di gente venale valse in me più che qualunque altra considerazione, e mi stetti con la mia gente. E poichè il Comitato incaricato di visitare alcune terre dello Stato del Missouri aveva riportato di quelle un'impressione molto favorevole, ci portammo tutti assieme sulle alture degli Ozark.

Qui il luogo è molto sano, ricchissimo di sorgenti vive d'acqua eccellente. La frutta di ogni qualità v'alligna bene e forma la ricchezza del paese. Si fece quindi l'acquisto di circa 750 acri di terreno, da pagarsi a differenti rate e a lunghi intervalli. Ciò avveniva nei mesi di marzo e di aprile del 1898. Negli ultimi giorni di primavera, però, un gelo improvviso e straordinario distrusse tutta la frutta in fiore. Nel maggio seguente, il giorno 20, un ciclone sradicò frutti, abbattè case, stalle, ecc , e, quello che più importa, uccise sul colpo uno dei nostri più bravi giovani.

Il raccolto per quell'anno fu quasi nullo, sia perchè erano stati fatti troppo in ritardo i lavori dei campi, sia perchè la stagione non fu favorevole. Per di più i nostri vicini vedevano di mal occhio i nuovi arrivati. Fin da principio si opposero all'apertura delle scuole per la nostra gente, perchè essi non ne volevano. E quando s'accorsero che, ciò non ostante, noi avevamo aperta la scuola, di nottetempo vi appiccarono il fuoco. Il fuoco però fu spento e il danno fu quasi nullo.

Questi fatti scoraggiarono alcune famiglie, che, contrariamente a quanto era stato loro detto, s'immaginavano impresa assai facile lo stabilire una nuova colonia; e prevedendo male dell'impresa, ritornarono nei luoghi malsani prima abbandonati o in altro modo si dispersero. Però la maggior parte, che era la parte anche più sana, stette ferma, sfidando le prime prove e non cedendo alle prime contrarietà; e la loro pazienza e la loro fiducia furono coronate da lieto successo. Tempi migliori non si fecero aspettare. I raccolti dell'anno scorso, quelli ottenuti quest'anno fino a tutt'oggi, e quelli che si ripromettono per il resto della stagione, hanno fatto mutare aspetto alle cose. I vicini nostri hanno cambiato la loro avversione in ammirazione.

I nostri coloni intanto hanno già migliorate ed ingrandite le loro tenute. Hanno fabbricate buone case e stalle, e, quello che più importa, hanno, la maggior parte, pagato almeno due terzi del terreno comperato; altri lo hanno pagato interamente.

Nel centro della colonia hanno stabilito botteghe, officine, l'ufficio postale e il telefono. Quivi pure si trova la scuola, nella quale, insieme alle altre materie scolastiche, si insegnano l'inglese e l'italiano. Nella stessa sala della scuola abbiamo l'altare per la celebrazione dei diversi uffici, nell'aspettativa di poter quanto prima terminare la chiesa.

La colonia l'abbiamo intitolata *Tontitown*, disseppellendo così dalla storia un nome glorioso italiano, quello del Tonti, ufficiale piemontese, che fu luogotenente di La Salle nelle Americhe, fondò la prima colonia nell'Arkansas nel 1636 e fabbricò il forte militare Arkansas Post.

MINISTERO DEGLI AFFARI ESTERI

COMMISSARIATO DELL'EMIGRAZIONE

BOLLETTINO DELL'EMIGRAZIONE

Anno 1906.   N. 12.

SOMMARIO.

I. La colonizzazione germanica nel Brasile.
II. Legge contro le frodi dei banchieri nello Stato di Massachusetts.
III. Notizie sulla popolazione e sull'immigrazione nella Colonia del Capo di Buona Speranza.
IV. Il terremoto di S. Francisco e la colonia italiana.
V. Legislazione sull'emigrazione e sull'immigrazione: Colonie e protettorati francesi in Africa (Algeria, Reggenza di Tunisi, Costa dei Somali e dipendenze); Tripolitania; Colonie inglesi del Sud-Africa (Rhodesia del Sud); Sultanato di Zanzibar.
VI. Notizie varie: Gli Italiani nelle miniere del Lussemburgo — Popolazione straniera censita nel 1905 a Shanghai — Prezzi dei terreni nella Repubblica del Messico — Notizie circa il raccolto del caffè nello Stato di San Paolo (Brasile) — Sulla valorizzazione del caffè nel Brasile.

ROMA
TIPOGRAFIA NAZIONALE DI G. BERTERO E C.
VIA UMBRIA

1906

IL TERREMOTO DI SAN FRANCISCO DI CALIFORNIA

e la colonia italiana

Riproduciamo le seguenti notizie tolte da rapporti delle nostre Autorità consolari circa il disastro da cui fu colpita la città di San Francisco di California e pel quale ebbero a lamentarsi vittime anche fra gl'Italiani e rilevanti danni agli interessi dei nostri connazionali.

Il primo di questi rapporti è diretto dal viceconsole sig. A. Fabbri al conte Gerolamo Naselli, il quale, trasferito dal consolato di Filadelfia a quello di San Francisco, non era ancora giunto alla sua nuova residenza.

Tutte le successive lettere sono del conte Naselli.

San Francisco, 30 aprile 1906.

Alle 5.14 ant. del 19 aprile un violentissimo terremoto scuoteva la città di San Francisco. La scossa, della durata di circa 50 secondi, fu più forte per intensità e durata di quante altre mai abbiano funestato nel passato la California. Il movimento tellurico fu sussultorio.

In seguito alla scossa crollarono parecchi edifici, tra i quali la City Hall, e in differenti punti della città si svilupparono, causati dai fili elettrici spezzatisi, 65 incendi.

Mio primo pensiero fu di recarmi nella parte bassa della città, abitata dai nostri connazionali, e ove si trovavano le banche e le principali case di commercio italiane. Noleggiai a tal uopo un automobile e pochi minuti dopo mi trovavo nel centro del quartiere italiano, che percorsi interamente, e potei così constatare come le scosse del terremoto fossero state più gravi nella parte alta della città che in quella bassa e come gli edifici del quartiere italiano non fossero stati molto gravemente danneggiati.

Mi fu in quel momento riferito che il mercato del pesce era crollato e che alcuni pescatori italiani erano rimasti sepolti sotto le rovine. Recatomi immediatamente sul luogo e inoltratomi nell'angusta strada in cui si trovava l'ingresso del mercato, mi trovai dinanzi ad uno spettacolo veramente raccapricciante. Fra rottami e travi cadute, fra carri infranti e cavalli schiacciati dall'urto si trovavano i cadaveri di 5 connazionali, che furono immediatamente trasportati al Washington Square, per poterli in seguito identificare.

Supposi che sotto le rovine si trovassero altri cadaveri, e poichè sul posto non vi erano soldati ed agenti di polizia, organizzai una squadra di connazionali composta dei signori Sperlari, Calpestri, Ratto, De Vivo, Spagna ed alcuni altri, ed aiutato da loro, benchè privi tutti di pale e di altri utensili, mi diedi a rimuovere le macerie. Ma dopo qualche tempo di infruttuoso lavoro, avendo notato che un muro vicino minacciava di crollare, feci allontanare tutti da quel posto, ed eravamo appena usciti da quella strada che una seconda scossa di terremoto (erano circa le 8 ant.) faceva crollare il muro e la parte rimanente delle tettoie del mercato.

Ma un maggiore e ben più grave pericolo sovrastava la città.

L'incendio assumeva proporzioni sempre più allarmanti, e da due punti, cioè dal lato sud di California Street, in prossimità della stazione del Ferry-boat, e da Market Street, in prossimità dell'Opera House, si estendeva alle strade laterali, penetrando dal primo lato nel cuore del quartiere commerciale, ove si trovavano le principali banche e stabilimenti industriali, e dall'altro lato inoltrandosi verso il quartiere più bello della città, ove si trovavano i principali alberghi, i teatri ed i più eleganti negozi.

La causa principale di questo rapido e spaventoso propagarsi dell'incendio fu la mancanza di acqua. Quando i pompieri accorsi ebbero adattato le loro pompe alle numerose bocche di presa, neppure una goccia uscì dai tubi: le condutture dell'acqua erano state spezzate dal terremoto. In causa della rottura dei fili elettrici, il telegrafo ed il telefono non funzionavano e, per maggiore iattura, il capo dei pompieri era rimasto gravemente ferito in seguito al crollo della sua casa.

Si comprese allora tutta la gravità della situazione, e dalle autorità venne proclamata la legge marziale.

Frattanto il panico aveva invaso la popolazione, e a tutte le Banche ancora immuni si affollava gente che reclamava la restituzione dei depositi. Mi recai alla sede delle Banche italiane, dove i nostri connazionali facevano ressa: rivolsi loro parole rassicuranti, e ad ogni buon fine, su richiesta degli stessi direttori, feci mandare a tutela delle Banche alcune compagnie di truppa.

Progredendo sempre più l'incendio, si decise di combatterlo, in mancanza d'acqua, con la dinamite e di fare il vuoto davanti ad esso per arrestarlo. Neanche questo provvedimento ebbe il desiderato effetto ed anzi, in taluni casi, fu più di danno che di giovamento. Verso mezzogiorno i più importanti edifici e monumenti della città erano in fiamme : queste investirono anche un ospedale improvvisato nel Mechanic's Pavillon, e si calcola che circa 200 feriti abbiano ivi trovato la morte.

L'incendio si avanzava con sempre maggiore rapidità; ho visto un edificio di 8 piani bruciare in 15 minuti. Fu questa una delle ragioni per cui i superstiti nulla hanno potuto salvare dei loro effetti.

Nel pomeriggio il fuoco cambiò direzione, avanzandosi nella Montgomery Street, ove si trovava il r. consolato. Vi accorsi immediatamente e, quantunque il fuoco avesse già intaccato i piani inferiori, salii in ufficio e presi i registri della contabilità ed il cifrario. Ero solo e non potevo portare di più; ma, poichè in seguito la casa fu schiacciata dalla caduta di un edificio vicino, oso sperare che molti documenti potranno essere rintracciati nelle rovine.

Il fuoco, che si avanzava da due differenti punti, avendo operato la sua congiunzione, nessuno si illuse più sulla sorte che era riservata alla città e l'esodo degli abitanti cominciò e durò per tre giorni interi. Nulla di più triste e di più desolante di questo spettacolo. Erano giovani, vecchi, malati portati a braccia, tutta un' intera popolazione fuggente davanti al turbine di fiamme che si avanzava da ogni lato. Non potendo portare sempre con me il pesante fardello dei registri salvati, li seppellii in un giardino, donde poi, estinto l'incendio, potei ritirarli.

Credo inutile descrivere le successive fasi di questo, che per tre giorni e tre notti infierì sulla città, e le dolorose scene di cui fui testimone. In questa circostanza intesi tutta intera la responsabilità che la mia qualità di funzionario mi conferiva, ed avendo il fuoco invaso il quartiere italiano, io non lo abbandonai che quando l'ultima casa fu bruciata. Poichè in mancanza di pompieri gli stessi cittadini erano obbligati a cooperare all'opera di estinzione, lavorai, anche per incoraggiare gli altri, durante tre giorni alle pompe, essendosi potuto nel frattempo, ma disgraziatamente troppo tardi, riparare in alcuni punti le condutture d'acqua.

Minacciando il fuoco i locali dell'Italian-Suiss Colony, nei cui magazzini (Warehouses) si trovavano oltre 6000 galloni di alcool, che avrebbero, se il fuoco li avesse raggiunti, prodotto una terribile esplosione, e nessuno decidendosi, anche se minacciato di morte (fu infatti fucilato uno dei più riottosi a cooperare all'opera di salvataggio), salii sul tetto per dare agli altri il buon esempio e, lo dico con compiacimento, tutti gli italiani che si trovavano presenti si prestarono all'opera immediatamente.

Estinto l'incendio, pensai ad organizzare i soccorsi, e a questo scopo mi recai più volte ad Oakland e nelle altre città vicine ove si erano rifugiati in maggior numero gli italiani. L'indirizzai e li raccomandai ai vari comitati di soccorso, visitai i luoghi ove erano accampati e potei così constatare come il servizio di distribuzione dei viveri funzionasse egregiamente e come a tutti fosse assicurato un rifugio e del cibo in abbondanza. Scrissi agli agenti consolari di Los Angelos e Portland perchè raccogliessero oblazioni fra gli italiani colà residenti, invitandoli ad inviare le offerte in danaro al r. consolato e quelle in vettovaglie al Comitato centrale presieduto dal sindaco di San Francisco; la colonia italiana di Portland inviava subito due vagoni di generi alimentari. Invitai altresì i pescatori italiani di Sassolito a distribuire il pesce gratis a quella popolazione.

Cercai anche di conoscere il numero ed i nomi delle vittime; ma ciò mi fu impossibile, perchè molte di esse non si erano ancora potute identificare e molte si trovano tuttora sotto le rovine.

S. Francisco, 2 maggio 1906.

Giunto in questa residenza, credetti necessario prendere subito conto delle vittime italiane. I cadaveri identificati finora sono quelli di Ursolina Costa, da Sampierdarena, Matteo Canepa, Angiolina Canepa, Angiolina Soleri, da Levi (Chiavari), e Giovanni Trapani, siciliano; altri cinque cadaveri di pescatori italiani non sono stati ancora identificati. Si teme che altre vittime si trovino tuttora sotto le rovine delle mura cadute, e sto appunto formando squadre di volonterosi connazionali per dissotterrarle. A tal uopo ho fatto domanda per ottenerne il permesso alle autorità locali, valendomi delle raccomandazioni gentilmente procuratemi dal regio Incaricato d'affari in Washington. Temo tuttavia che non si potrà mai accertare l'esatto numero delle vittime italiane, sia perchè molti cadaveri debbono essere stati distrutti dal fuoco, sia perchè altri connazionali abbandonarono questa città, dirigendosi verso gli Stati dell'Est, senza lasciare loro notizie. Ho intanto invitato per mezzo della stampa locale tutti gli italiani che dimoravano in San Francisco a venire ad iscriversi al consolato: ciò potrà facilitare le ricerche di coloro, le cui notizie mi venissero richieste dal Regno. Distrutti cinque sesti della città ed in essi l'intiero quartiere italiano, i nostri connazionali si sono sparsi nei diversi paesi che circondavano San Francisco, e più specialmente si sono stabiliti in Oakland, città situata sul lato opposto della baia. Seguendo l'esempio di tutti gli altri consoli esteri, ho provvisoriamente impiantato una succursale della cancelleria in Oakland, fino a che sarà rifabbricata qualche casa in San Francisco e gli italiani ritorneranno in questa città. Nonostante ciò, mi reco a visitare i diversi campi ove sono attendati i nostri connazionali per consolarli e per ottenere che siano provvisti del necessario.

Le autorità locali, nell'immane disastro che colpì questo paese, hanno, con lodevole imparzialità, largheggiato di soccorsi verso tutti i danneggiati, senza distinzione alcuna di nazionalità.

Rilevanti furono i danni subiti dagli italiani, molti dei quali però erano assicurati, di guisa che si spera che possano essere indennizzati. Mentre tutti sono ora provvisti di cibo e di tende, si ritiene che, non appena ricomincieranno i lavori di demolizione delle rovine e di ricostruzione degli edifici, molti braccianti potranno trovare occupazione. Mi varrò tuttavia dell'autorizzazione accordatami da V. E. di provvedere ai più urgenti bisogni dei nostri connazionali, massime in riguardo alle donne ed ai bambini che rimanessero privi di soccorso, quando cesserà l'assistenza ora prestata dalle autorità locali.

Compenetrato della situazione eccezionalmente triste di questi connazionali, nulla tralascierò per venire in loro aiuto. Trattasi ora di ricostruire interamente non solo l'ufficio, ma di ristabilire questa nostra colonia dispersa e abbattuta dall'immane sciagura che la colpì.

San Francisco, 7 maggio 1906.

In relazione ai decessi dei nostri connazionali, è necessario rilevare che di essi non esiste alcun ricordo ufficiale, nè alcuna identificazione dell'autorità. Le vittime furono identificate dai loro amici o conoscenti ed io potei conoscere i loro nomi rivolgendomi ai connazionali sfuggiti al disastro. Nel caos che seguì il terremoto e l'incendio, italiani e americani si sbandarono nelle diverse località della California ed è estremamente difficile rintracciare ora gli scampati dal disastro. L'intiero quartiere italiano è completamente raso al suolo e non esiste più alcuna traccia delle abitazioni dei nostri: è quindi solo con le informazioni che possono ottenersi dagli altri connazionali che è possibile aver notizia delle vittime. È mia opinione che parecchi cadaveri si trovino ancora sepolti, e per la più parte distrutti dal fuoco sotto le immense ruine della città. Nella speranza di poter rintracciare ancora qualche vittima italiana, diressi io stesso gli scavi in differenti punti del quartiere italiano; ma, sia per l'ammorbante fetore che emana dalle ruine, sia anche per l'impossibilità materiale di sgombrare l'immensa mole di macerie che ricopre le località ove vivevano i nostri, si dovette cessare dal lavoro prima che si fosse potuto trovare un solo cadavere. Dal fatto che di alcuni animali sepolti si trovò solo una minima parte del corpo, il rimanente essendo stato consumato dal fuoco, devesi arguire che anche i resti umani che possono trovarsi sotto le rovine siano in buona parte distrutti dal fuoco, e che ad ogni modo riesca impossibile la loro identificazione.

Nonostante le voci messe in giro, a scopi finanziari, circa una sollecita ricostruzione della città, credo che San Francisco od una parte di essa non potrà essere resa abitabile che fra qualche anno. Trattasi non solo di sgombrare macerie per un circuito di 26 miglia, ma di ricostruire, oltre alle case, anche le strade, le fognature, le condutture d'acqua, di gaz, ecc. Ad eccezione di una sesta parte della città non distrutta dal fuoco, ma terribilmente danneggiata dal terremoto, gli altri cinque sesti sono completamente distrutti, e il trasporto delle ruine prima e del materiale per ricostruire poi i fabbricati, è la più grande difficoltà che si incontra al momento presente. Le ferrovie sono completamente monopolizzate per il trasporto dei viveri, e la situazione stessa della città, all'estremo limite ovest del continente americano, fa sì che viveri e materiale non possano giungere ad essa che da un solo lato, ciò che rende ancora più difficile la presente situazione. Si stanno ora costruendo tracciati ferroviari sulle antiche arterie della distrutta città, allo scopo di usare i treni per il trasporto delle ruine. Ambedue i flagelli che colpirono questa città, il terremoto ed il fuoco, furono della più grande violenza. Il terremoto fu così forte, che pesanti casse-forti si rovesciarono, e il fuoco così intenso, che veggonsi marmi calcarei a metà liquefatti e i binari dei carri elettrici, sulle antiche vie di San Francisco, completamente ripiegati su sè stessi.

Mentre tale è la presente situazione della città, non meno triste è la condizione degli abitanti. Oltre 300 mila persone, molte delle quali di agiatissima condizione, sono attendate nei campi, essendo rimaste prive di tutto. La durata dell'incendio (circa tre giorni) avrebbe reso possibile ad alcuni di salvare i loro effetti; ma l'assoluta mancanza di mezzi di trasporto, essendo stati tutti i carri requisiti dalle autorità per il trasporto dei feriti e delle truppe, fece a molti abbandonare in mezzo alla via anche i pochi effetti a stento salvati dalle crollanti ruine delle case. La città è tuttora sotto il comando delle truppe, e sentinelle armate mantengono il buon ordine nelle vie.

Il cibo è ancora distribuito gratuitamente ai rifugiati nelle tende, ma si è sempre in timore di una possibile mancanza di viveri, se dall'est non continuano a giungere vettovaglie: si annunziava ieri che solo dieci giorni di viveri rimanevano a disposizione dell'autorità, e tali voci non mancarono di allarmare i rifugiati che si vedono minacciati da una possibile carestia. Non meno tristi sono le previsioni per il futuro circa la salute pubblica. A parte le rotture delle fogne e la decomposizione dei cadaveri e degli animali rimasti sotto le macerie, per il fatto stesso di una popolazione così numerosa accampata sotto tende e mancante delle più elementari necessità igieniche, con scarzezza di acqua e con l'assoluta impossibilità di provvedere all'igiene del corpo e delle vesti, non può non prevedersi qualche epidemia Numerosi sono già i casi di tifo, e gli ospedali improvvisati nei pochi fabbricati ancora esistenti, sono ricolmi di ammalati affetti da tale infermità. Io ho non solo visitato gli accampamenti ove trovansi attendati gli italiani, ma ho anche ispezionato i vari ospedali, e ho fatto una lista degli infermi italiani in essi ricoverati. Da tale lista mi risulta che un terzo degli infermi sono affetti da tifo, e per gli altri due terzi le malattie sono conseguenza del terremoto e dell'incendio.

L'essere gli italiani sparsi nei numerosi campi e frammisti ai rifugiati di altre nazionalità, rende oltremodo difficile l'assistenza che desidero prestare ad essi. Mi è sembrato che, se si potesse riunire in un solo campo gli italiani, i quali, anche in condizioni normali, amano di vivere raggruppati in un quartiere, si otterrebbero i seguenti vantaggi: riescirebbe più facile provvedere ai loro bisogni, si potrebbero rintracciare quelli di cui si chiedono notizie dal Regno, e sopratutto gli uomini potrebbero ricominciare a lavorare, dedicandosi allo sgombro delle ruine, lavoro per il quale esiste richiesta di operai. Frammisti al presente con persone di altra nazionalità, i nostri non amano di lasciare sole le loro famiglie e, piuttosto che andare a lavorare, rimangono oziosi negli accampamenti. Ho quindi creduto opportuno rivolgere al generale Greely, comandante in capo della città, una nota colla quale ho espresso i principali vantaggi che si otterrebbero riunendo insieme la popolazione italiana. Ho speranza che il mio suggerimento sarà preso in considerazione, essendomi in precedenza assicurato l'appoggio dell'alta autorità e del capo di stato maggiore del comandante militare.

Sto poi provvedendo che l'esistente patronato degli emigrati italiani esplichi in questa circostanza una proficua azione a vantaggio dei nostri connazionali, e nulla lascio intentato per rendere meno dura la loro sorte.

In una visita fatta ieri a Sassolito, ove trovansi rifugiati tutti i pescatori italiani, appresi che questi non potevano dedicarsi di nuovo alla pesca perchè nelle loro barche erano ricoverate le famiglie rimaste prive di abitazione. Recatomi dal capo del Comitato di soccorso, ebbi promessa che, nonostante la scarsità di tende a disposizione del Comitato stesso, sarebbe stato provveduto subito un numero di tende sufficiente a farvi ricoverare 70 famiglie. Potranno così i capi di queste ultime ridarsi subito alla pesca e guadagnarsi da vivere.

San Francisco, 14 maggio 1906.

Benchè la situazione generale non sia molto cambiata in questi ultimi giorni, pure può già notarsi un risveglio nelle energie individuali ed un potente desiderio di togliersi dalle condizioni precarie di esistenza, alle quali questa popolazione fu costretta dalla recente catastrofe. Gli uomini, che, vivendo finora colle loro famiglie negli accampamenti, furono mantenuti completamente con i fondi del soccorso, sono ora obbligati a ridarsi ai lavori, giacchè le distribuzioni gratuite delle razioni furono limitate a quelle famiglie, che, non avendo nessuno che possa procacciare loro il mantenimento, sono forzate a dipendere dalla carità pubblica. Mentre, quindi, le donne, i bambini e gli uomini inabili a lavorare continuano ad essere mantenuti dai Comitati di soccorso, coloro che possono occuparsi sono privati della usuale razione se per essa non pagano un tanto, che viene poi versato nelle Casse di soccorso. Questo sistema ha il doppio vantaggio di aiutare i Comitati di soccorso e di togliere dall'ozio un rilevante numero di persone. Di lavori di una certa specie, quali quelli di falegname, muratore, meccanico, bracciante, ecc., esiste ora grande richiesta, visto che trattasi di ricostruire un'intera città.

Per quanto concerne gli italiani, non fu difficile l'avviarli di nuovo al lavoro, e quanti ricorsero a quest'Ufficio furono sollecitamente provveduti di occupazione. Allo scopo, anzi, di incoraggiare i nostri a ritornare al lavoro e far loro note le imprese, presso le quali avrebbero potuto trovare impiego, formai un Comitato coloniale, di cui fanno parte tutti i presidenti degli Istituti coloniali e quelli delle diverse Società italiane. La formazione di tale Comitato incontrò l'approvazione generale dei nostri connazionali e me ne riprometto non lievi vantaggi.

Il generale Greely, a cui proposi la riunione degli italiani in un sol campo, riconobbe buona la mia proposta e spero di indurlo a fare eseguire il trasporto dai carri militari. Finchè i nostri rimarranno sparsi nei vari campi, ben ardua riescirà un'efficace assistenza, a causa appunto della difficoltà di accesso ai campi stessi. Il generale Greely contesta la previsione da me fatta, del lungo tempo, cioè, pel quale molti dovranno continuare a vivere negli accampamenti. Egli ritiene che il presente stato di cose non durerà, perchè gli Stati Uniti non hanno nè i mezzi, nè l'intenzione di provvedere agli accampamenti permanenti. Non dubito che gli Stati Uniti desiderino di far ritornare questa popolazione ad uno stato normale di vita, ma non vedo la possibilità che ciò accada fino a che non siano state rifabbricate case ove la popolazione possa trovare alloggio. Le autorità locali potranno riescire a far pagare il vitto ed anche l'alloggio nelle tende, ma non potranno far cessare ancora per qualche tempo la vita del campo, visto che trattasi di ricostruire quasi per intero una città.

Non venni a conoscenza di altre vittime italiane del disastro, oltre quelle i cui nomi vennero da me telegrafati, ed i feriti ricoverati nei vari ospedali vanno sodisfacentemente ristabilendosi.

Cercai di formarmi un'idea esatta delle condizioni finanziarie di questa colonia e dei danni ad essa causati dal terremoto e dall'incendio. Indubbiamente gravi perdite vennero subite dai nostri, ma credo che la più parte dei connazionali potrà di bel nuovo prosperare. Gli italiani ricchi erano quasi tutti assicurati e, se le Compagnie pagheranno il premio di assicurazione, le perdite si ridurranno per essi agli effetti distrutti dal fuoco ed al momentaneo ristagno degli affari, ristagno che verrà compensato dal necessario aumento di transazioni commerciali, il quale dovrà succedere al presente periodo. Gli operai e tutti coloro che vivevano con il lavoro giornaliero hanno perduto ben poco: cessò per essi momentaneamente il lavoro, ma furono mantenuti a spese dei Comitati di soccorso, e non appena saranno riattivati tutti i lavori, essi troveranno subito occupazione e anche più larghe mercedi. Invece la classe di persone più danneggiate fu quella dei professionisti: avvocati, medici, artisti e impiegati non solo ebbero perdite non coperte da assicurazioni, ma cessò per essi il lucro abituale. Essi non possono avere speranza di riguadagnar la vita che fra molto tempo, quando, cioè, saranno cessati gli effetti della recente catastrofe e le condizioni locali saranno divenute nuovamente normali. A meno, quindi, che essi non si diano a lavori manuali, cosa per molti ben difficile, essi dovranno menare una vita di stenti e molti rimarranno a carico della comunità. Parimente triste è la condizione di quelle famiglie che perdettero ciò che avevano e che non hanno chi possa riguadagnar per loro la vita: molte di esse lasciarono questa città quando, nei primi giorni susseguenti al disastro, era concesso il trasporto gratuito per i paesi dell'Est. Tali facilitazioni vennero poi proibite, perchè molti, che avrebbero potuto lavorare, se ne partirono, e si temeva che al ricominciare dei lavori non si sarebbero trovati operai.

Ad ogni corriere proveniente dall'Europa mi giungono numerose richieste dal Regno per la ricerca di connazionali, dei quali non si ebbe più notizia dopo il disastro. Faccio del mio meglio per rintracciare dette persone, sia pubblicando sui giornali i loro nomi, sia facendone ricerca presso le autorità e presso i connazionali. In molti casi le mie pratiche riescono infruttuose, giacchè molti scampati dal disastro partirono per altre località, senza lasciar notizia di sè, e molti altri trovansi attendati in vari luoghi nei dintorni della città. La polizia ha istituito un Dipartimento per le ricerche, ed è già in possesso di oltre 12,000 richieste pervenute da tutte le parti del mondo. Siccome poi, oltre alle vittime non identificate ed a quelle riconosciute, si ritiene che molti cadaveri siano ancora sotto le ruine ed altri siano stati completamente distrutti dal fuoco, è da prevedere che molte richieste rimarranno per sempre insoddisfatte.

Nei continui rapporti che ho con le autorità locali, così civili come militari, ho trovato la massima deferenza per ogni desiderio da me manifestato a vantaggio dei nostri connazionali. Le dette autorità non solo sono sempre state larghe di assistenza per gli italiani, ma in più occasioni mi hanno espresso il loro fermo proposito di fare il possibile per venire in aiuto di essi, e fui invitato a liberamente manifestare qualsiasi idea, la cui attuazione potesse essere di giovamento ai nostri.

San Francisco di California, 21 maggio 1906.

Le notizie ufficiali pubblicate dal *Coroner* di questa città fanno ascendere a 460 le vittime del recente disastro. Di tali vittime solo 275 vennero identificate, e fra di esse posso appena riconoscere i nomi di una dozzina di connazionali: tali nomi sono però così alterati, che riesce ben difficile identificare con essi le vittime italiane. Osservo intanto che la più parte dei nomi da me telegrafati non appaiono nella lista del *Coroner*: alcune vittime vennero riconosciute da connazionali ed evidentemente non furono denunziate all'ufficio di stato civile. Altri cadaveri vengono giornalmente dissotterrati nel rimuovere le ruine degli edifici crollati, e furono ieri l'altro rinvenute molte ossa, avanzi di cadaveri consumati dal fuoco. Mi si riferisce che nei primi giorni che seguirono il disastro, i cadaveri erano seppelliti all'istante dai soldati ed anche dai cittadini, che dalle truppe erano forzati ai lavori di dissotterramento. Ad eccezione, quindi, dei pochi casi di vittime riconosciute da connazionali, testimoni oculari del rinvenimento dei cadaveri, rimarrà dubbia od ignota la sorte toccata a qualcuno dei nostri. L'appello fatto da me ai connazionali di venirsi ad iscrivere in consolato non diede sodisfacenti risultati: pochissimi mi inviarono i loro nomi, evidentemente non curanti di inscriversi dopo aver date notizie alle loro famiglie nel Regno. Non tralascio alcun mezzo per ricercare i nostri, sia per mezzo della stampa, sia per mezzo di persone che per mio incarico e dietro compenso si aggirano appositamente negli accampamenti a fine di rintracciare coloro di cui mi si domandano notizie. Per la completa distruzione del quartiere italiano, di nessun giovamento mi sono le indicazioni dell'antico domicilio delle persone da ricercare, ed altro mezzo non resta che interrogare i rifugiati nei diversi campi, fino a che s'incontra la persona desiderata. Tali difficoltà sono, del resto, incontrate indistintamente da tutti: le poche mura rimaste degli edifici di questa città sono ricoperte di fogli di carta, su cui sono date le indicazioni dell'attuale ricovero di persone o sono richieste notizie di persone scomparse nella confusione che avvenne al momento della catastrofe.

Ebbero principio i lavori di sgombero delle ruine ed in essi molti operai italiani trovarono occupazione. Il Comitato coloniale da me formato per aiutare i connazionali più bisognosi e per indicare un'occupazione a coloro che non seppero procurarsela da sè stessi, si adopera attivamente per lo scopo pel quale fu istituito.

Le autorità locali, alle quali venne affidato il còmpito dell'assistenza dei rifugiati, cercano ora di diminuire per quanto è possibile il numero di coloro che sono mantenuti dalla carità pubblica, intendendo che la distribuzione gratuita del cibo cessi per coloro che sono abili a procurarsi un'occupazione. Dacchè l'esercito degli Stati Uniti assunse l'incarico della distribuzione dei soccorsi, scemò di due terzi il numero delle razioni gratuite: infatti, mentre i primi giorni venivano distribuite gratuitamente 300 mila razioni, la settimana scorsa il numero delle persone mantenute a spese del Comitato di soccorso venne ridotto a 97,199. Ciò prova che un gran numero di individui ritornarono alle loro occupazioni o si adattarono a lavori che permisero loro di procacciarsi il mantenimento. È ora intendimento delle autorità di abolire interamente il presente sistema di distribuzione di viveri, sostituendolo con l'impianto di cucine economiche, nelle quali siano distribuiti pasti al costo di 15 soldi. Si ritiene che molti, che potrebbero ora lavorare e che invece ricevono gratuitamente le razioni, si asterranno dal far capo alle cucine economiche, per non cibarsi nelle mense pubbliche, in vista di terzi. Col ricominciar dei lavori e con la conseguente riscossione dei salari, molti furono in grado di lasciare gli attendamenti e procurare un alloggio alle famiglie nelle località vicine alla città.

I lavori di ricostruzione della città vanno intanto molto a rilento. Dall'ultima catastrofe, quasi giornalmente avvengono forti scosse di terremoto e il panico, inevitabile ora in questa popolazione, fa esser molto restii alla ricostruzione degli edifici. Devesi poi aggiungere che, nonostante le dichiarazioni fatte dalle varie Compagnie, le assicurazioni non vennero ancora pagate, per cui mancano a molti i mezzi per la ricostruzione. Se le Compagnie pagassero sollecitamente, non vi ha dubbio che il denaro dei premi di assicurazione sarebbe immantinente rinvestito nelle costruzioni. Allo stato presente si parla solo dell'erezione dei fabbricati delle diverse

Banche, ossia di quegli Istituti che possono sobbarcarsi alle spese di costruzione senza aver bisogno di venir prima in possesso dell'ammontare delle assicurazioni. Ritengo che passerà ancora qualche tempo prima che i privati possano realizzare le loro assicurazioni; la distruzione degli edifici fu causata, oltre che dal fuoco, dal terremoto e dalla dinamite fatta esplodere per arrestare l'incendio; ora molte polizze di assicurazione coprono il solo incendio ed escludono i danni causati dalle materie esplosive, per cui converrà accertare innanzi tutto quale fu la causa della distruzione di ciascuna proprietà, per decidere se l'assicurazione debba esser pagata, ed inoltre si dovrà stabilire se la distruzione causata dal fuoco, a sua volta prodotto dalla dinamite, dia diritto alla riscossione del premio. Mentre le Compagnie si richiamano alla clausola che le esenta da ogni responsabilità per incendi prodotti dagli esplosivi, i danneggiati sostengono che gli esplosivi vennero adoperati appunto per arrestare il fuoco. Tale questione farà senza dubbio nascere numerosi processi, i quali ritarderanno la costruzione degli edifici. Molti pure, che avrebbero mezzi disponibili per ricostruire subito le loro case, ne sono impediti dalle stesse Compagnie di assicurazione, le quali si riservano di fare perizie sopra luogo per accertare le proprie responsabilità e minacciano di sciogliersi da qualunque obbligo, se l'assicurato rimuova le ruine ed impedisca con i lavori di sgombero l'esame dei periti.

San Francisco di California, 28 maggio 1906.

Sono lieto di riferire che all'appello da me indirizzato alle colonie delle località vicine perchè fossero possibilmente inviati aiuti finanziari a favore degli italiani di questa città, si cominciò già a rispondere generosamente. Mi vennero infatti in pochi giorni trasmesse diverse somme per l'ammontare, fino ad oggi, di dollari 498, che a mia volta versai al tesoriere del Comitato provvisorio di soccorso da me fondato. Ciò servirà a provvedere a qualche caso che richieda urgenti soccorsi finanziari.

I lavori di sgombero delle ruine e di erezione di provvisorie baracche in legno per l'installazione di uffici procedono alacremente, per quanto è possibile nelle presenti circostanze. Le Banche locali furono riaperte il 22 corrente in uffici provvisori e la fiducia che questa popolazione ripone nella ricostruzione della città venne provata dal fatto che pochissimi ritirarono i loro depositi, evitando così una funesta crisi bancaria. La riassunzione dei lavori ha dato opportunità a molti di procurarsi una più comoda dimora e dai dati fornitimi da queste autorità mi risulta che ora solo 15 mila persone rimangono ricoverate sotto le tende degli accampamenti. I primi ad approfittare della ripresa dei lavori furono gli italiani: in un campo presso San Raffaele, Cal., nel quale erano ricoverati 10 mila italiani, ora se ne trovano solo 1500, avendolo tutti gli altri abbandonato per ridarsi al lavoro. La riduzione nel numero degli accampati rende ora possibile un censimento di coloro che sono ancora rimasti a carico dei Comitati di soccorso, e si spera di averne a giorni una lista completa. Non vi ha dubbio però che, mentre l'operaio ricomincia a guadagnar la vita, sempre critica rimane la posizione di quelle persone che non hanno possibilità di trovare occupazione alcuna fino a che le condizioni di questa città non ritornino ad essere normali. Artisti, professionisti, maestri di scuola, impiegati, commessi di negozio, giornalisti, ecc., sono e rimarranno ancora per lungo tempo in pessime condizioni.

Nei lavori di sgombero delle rovine si continua a rinvenire cadaveri: solo ieri l'altro furono trovate nelle ruine del mercato della verdura le ossa di Michele Canepa, il cui decesso fu già da me telegrafato. La Società americana, denominata *Woodmen of the World*, ha ora costituito un Comitato per la ricerca dei resti di alcuni membri del sodalizio, che credonsi essere ancora sepolti sotto le macerie del Kingsbury Hotel.

Nonostante l'incertezza che ancora regna circa la sorte toccata a molti che abitavano San Francisco all'epoca del disastro, potei finora rintracciare la maggior parte dei connazionali; di cui mi si chiesero notizie dal Regno. Mi resta ancora una lunga lista di persone da trovare, ma spero di potere in breve rintracciarne la maggior parte.

San Francisco di California, 4 giugno 1906.

Il Comitato provvisorio di soccorso va già rendendo utile assistenza ai connazionali bisognosi. Nell'ultima sua adunanza, tenutasi il 1° corrente presso il consolato, furono assegnati sussidi per una somma totale di dollari 172.50.

Per tali elargizioni il Comitato si serve di somme avute da italiani dimoranti in località circostanti a San Francisco. Queste somme ammontano finora a dollari 635.

Oltre all'aiuto pecuniario, il Comitato prestò valida assistenza ai connazionali, procurando lavoro e occupazione a molti che ne fecero richiesta.

Benchè il numero di coloro che furono ricoverati sotto le tende militari vada giornalmente diminuendo, molti connazionali trovansi ancora rifugiati nei campi, sia perchè inabili a qualsiasi occupazione, sia perchè i loro guadagni giornalieri non sono sufficienti a procurare un alloggio alle loro famiglie. In questi ultimi giorni, a causa dei venti e della continua pioggia, ben triste fu la sorte dei ricoverati negli accampamenti e specialmente delle donne e dei bambini.

Al momento presente la questione delle abitazioni è la più ardua ad essere risoluta, perchè molti, anche con il provento dei loro guadagni, non possono andare ad abitare fuori di San Francisco a causa del tempo e delle spese occorrenti per recarsi poi in città, ove lavorano allo sgombero delle ruine e alla ricostruzione degli edifici. In città non è possibile trovar ricovero per l'assoluta mancanza di case per operai; non resterebbe quindi che costruire abitazioni in legno sui terreni vicini alla città: in altri termini si dovrebbero innalzare case provvisorie di legno ove ora sono le tende.

Non ebbi notizia di altri italiani rimasti vittime del disastro. Vado giornalmente rintracciando gli scampati dalla catastrofe e man mano rispondo alle domande di ricerche inviatemi dal Regno.

Le Compagnie di assicurazione non si sono ancora pronunziate circa le loro ultime intenzioni riguardo al pagamento dei premi: ciò ritarda quell'impulso che si sarebbe già dato ai lavori di ricostruzione se i premi fossero stati pagati con maggiore sollecitudine.

Con legge in data di ieri venne posto termine alla serie dei giorni festivi che il governatore della California aveva proclamato appena successa la catastrofe. Per gli effetti legali si è quindi ricominciato da ieri a tener conto dei contratti e di tutte le obbligazioni a termine.

San Francisco, 21 giugno 1906.

Col 1° luglio prossimo sarà ritirata da questa città la truppa federale, e la direzione della distribuzione dei soccorsi, della sorveglianza igienica e del mantenimento dell'ordine pubblico sarà di nuovo affidata alle autorità civili. Nonostante le pressioni fatte dalla popolazione presso il dipartimento della Guerra in Washington perchè la città rimanesse ancora sotto il controllo militare, il generale Greely, comandante di questa piazza, ha deciso il ritiro delle truppe, reputando non più necessaria la sua presenza in questa città. In un manifesto da lui pubblicato dichiara essere ormai tempo che gli interessi della popolazione siano amministrati nuovamente dalle autorità cittadine, ed a tal uopo ha suggerito un piano di azione da seguirsi dalle autorità stesse, perchè possa continuare il sistema introdotto dal comando militare per la distribuzione dei soccorsi.

Intanto ben poco progrediscono i lavori di ricostruzione della città. Le Compagnie di assicurazione, nonostante il malcontento generale, non hanno ancora preso alcuna decisione a riguardo del pagamento dei premi; cosicchè per il momento si innalzano solo case di legno ad un sol piano per uso di magazzini.

Sembra ora che il Governo federale verrà in aiuto di questa città: un Comitato di cittadini, recatosi in Washington, ha ottenuto che dal segretario del Tesoro fossero depositati nelle Banche nazionali di questa città 22 milioni di dollari per esser dati a prestito per la costruzione degli edifici.

Questo aiuto finanziario ha risollevato le speranze di questa popolazione e si ritiene che ora si metterà mano con alacrità ai lavori. È anche causa di ritardo uno sciopero dichiarato dai lavoratori del porto, i quali si oppongono a che altre persone siano adibite ai lavori di scarico dei bastimenti, finchè alcune domande da essi formulate per migliorare la loro condizione non vengano accettate dagli armatori e dalle ditte caricatrici. Ciò ha paralizzato tutte le operazioni marittime, e molti bastimenti con materiali qui inviati per la ricostruzione degli edifici sono nell'impossibilità di scaricare.

Nello sgombero delle ruine si rinvengono giornalmente resti di cadaveri umani, ciò che fa credere essere il numero delle vittime maggiore di quello annunciato dopo il disastro. La lista del *Coroner* sale ora a 422: nessun'altra vittima italiana venne identificata.

Il lavoro di soccorso a favore degli italiani più bisognosi viene regolarmente continuato dal Comitato provvisorio, che si aduna periodicamente presso il consolato. Nessuna domanda di aiuto fu finora rigettata e mediante le offerte ricevute si poterono concedere sussidi ai più indigenti. I bisogni di questa colonia saranno anche maggiori, quando terminerà la buona stagione e diverrà così impossibile vivere ancora sotto le tende. A tal uopo debbo pregare l'E. V. di voler prendere in benevola considerazione la proposta che dal Commissariato dell'emigrazione sia concessa una somma a beneficio dei più bisognosi fra i nostri connazionali (1).

San Francisco, 28 giugno 1906

Il Comitato di cittadini, che col 1° luglio subentrerà al Comando militare nella direzione della distribuzione dei soccorsi e nella vigilanza dei

---

(1) La proposta venne accolta e fu accordata sul Fondo dell'emigrazione la somma di lire 10.000.

campi dei rifugiati, venne composto di tre commissari, uno nominato dal sindaco della città, un altro dal Comitato locale della Croce Rossa ed il terzo dal Comitato dei Quaranta, al quale originariamente era stata affidata l'amministrazione del fondo dei soccorsi.

Il lavoro a cui i commissari dovranno attendere presenta infinite difficoltà: non solo essi dovranno organizzare e provvedere ai soccorsi, ma avranno pure l'incarico di mantenere l'ordine nei campi dei rifugiati e di adottare tutte quelle misure che mirano a proteggere i campi stessi dalle epidemie ed infezioni. Ognuno dei quattro campi principali, ove sono attualmente attendati i rifugiati, avrà un sovraintendente, alla cui dipendenza saranno 400 guardiani da scegliersi nel personale dei pompieri e di polizia. Alla cura degli attendati saranno adibiti medici in ragione di uno per ogni 700 persone.

Si stima che attualmente 40,000 persone siano ancora senza tetto: di queste, 2500 si trovano nei campi militari, 15,200 in campi sorvegliati dalle autorità militari e il rimanente nei vari campi situati nei dintorni della città, ovvero nei sotterranei, in cui molti si rifugiarono all'epoca del disastro.

Di queste 40,000 persone, circa 10,000 ricevono il vitto dal Comitato di soccorso.

Si cerca di conoscere dagli stessi rifugiati il termine che occorrerà perchè possano provvedere da loro stessi al proprio mantenimento, e dalle indagini eseguite si teme che circa 8000 persone rimarranno per sempre a carico della città.

Il Comitato ha incominciato le sue sedute giornaliere e fu stabilito che il lavoro di soccorso abbracci i seguenti otto servizi:

Amministrazione ed igiene dei campi — magazzini — cucine economiche — organizzazione delle sezioni — ospedali — soccorsi speciali — prestiti — alloggi.

Il servizio degli alloggi è quello che richiama la maggiore attenzione e che urge per una più sollecita soluzione: per essi il Comitato sarà assistito da una Commissione di architetti e di intraprenditori di lavori. Si pensava dapprima di fabbricare case provvisorie di un prezzo variante da dollari 200 a 400 ciascuna, ma il sindaco della città si oppose a tale progetto e richiese che i nuovi edifici fossero costruiti in modo permanente, spendendo per ciascuna casa una somma non inferiore a dollari 1000: per cui per le 40,000 persone rimaste senza tetto, calcolando una media di 4 persone per famiglia, occorrerà la costruzione di 1000 case, e la spesa totale di un milione di dollari. Il Comitato sta ora studiando il modo di costruire questo numero di case in quattro mesi, così da averle pronte prima della stagione delle pioggie. Se la speciale Commissione di finanza crederà opportuno di prendere in affitto fabbricati in buone condizioni nei dintorni della città, questi saranno dati in affitto o venduti ai rifugiati a rate mensili di pagamento.

Il Comitato avrà a sua disposizione per fondo soccorsi la somma di dollari 12,000,000. Per quanto tale somma possa sembrare rilevante, è da considerare che le spese si ripetono continuamente; infatti una parte delle tende acquistate già divenne inservibile e si ritiene che prima del prossimo ottobre occorrerà rinnovarle nella proporzione del 75 per cento, le pioggie e i forti venti che predominano in questa regione e in generale le intemperie avendole già rese in gran parte inservibili. Gli effetti di vestiario distribuiti sono per la maggior parte già consumati e il loro continuo rinnovo importa spese rilevantissime. A dare un cenno dell'ingente somma occorrente al mantenimento dei rifugiati, citerò solo alcune cifre di somme spese negli ultimi due mesi; oltre alle provviste di ogni genere qui giunte da ogni parte degli Stati Uniti come offerta per i rifugiati, furono spesi sul fondo del Comitato di soccorso dollari 270,000 per legname da costruire baracche e dollari 20,000 per scarpe.

San Francisco, 10 luglio 1906

Nell'adunanza del 29 giugno scorso, su proposta del cav. Callegaris, presidente della Camera di commercio italiana e membro del Comitato provvisorio di soccorso da me costituito, venne deciso all'unanimità che il Comitato stesso si sciogliesse dichiarando esaurita l'opera sua. Tale decisione fu presa perchè il fondo di cui il Comitato provvisorio poteva disporre era terminato e perchè le gravi circostanze per cui il detto Comitato era sorto potevansi considerare come cessate. Il Comitato provvisorio fu infatti costituito perchè il Comitato permanente di soccorso e di patronato degli emigranti, esistente in questa città, trovavasi nella impossibilità di funzionare per la temporanea assenza di tutti i suoi membri, rifugiatisi in differenti località di questo Stato dopo il disastro. Ora invece essi si sono di nuovo posti in comunicazione e quell'istituzione può ricominciare a funzionare regolarmente. Il Comitato provvisorio doveva inoltre avviare gli operai attendati nei campi ai diversi lavori e, durante il tempo della sua esistenza, esso ha diligentemente adempiuto l'incarico assuntosi. Il Comitato permanente di questa colonia può ora facilmente proseguire l'opera del Comitato provvisorio e continuare ad aiutare i più bisognosi fra i connazionali, procurando loro lavoro o sussidiandoli nei limiti dei mezzi di cui potrà disporre.

Ho intanto preso accordi con il presidente di detto Comitato perchè, pur lasciando ad esso la sua autonomia, quest'Ufficio possa seguirne attentamente l'operato e dirigerne l'azione.

Il totale delle offerte in denaro ricevute da me come presidente del Comitato provvisorio di soccorso, fu di dollari 1247,75, che vennero distribuiti a 106 famiglie in differente misura, a seconda delle speciali condizioni di ciascuna di esse.

MINISTERO DEGLI AFFARI ESTERI

COMMISSARIATO DELL'EMIGRAZIONE

BOLLETTINO DELL'EMIGRAZIONE

Anno 1910.   N. 5.

SOMMARIO.

I. Il *peonage* nel Sud degli Stati Uniti (da un rapporto del R. Addetto all'emigrazione italiana in Nuova Orleans, conte **Gerolamo Moroni**).

II. I pescatori chioggiotti nella circoscrizione del R. Consolato in Trieste (Rapporto del R. Vice console, sig. **Carlo Umiltà**).

III. Notizie statistiche sui movimenti migratori — L'immigrazione nel Brasile dal 1820 al 1908.

IV. Atti del Ministero degli affari esteri e del Commissariato dell'emigrazione — Consiglio dell'emigrazione — Noli massimi per il trasporto degli emigranti dal 1º maggio al 31 agosto 1910.

V. Avvertenze agli emigranti intorno ad alcuni paesi esteri: Canadà.

ROMA
COOPERATIVA TIPOGRAFICA MANUZIO
via di Porta Salaria, 28-A

1910

Il *peonage* nel Sud degli Stati Uniti

(Da un rapporto del R. Addetto all'emigrazione italiana in Nuova Orleans, conte Gerolamo Moroni, gennaio 1910)

Reato di " peonage ". — Il reato di *peonage* consiste nell'obbligare una persona ad un servizio a favore di un'altra, col pretesto nel più dei casi, ch'essa debba estinguere, in tutto o in parte, un suo debito, preteso o reale. Dall'Alta Corte Federale (caso Clyatt) venne definito col nome di *peonage messicano*, perchè questo sistema venne trovato nelle provincie conquistate al Messico, in seguito alla guerra del 1846. Esso venne poi abolito dal Congresso.

Il giudice federale della Florida, on. Locke, dichiarò che deve considerarsi del pari reato di *peonage* il caso di una persona obbligata a lavorare involontariamente, anche se essa non presti effettivamente alcun servizio; ed aggiunge che deve reputarsi come tale la persona quando è costretta a lavorare contro sua volontà, sotto una minaccia di arresto personale o di un processo legale.

Nella stessa maniera si espresse il giudice federale del Mississippi, on. Niles, nel processo di *peonage* svoltosi in Vicksburg, Miss., il 6 gennaio 1908, durante il quale egli considerò reato di *peonage* il caso di una persona, la quale, sotto minaccia di procedura legale, era obbligata a lavorare contro sua volontà, perchè la validità della legge non giustifica l'uso, per proposito criminale, di imporre un servizio coercitivo. L'obbligo illegale in una persona ad un servizio involontario per debito reale o preteso da un'altro individuo, è una condizione di *peonage* (Mc. Clennam, 1904). Non vi è nessuna obbligazione, reale o pretesa, che possa costringere una persona a prestare un servizio involontario;

ed il fatto di obbligare un cittadino degli Stati Uniti ad un servizio obbligatorio è punibile. Il condurre via con forza o con lusinghe una persona da un luogo ad un altro, per obbligarla ad un servizio forzato, deve considerarsi reato di *peonage;* come pure il fornire i viveri ad altissimo prezzo, con lo scopo determinato di tenere una persona in debito e di obbligarla quindi ad un servizio involontario fino ad estinzione del debito stesso.

Peonage contro gli Italiani. — Prima di fare un esame delle leggi federali e statali concernenti il *peonage*, citerò brevemente alcuni casi verificatisi contro i nostri connazionali ed avvenuti nel Distretto consolare di New Orleans, tralasciando quelli numerosi in danno di stranieri e di negri.

Peonage in Florida. — Nel processo fatto in New York, nel decembre 1906, contro la East Coast Florida R.R. Co., si accertarono due casi di *peonage* in danno d'Italiani.

La Compagnia era incaricata di costruire un tronco ferroviario da Miami all'isola Key West. Il tronco in costruzione (non ancora completamente terminato) è lungo 153 miglia e si svolge per circa 50 miglia su terraferma e per 103 miglia su palafitte, passando sulle isole Keys, unite per mezzo di ponti, alcuni dei quali raggiungono la lunghezza di cinque miglia, come quello tra l'isola Matacumbe Key e Long Key, e l'altro, ora in costruzione, tra Pigeon Key e Bahia Honda Key. Le isole sono formate di terreno roccioso e sabbioso, con scarsa vegetazione tropicale, prive di acqua potabile; alcune, palustri, sono infestate dalle zanzare per vari mesi dell'anno.

Capo dell'impresa è il noto milionario Flagher di New York; capo ingegnere è il sig. Meredith, che risiede in Miami, ed ingegnere ispettore della linea è il sig. Krome, il quale sorveglia le costruzioni ed i campi di lavoro. Questi campi sono disposti qua e là lungo il tronco in costruzione ed ogni campo ha un capo ingegnere, un *foreman* e dei *bosses*. Da principio, non essendo costruiti i ponti, questi campi di lavoro erano collegati per mezzo di un servizio di *steam-boats* della Compagnia.

Prima dell'ottobre 1907 moltissimi Italiani erano impiegati

alla costruzione della linea, ma, quando mi recai sui lavori per un'ispezione, nessun connazionale vi prestava più l'opera sua. I nostri furono inviati a centinaia e centinaia sulle Keys dall'Agenzia Frank Sabbia di New York, insieme all'agente Triai di Jacksonville, Fla., lusingati dalla falsa promessa che il posto era una specie di paradiso terrestre, ricco di frutta, di splendida vegetazione tropicale e con clima mite ed ideale; e per nulla avvisati all'opposto del caldo intenso che colà faceva per nove mesi dell'anno, delle numerosissime zanzare che infestavano i luoghi, della scarsità di acqua e del faticoso lavoro al quale sarebbero stati obbligati.

Il trattamento, prima del processo di New York, era veramente inumano; i nostri venivano sfruttati sia con un faticoso lavoro, sia sui loro guadagni, essendo gli approvigionamenti forniti dalla Compagnia, ad altissimi prezzi.

Trovandosi i campi di lavoro situati sopra isolotti, privi di comunicazioni con la terra ferma, i nostri non potevano fuggire ed erano quindi obbligati a rimanervi ed a lavorarvi contro loro volontà. Qualcuno, con sotterfugi, riuscì ad evadere, a portarsi in Miami e prendere la ferrovia per il Nord; ma molti, giunti a Miami, venivano, d'ordine della Compagnia, fatti arrestare e condannare come vagabondi, perchè privi di mezzi e di lavoro, e poi ricondotti a lavorare sulle Keys.

In seguito ad un'inchiesta fatta dalle Autorità Federali, vennero messi sotto processo il Meredith ed il Krome per reato di *peonage* in base alla Sezione 5526 dei Revised Statutes, ed il Frank Sabbia ed il suo agente in Jacksonville in base alla Sezione 5525 della medesima legge. Ma credo che il processo sia stato portato per le lunghe, senza aversi potuto ottenere ancora la punizione dei colpevoli.

Peonage nel Mississippi. — Il Gran Jury, riunitosi in Vicksburg, Miss., il giorno 6 gennaio 1908, esaminò cinque casi di *peonage* su sette, avvenuti in danno d'Italiani, mentre lavoravano sulle piantagioni di cotone situate nella regione del Delta. Questa regione è formata da una striscia di terreno, lunga circa 160 miglia, che si estende da Memphis fin quasi sotto Vicksburg ed abbraccia ambo le rive del Mississippi, larga da 50 a 60 miglia. Il nome di Delta le venne dato perchè le terre sono fertilissime ed uguagliano quelle del Delta del Nilo: terre alluvionali, ricchissime di limo, quasi tutte coltivate a cotone.

Dato il caldo intenso nell'estate e l'umidità della regione, in questa zona, nei mesi di agosto, settembre ed ottobre, vi predominano le febbri malariche.

Negli scorsi anni, alcuni agenti italiani d'emigrazione, residenti in Greenville ed in Vicksburg, arrolarono numerose famiglie italiane delle Marche e del Mantovano, adescandole con false promesse, e le trasportarono su queste piantagioni, violando così la legge federale sull'immigrazione e la nostra legge sull'emigrazione. E passo ad annoverare i vari casi accennati.

Primo. — Questo caso di *peonage* va considerato risultante di tre fatti, tutti avvenuti nella piantagione di Sunnyside, Ark. Nell'aprile 1907 due Italiani, trovandosi carichi di debiti e gravati di forti interessi per viveri ad altissimi prezzi, colpiti dalle febbri e quindi in condizioni di non poter lavorare ed in conseguenza tenuti a scarsi approvigionamenti dalla Compagnia, demoralizzati infine, fuggirono dall'isola di Sunnyside e si portarono a Greenville, Miss. Quivi presero il biglietto ferroviario per Birmingham, Ala., per recarsi a questo centro minerario ed industriale, ove potevano guadagnare da dollari 1.50 a 1.75 al giorno. Saliti nel vagone, poco prima che il treno partisse, furono raggiunti dal padrone, il quale minacciandoli di arresto e di procedura legale per aver lasciato dei debiti, li obbligò, contro la loro volontà, a rientrare nella piantagione.

Il 14 ottobre dello stesso anno, altri due nostri connazionali, con le loro famiglie, per le medesime ragioni sopraesposte, fuggirono dall'isola di Sunnyside e si recarono a Greenville per prendere il treno per Birmingham. Raggiunti dall'interprete, anch'esso italiano, furono invitati nell'Ufficio della Compagnia. Nella speranza di riottenere il bagaglio loro sequestrato essi annuirono: ma giuntivi, furono minacciati dal padrone di esser messi ai ferri e sottoposti a procedura penale; della qual cosa spaventati e per riguardo alle loro povere famiglie, ritornarono contro loro volontà a lavorare sulla piantagione.

Il 10 giugno 1906 un altro connazionale, sempre per i motivi sopra esposti, fuggì dalla piantagione di Sunnyside e si portò a lavorare a Brighton, Ala. Scoperto il suo indirizzo in seguito ad una violazione del segreto postale, la Compagnia inviò sul luogo il suo interprete italiano, e questi fece arrestare il fuggitivo sotto l'accusa di furto. Indi, recatosi nel carcere, con minaccia di processo e di condanna, lo consigliò a rientrare nella piantagione; ma il colono recisamente rifiutò e dichiarò di rimanere più volentieri nel carcere anziché rientrare in Sunnyside. Non avendo l'interprete prove da presentare avanti al giudice per far condannare il fuggitivo, pensò bene di dileguarsi prudentemente. Allora soltanto il nostro colono venne liberato, dopo essere rimasto sei giorni in prigione, e senza poter ottenere, per mancanza di mezzi, alcuna soddisfazione dal suo accusatore.

Secondo caso. — Cinque Italiani, nel febbraio 1906, fuggirono a piedi da una piantagione di cotone presso Rosedale, perché continuamente in debito e colpiti dalle febbri, e forse più ancora perché non atti ai lavori agricoli ed irrequieti. Giunti alla stazione di Roundlake, Miss., per prendere il treno diretto a Memphis, Tenn., vennero affrontati da due *policemen*, i quali, dopo averli minacciati con le pistole in pugno, li arrestarono, mostrando loro il mandato di cattura. Vennero quindi tradotti come malfattori in Rosedale e rinchiusi nelle carceri di quella Contea, ove rimasero otto giorni, insieme a dei negri, finchè non vennero liberati per intervento del Regio Addetto dell'emigrazione, cavaliere Luigi Villari.

Terzo caso. — Nel gennaio 1905 un Italiano, che trovavasi sulla piantagione di Longwood, Miss., fuggì perchè il padrone gli gravava il conto degli anticipi, in provvigioni od in denaro, di una usura del 20 per cento all'anno. Il fuggitivo si portò a Greenville a lavorare per un altro connazionale, ma fu raggiunto dopo 10 giorni da un *policemen* ed arrestato, quindi condotto avanti al giudice di pace. Questi gl'impose una cauzione di dollari 200 per potere ottenere la libertà provvisoria: ma privo di denaro e temendo per la famiglia, preferì, contro sua volontà, tornare al lavoro nella piantagione.

Quarto caso. — Il 12 marzo 1907 un altro nostro connazionale fuggì da una piantagione di cotone presso Marathon, Miss., sempre per i soliti motivi, e si portò a lavorare a Vidalia, La., in una altra piantagione di cotone. Quivi venne raggiunto da due *policemen* e, con mandato di cattura, arrestato, sebbene il nuovo padrone protestasse: poi, incatenato come un malfattore, fu riportato sulla piantagione, ove, per evitare conseguenze più gravi, contro la sua volontà rimase a lavorare.

Quinto caso. — Nel novembre 1906 un Italiano fuggì da una piantagione di cotone presso Desson, Miss., perchè il padrone gli negava i viveri e anche perchè, oltre essergli morto un bambino per febbri, aveva anche la moglie gravemente colpita dallo stesso male. Si recò in Greenville lasciando, in attesa di trovar lavoro, la moglie sulla piantagione. Occupatosi, le scrisse di raggiungerlo. Essa partì, ma venne seguita dal Deputy Sceriff, il quale avendo, scoperto il marito presso Deeson, lo arrestò. Ricondotto alla piantagione, fu costretto a rimanervi a lavorare contro volontà.

Citerò anche due casi che, per mancanza di prove, non furono sottoposti al giudizio del Gran Jury; uno di questi ultimi casi riguardava due Italiani fuggiti da una piantagione di cotone presso Heathmann, Miss., i quali erano andati a lavorare presso un piantatore di Shaw, Miss. Tra i due padroni ed un un agente italiano d'emigrazione di Greenville fu scritta e firmata una carta, per mezzo della quale i fuggitivi vennero restituiti, contro loro volontà, all'antico padrone.

L'ultimo caso avvenne in una piantagione di cotone presso Deeson, Miss., ove due lavoratori fratelli, Italiani, erano tenuti con grandissimo rigore dal piantatore, per tema che volessero fuggire e la notte venivano sorvegliati come dei prigionieri. I nostri, perduta la pazienza, si ribellarono, e percossi dal padrone fuggirono; ma questi, montato a cavallo, li raggiunse e con la pistola in pugno minacciandoli li costrinse a rientrare nella piantagione.

Disgraziatamente il Gran Jury non riconobbe o, meglio, non volle riconoscere nei casi presentati alcun reato di *peonage*, adducendo la mancanza di prove ed anche per il fatto che non venne dimostrato come ogni arresto ponesse i nostri nel vero stato di *peonage*.

A mio modo di vedere fu un gravissimo errore presentare molti casi in una sola volta avanti ad un Gran Jury, contrario a colpire nel *peonage* molti influentissimi piantatori del Mississipi, i quali non solo godono un'immensa influenza politica, ma sono spesso legati per vincoli di parentela, d'amicizia e di società segrete con i giurati, contrari d'ordinario agli stranieri e specialmente agli Italiani. Forse sarebbe stato meglio presentare un solo caso, corredato delle migliori prove, e su questo ottenere giustizia, riservandosi in appresso di presentare gli altri.

Per colpire tutti e specialmente la Compagnia di Sunnyside, non si colpì nessuno. Con tutto ciò se il processo di Vicksburg non portò alla punizione dei colpevoli, arrecò certamente un miglioramento generale nel trattamento dei nostri emigranti; ed infatti da due anni non si sono più ripetuti tali reati, ed i nostri coloni riconoscono che le loro condizioni sono molto migliorate, specialmente in riguardo al trattamento. Merito di ciò lo si deve alla signora Mary Gracie Quackenbos; all'on. Charles Russell, assistant U. S. Attorney General; al cav. Lionello Scelsi, che fu Console in New Orleans ed al cav. Luigi Villari, R. Addetto dell'emigrazione.

Processo di Oxford, Miss. — Nell'aprile 1907, cinque Italiani, in seguito a continui maltrattamenti e perchè sfruttati dal padrone, fuggirono da una piantagione di cotone presso Robinsonville, Miss., dirigendosi verso l'Alabama. Giunti alla stazione di Tunica, vennero fermati da due *policemen*, arrestati senz'altro in brutale maniera e poscia rinchiusi nella prigione della Contea, con scarsissimo cibo, in attesa dell'arrivo del piantatore. Questo arrivò due giorni dopo, e con minaccia di procedura legale e conseguente condanna al carcere, li obbligò a rientrare, contro loro volontà, nella piantagione di Robinsonville.

Ivi giunti, presenti i due famigerati agenti d'emigrazione del Mississippi, il padrone obbligò i coloni a firmare un contratto nuovo, minacciandoli perchè non reclamassero al R. Consolato Italiano di New Orleans. Dopo di ciò aumentò il rigore contro i disgraziati coloni; e poichè questi, stanchi, si rifiutarono di lavorare, vennero negate loro le vettovaglie. Avuto sentore di ciò, l'Autorità Consolare richiese l'intervento delle Autorità Federali, che iniziarono delle indagini.

Il padrone, il fattore e i due agenti italiani d'emigrazione furono posti sotto processo. I primi due, durante la causa chiamata il 2 giugno 1908, si dichiararono colpevoli e vennero condannati ad una forte ammenda ed alle spese del processo; i secondi furono dichiarati latitanti, e non potendosi, secondo le leggi federali, procedere contro di loro in contumacia, non vennero mai arrestati nè condannati, sebbene uno non si fosse mai mosso da Greenville e l'altro, allontanatosi temporaneamente, rientrasse poi negli Stati Uniti.

Caso Aschaffenburg. — Benchè questo non-possa dirsi un vero caso di *peonage*, costituisce però un tale abuso a danno di lavoratori che merita di essere segnalato.

Il 4 marzo 1908, verso le 11 di notte, i componenti cinque famiglie di agricoltori italiani fuggirono dalla piantagione di Winn Forest, Henderson, La., perchè, dopo parecchi mesi di continuato lavoro, non solo non vedevano la possibilità di guadagnare, ma nemmeno di levarsi il debito del viaggio antipagato dall'Italia. Queste famiglie erano state fatte emigrare dal Regno sotto false promesse e sottoposte poi a lavorare in una piantagione di cotone, alla paga di un dollaro al giorno. Essendo le famiglie numerose, con un solo uomo atto al lavoro, ed avendo escluso dalla paga le domeniche, i mezzi sabati e le giornate di pioggia, coll'aggravante dei prezzi valutati altissimi delle vettovaglie fornite dal padrone, i nostri avevano appena il necessario per vivere. Stanchi, dopo molti inutili reclami, fuggirono e si portarono a lavorare nella piantagione di Argyle, in Mounds, La.

Il padrone di Winn Forest fece fare allora un *affidavit* dal suo interprete italiano contro i cinque capi famiglia e li fece arrestare, in base all'art. 54 della legge della Louisiana, cioè per rottura di contratto.

Essi vennero chiusi da principio nelle carceri della Madison Parich, in Tallulah, e poscia trasportati nell'East Carrol Parish, nelle carceri di Lake Providence.

Informato dell'arresto, mi recai senza por tempo in mezzo sul posto, ed accertai che i nostri non avevano alcun contratto scritto o verbale; che l'*affidavit* era stato fatto quindi sotto falsa accusa, e che il Giudice di pace di Tallulah aveva emesso il mandato di cattura con molta leggerezza per far piacere all'Aschaffenburg, godente colà di grande influenza politica. Quanto feci verso il piantatore e presso il District Attorney Statale, per far rimettere in libertà i nostri, fu vano, perchè il piantatore e il suo degno avvocato, non volendo obbligare i nostri a rientrare in Winn Forest, per evitar così di cadere nel reato di *peonage*, cercavano vendicarsi ottenendo di farli condannare alla prigione.

Il Giudice della Corte emise un *bond* di dollari 950 per rilasciarli in libertà provvisoria, e finalmente soltanto il 14 successivo potei ottenere che il nuovo padrone di Mounds firmasse il *bond*, rendendosi responsabile che tali coloni sarebbero rimasti a lavorare nella sua piantagione fino al giorno del processo. I nostri dovettero stare così per 10 giorni in carcere, in locali luridi, con vitto insufficientissimo e pessimo, tanto che fui costretto a protestare; e solo allora si decisero a migliorarne ed aumentarne il vitto.

Durante tale periodo di 10 giorni cercai radunare tutte le testimonianze comprovanti che i nostri erano stati arruolati in Italia, in violazione delle leggi federali, e denunciai il piantatore alle Autorità federali d'immigrazione: se non avessi agito così i nostri, data la grande influenza del piantatore, sarebbero stati certamente trovati colpevoli e condannati a tre mesi di carcere od al lavoro forzato.

Il piantatore e l'amico di questi, il District Attorney Statale, essendo venuti a conoscenza che il Governo federale intendeva di intervenire nel processo, decisero di farne rinviare il dibattimento dal 1° maggio 1908 al 1° novembre 1909; ed ora lo hanno rinviato ad un periodo indeterminato, perchè trascorrano tre anni e cada quindi in prescrizione. In parte, ciò è stato un danno per noi, perchè le Autorità federali dell'immigrazione volevano intervenire per verificare il contratto, la rottura del quale aveva procurato l'arresto dei cinque poveri agricoltori. Se il contratto non esisteva, l'*affidavit* era fatto sotto una falsa accusa (e questo era il caso); se esisteva, era invece in violazione delle leggi sull'immigrazione; cosicchè, sotto l'uno e l'altro aspetto, il dilemma era contro il piantatore.

Il processo statale contro i nostri, come abbiamo detto, forse cadrà, ma la violazione del *contract labor* non è ancora definita. Essi vennero arrestati il 28 ottobre 1909, in seguito ad ordine delle Autorità federali di Washington, e furono interrogati minutamente. Essendo del resto ottimi cittadini e buoni agricoltori, in seguito al mio intervento, furono rilasciati subito sulla loro parola, senza pagare la cauzione di dollari 2500 stabilita e senza implicare la responsabilità Consolare; forsanco non saranno espulsi. Le Autorità federali procederanno contro l'Aschaffenburg e contro gli agenti solo nel caso che abbiano tutte le prove necessarie. Così noi possiamo considerare di aver avuto una prima vittoria contro questi sfruttatori di immigranti, e ci auguriamo che l'esempio valga per gli altri!

Principali cause del peonage. — Una delle principali cause dell'esistenza del *peonage* in alcuni Stati del Sud degli Stati Uniti, è la discordanza fra le leggi *statali* colle leggi federali e la Costituzione, le quali assicurano la piena libertà individuale. In alcuni Stati, come vedremo in seguito, esistono leggi che permettono l'arresto e la condanna per rottura di contratto, per vagabondaggio, ed in qualche Stato anche l'arresto per debiti.

Tali leggi furono fatte a favore del piantatore per premunirsi contro le fughe dei lavoratori negri, che difficile è il rimpiazzare data la scarsità di mano d'opera, e perchè continuamente lasciano dei debiti. Il tenere in debito il proprio colono è del resto il principale mezzo di molti piantatori per non perder la mano d'opera non solo dei negri, ma anche dei coloni europei!

Altre cause che favorirono il *peonage* furono i famigerati agenti italiani d'emigrazione artificiale e gli agenti di collocamento.

I primi con false promesse, tra le quali il viaggio gratuito dall'Italia alla piantagione, coll'annuncio di paghe e guadagni molto superiori al vero, colla descrizione di un clima incantevole e di un ottimo trattamento, adescavano i nostri a venire in America: speculando quindi su di essi con un guadagno variabile da dollari 5 a 25 per famiglia, li fornivano poi, una volta qui venuti, ai piantatori di cotone a guisa di una merce qualunque, e alcuni di questi piantatori, nella loro ignoranza, si ritenevano di essi padroni assoluti. Era una specie di mercato di schiavi bianchi fatto contro le leggi dei due paesi. Gl'Italiani arrivati sul posto, presi dalla nostalgia del paese natio da poco lasciato, isolati dal mondo, ignari della lingua e dei costumi del nuovo paese, colpiti dalle prime febbri malariche, caricati delle spese del viaggio che l'usura spaventosamente aumentava, con viveri talvolta pessimi ed a carissimo prezzo, perdevano presto la fiducia e il desiderio del lavoro, e non potendo fare in alcuna guisa risparmi, non riuscivano neppure a pagare il debito contratto col padrone.

Alla loro volta gli agenti di collocamento di New York, inviavano con le solite false promesse gli emigranti nella Florida, alla raccolta della resina, per la quale erano obbligati ad un lavoro continuo di dodici ore, in mezzo a boscaglie, talvolta circondati da paludi; luoghi tutti micidiali per febbri malariche, ed isolati dal consorzio umano, ove i poveri lavoratori venivano sfruttati nell'opera loro come nel prezzo delle vettovaglie, maltrattati ed impossibilitati a fuggire. Quando non venivano destinati alla

Florida, detti emigranti, come abbiamo già visto, erano inviati a lavorare nelle isole Keys.

Altra grave colpa di questi agenti fu l'inviare individui non atti a lavori agricoli, ossia degli spostati, come fotografi, tornitori, macellai, ecc., che non avevano mai maneggiato la vanga, e che, non portati alla vita dei campi, erano fomite di discordie.

Così successe in Rosedale, Miss., ove il piantatore era all'opposto una rispettabilissima ed ottima persona, favorevole all'emigrazione italiana del Mississipì; ma egli ebbe la sfortuna di avere, da principio, un gruppo di cinque o sei spostati, non amanti di lavoro, che desideravano mangiare, bere e vestirsi a nuovo alle spalle del padrone, al quale tanto fecero che, perduta la pazienza, questi dovette farli arrestare.

Gli agricoltori italiani, che ora sono su questa piantagione (circa 25 famiglie delle Marche), trovansi tutti in ottime condizioni e sono soddisfattissimi.

Incitamento al *peonage* è, indirettamente, anche il sistema dei padroni, i quali non contenti della rendita del terreno, vogliono guadagnare sui risparmi del colono, fornendogli derrate più o meno buone ad altissimo prezzo, e caricandogli il 10 od il 20 per cento sugli anticipi per tali acquisti e sugli imprestiti. In genere tali padroni non danno mai denaro contante al colono, ma dei buoni monetari (emissione illegale) ai quali è assegnato un dato valore, e sui quali prendono l'aggio del 10 per cento ai bianchi e del 20 per cento ai negri.

Dato questo sistema di sfruttamento, il colono ha poca speranza di guadagno nei primi anni, e, per togliersi il debito completamente, gli occorrono due o tre abbondanti raccolti, deve godere di un'ottima salute e non avere il carico di una numerosa famiglia da mantenere.

Leggi federali contro il peonage. — Le leggi federali, che proteggono il cittadino americano e lo straniero contro il reato di *peonage*, sono contenute nel Revised Statutes e constano dei seguenti articoli:

Art. 5525 (Rapimento).

" Qualunque persona che rapisca o porti via un'altra persona, con l'intento che tale persona sia venduta in involontario servizio o tenuta schiava; o chi adesca, persuade, induce qualsiasi altra persona a recarsi a bordo di qualsiasi nave o in qualsiasi altro luogo, con l'intento che essa sia trattenuta o fatta come schiava: o chi in un qualunque modo aiuti consapevolmente a trattenere, a portar via un'altra persona per essere trattenuta o venduta come schiava, sarà punito con una multa non minore di dollari cinquecento e non superiori a dollari cinquemila, o condannato al carcere per un periodo non maggiore di cinque anni, o ad ambedue le pene „.

Art. 5526 (Tenere o ritornare una persona in *peonage*).

" Qualsiasi persona che trattiene, arresta, ritorna altra persona, o causa che sia trattenuta, arrestata, ritornata, o in qualsiasi maniera aiuta nell'arresto, nel ritorno di una persona in condizioni di *peonage*, sarà punita con una multa non minore di mille dollari od al carcere per un periodo non inferiore ad un anno, o ad ambedue le pene „.

Su questi due articoli si basò l'accusa del Giudice Federale, On. Niles, del Mississipì, contro i piantatori di cotone nel processo di Vicksburg, quando spiegò al Gran Jury in che consisteva il reato di *peonage:*

" La franchigia dal lavoro involontario è nel diritto d'ogni uomo, garantito dalla Costituzione e protetto dalle sezioni 5525 e 5526 del Revised Statutes. La parte della legge che si dichiara contro il *peonage* è contenuta nella frase: — chi in qualunque modo aiuti consapevolmente a far sì che una persona sia trattenuta in servizio involontario o portata via per essere trattenuta;
— E nell'altra: — chi ritorna una persona in condizione di *peonage*. — Nessuna legge criminale statale valida o non valida, può essere legalmente invocata per forzare un debitore con la paura del carcere a lavorare per un'altra persona contro sua volontà! Un ignorante straniero, che trovasi in un paese nuovo,

dove non conosce nè i costumi, nè la lingua, può essere intimorito molto più facilmente che un indigeno, il quale abbia conoscenza dell'ambiente ".

Art. 5527 (Impedimento alla legge che proibisce il *peonage*).

" Qualsiasi persona che impedisca o tenti d'impedire la messa in vigore dei precedenti articoli sarà punita delle stesse multe o pene sopra descritte ".

Art. 5508.

" Se due o più persone concorrono nell'ingiuriare, opprimere, maltrattere o intimorire qualsiasi cittadino nel suo libero esercizio o godimento di qualsiasi diritto o privilegio assicuratogli dalla legge degli Stati Uniti, o perchè abbia esercitato il medesimo; o se due o più persone si recano camuffati sulla pubblica strada o in una abitazione allo scopo d'impedire o di ostacolare il libero esercizio o godimento di un qualunque diritto o privilegio così assicurato, essi verranno condannati ad una multa non inferiore a cinquemila dollari od al carcere per un periodo non maggiore di dieci anni ed inoltre dichiarati ineleggibili a qualsiasi Ufficio d'onore, profitto o fiducia creati dalla Costituzione o dalla legge degli Stati Uniti ".

Dal Congresso venne pure decretata la seguente legge che può servire anche contro il *peonage:*

Art. 1.

" Si è decretato dal Senato e dalla Camera dei Rappresentanti degli Stati Uniti nell'Assemblea del Congresso, che chiunque consapevolmente e volontariamente porti o conduca negli Stati Uniti o nei territori ad essi appartenenti un'altra persona, che sia stata ingannata o rapita in qualunque altro paese, con l'intento di tenere tale persona ingannata o rapita rinchiusa o in servizio involontario, e chiunque consapevolmente e volontariamente venderà o causerà che una persona sia venduta per qualsiasi servizio involontario e per un termine qualunque, o qualsiasi persona che consapevolmente e volontariamente terrà in servizio involontario tale persona còsì venduta o comprata, sarà dichiarata colpevole, e verrà condannata al carcere per un periodo non eccedente cinque anni ed a pagare una multa non superiore a cinquemila dollari „.

Art. 2.

" Qualsiasi persona che sia complice di qualunque delle sopradette colpe, o prima o dopo il reato, sarà colpevole e condannata al carcere per un termine non superiore ad un anno e ad una multa non superiore a mille dollari „.

Questa legge potrebbe applicarsi contro gli agenti d'immigrazione artificiale, i quali a scopo di lucro, guadagnando da cinque o venticinque dollari per ogni famiglia collocata sulle piantagioni, consapevolmente e volontariamente portano e conducono, o meglio eccitano con false promesse persone a venire negli Stati Uniti, con l'intenzione di farli trattenere ad un servizio involontario.

Leggi statali favorevoli al " peonage „. — In alcuni Stati del Sud degli Stati Uniti esistono leggi che sono anticostituzionali e per le quali i nostri poveri coloni ebbero molto a soffrire. Nello Stato della Louisiana esiste ancora l'arresto per debiti, reato che è stato abolito in quasi tutti gli Stati Uniti d'America.

Art. 210 del Codice di procedura della Louisiana:

" L'arresto è uno dei mezzi che la legge concede al creditore per trattenere il suo debitore mentre la causa è in pendenza, o di costringerlo a dare sicurtà di comparire dopo la sentenza. Un creditore può fare arrestare il suo debitore se questo è in procinto di lasciare lo Stato, come al momento che s'inizia il procedimento civile, durante il procedimento, in qualsiasi fase esso sia, anche prima dell'appello „.

L'arresto per debiti non esiste in altro Stato del Sud; invece esiste l'arresto del debitore quando il creditore è un piantatore, il quale ha fornito derrate o denari ad un colono per fare il raccolto e questi fugga senza rimborsare.

Infatti nello Stato della Louisiana esiste l'art. 54 (By Mr. Ratcliff House Bill 127).

Art. 1.

" Chiunque viola volontariamente un contratto a mezzadria o in affitto, sotto la condizione che deve coltivare le terre in questo Stato, ed ha ricevuto sulla buona fede dello stesso contratto denaro o mercanzia anticipatamente, lasciando l'impiego od abbandonando la terra, oggetto di contratto, senza prima offrire il ritorno del denaro o della mercanzia, o il valore della mercanzia avuta in anticipo, verrà considerato colpevole e condannato ad una multa non minore di dollari dieci e non superiore a dollari duecento; ed in caso di non pagamento della multa potrà essere condannato alla punizione del carcere nella prigione della Parrocchia per non più di novanta giorni, a discrezione della Corte „.

Nello Stato dell'Alabama la legge è ancora più severa e colpisce distintamente l'immigrante.

Art. 5510 (L'immigrante che lascia un servizio senza il pagamento degli anticipi).

" Qualsiasi immigrante che abbandoni o lasci il servizio senza restituire tutto il denaro anticipato per il trasporto ed altri anticipi, sarà sotto convinzione, multato del doppio della paga per il periodo non terminato del contratto o condannato al carcere per un tempo non superiore a tre mesi o condannato al lavoro forzato per la Contea per un periodo non superiore a tre mesi, a discrezione della Corte „.

Nello Stato del Mississippi esistono le leggi n. 1147 e 1148 per violazione fraudolenta di contratto, in base alle quali vennero arrestati molti Italiani fuggiti dalle piantagioni di cotone „.

N. 1147.

" Qualsiasi lavorante, fittavolo o a mezzadria, che avrà un contratto con un'altra persona per un tempo determinato in iscritto, per un periodo non maggiore di un anno, che lascerà il suo padrone o le terre affittate, prima della scadenza del suo contratto, senza il permesso del padrone o del proprietario, e farà un secondo contratto con un altro padrone, senza dare notizia del

primo contratto al detto secondo padrone, sarà colpevole di reato e sarà punito con una multa non superiore a cinquanta dollari „.
N. 1148.

" Qualsiasi persona che con l'intento di danneggiare o defraudare il suo padrone o qualsiasi persona, eseguisce un contratto in iscritto, vidimato od attestato da due testimoni nella loro scrittura, per fare qualsiasi atto o servizio, che deve essere compiuto nel periodo di quindici mesi dalla data del detto contratto e così ottiene denari od altre proprietà personali del detto padrone o da altra persona, o con la stessa idea o motivo, e senza ragione giusta, e senza rimborsare questi denari o pagare per la detta proprietà, volontariamente rifiuta od omette di fare questo atto o servizio, sarà, dopo condanna, punita per aver ottenuto somministrazioni sotto false pretese, e sarà punita con una multa non eccedente dollari cento o con il carcere nelle prigioni della Contea, per un periodo non eccedente sei mesi, o ad ambedue le pene, a discrezione della Corte. Ed il rifiuto o mancanza di qualsiasi persona che firma questo contratto, di fare questo atto o servizio, o ripagare questi denari, o pagare per questa proprietà, senza ragione giustificata, sarà evidenza in prima facie del suo volere di danneggiare o frodare il suo padrone od altra persona, e darà diritto ad una condanna, in tutti i casi nei quali si prova la evidenza in tutto il suo completo, senza aver trovato nessun dubbio sulla colpevolezza dell'accusato. Se il padrone od altra persona omette e rifiuta, sulla domanda dell'impiegato o di altra persona o rappresentante autorizzata di dare, fra un tempo ragionevole, conti veri e dettagliati delle proprietà e denari così ottenuti da lui e dell'intera somma domandata, oppure darà un conto sapendolo falso in quanto ai dettagli, non ci sarà sentenza sotto questa sezione „.

Nello Stato della Florida le leggi sono ancora più incostituzionali e permettono con la massima facilità il reato di *peonage*. Con le leggi 3570 e 3571 tutti i vagabondi, tutti coloro che non hanno mezzi di sussistenza, tutti coloro che si recano da un posto ad un altro, con la scusa di cercare lavoro, possono essere arrestati.

Nella seconda legge indicata si autorizza l'arresto senza mandato di cattura, e ciò per prevenire la fuga, e si autorizza di fare un processo per direttissima: e se l'arrestato è provato colpevole deve essere condannato ad una multa non eccedente i dollari 250, o nel carcere non superiore ad un periodo di sei mesi. Questa esosa legge fu causa del *peonage* in Florida, contro i nostri poveri emigranti addetti ai lavori sulle Keys o sui campi della raccolta della resina, i quali lavoranti, fuggiti, venivano arrestati come vagabondi e costretti a ritornare sul lavoro per non andare per sei mesi in prigione.

Nel Tennessee, nel Texas, e nell'Arkansas non esistono arresti per rottura di contratto, ma si procede per via civile.

Occorre osservare che in America si può fare un *affidavit* con la massima facilità. Una persona qualunque può fare un *affidavit* avanti al Giudice di pace e fare arrestare altra persona.

L'Assistant U. S. Gen., On. Charles Russel, che fu incaricato dal Governo di studiare la questione del *peonage* nei diversi Stati del Sud degli Stati Uniti e di procedere contro i colpevoli, nel suo rapporto in data 10 ottobre 1907, faceva le seguenti raccomandazioni al Governo Federale:

1º Un'incessante lotta dovrà essere fatta contro il *peonage* in ogni distretto nel quale verrà trovato, e tale continua vigilanza dovrà esser fatta dai rappresentanti del Governo, che sono le sole persone sulle quali si può contare.

2º Che i controlli federali delle leggi statali per il rifornimento del lavoro, situati in New York, Filadelfia, Pittsburg e Chicago siano istituiti per legge.

3º Che venga fatta una legge, nella quale la definizione legale di *peonage* sia abbastanza estesa, da comprendere la trattenuta di persone in servitù, sia per liquidazione di un debito e sia altrimenti.

4º Circa il Revised Statutes 5526, che si riferisce alla schiavitù applicata all'involontaria servitù, esso è molto dubbio e dovrebbe subire delle aggiunte.

MINISTERO DEGLI AFFARI ESTERI

COMMISSARIATO DELL'EMIGRAZIONE

BOLLETTINO DELL'EMIGRAZIONE

Anno 1912.　　　　　　　　　　　　　　　　N. 3.

SOMMARIO.

I. — *La tutela degli emigranti* (Conferenza del comm. dott. Pasquale Di Fratta, Commissario generale dell'emigrazione).

II. — *Legislazione sull'emigrazione e sull'immigrazione:* Misure relative al traffico delle schiave bianche negli Stati Uniti.

III. — *Riassunti preliminari dei Rapporti del Commissario generale per l'immigrazione negli Stati Uniti per gli anni 1909-1910 e 1910-1911*

IV. — *La « Society for Italian Immigrants » e la Casa per gli Italiani in New York.*

V. — *Per gli immigranti italiani negli Stati Uniti di America:* Consigli e suggerimenti.

VI. — *Atti del Ministero degli Affari esteri e del Commissariato dell'emigrazione:* Personale del Commissariato — Noli massimi per il trasporto degli emigranti nel secondo quadrimestre 1912.

ROMA
STAB. TIP. SOCIETÀ CARTIERE CENTRALI
Via Appia Nuova, 234-A
1912

Per gli Immigranti italiani negli Stati Uniti di America

Consigli e suggerimenti (1)

Trovandovi in America dovete ricordarvi di essere in un grande e libero paese che è come la vostra patria di lavoro. Voi fornite a questo paese un lavoro prezioso, perchè, senza di esso, tante ferrovie, trafori, canali, ponti, strade e fabbricati non sarebbero possibili. L'America fornisce a voi inesauribili opportunità di lavoro, nelle quali potete far valere le vostre attitudini tecniche e ogni altra vostra buona qualità. Come l'America deve riconoscenza a voi, così voi ne dovete ad essa.

.*.

L'immigrante che è più in grado di sapersi difendere è quegli che ha una certa educazione, che sa leggere e scrivere, che non ha bisogno di ricorrere ad altri per mandare una lettera ai suoi parenti lontani, per invocare, in caso di bisogno, l'assistenza del Console, per fare il conto dei guadagni e delle spese, per inviare in patria il frutto dei suoi risparmi ai genitori, alla moglie.

Il primo dovere dell'immigrante è quindi quello di istruirsi, di imparare a leggere e scrivere se sfortunatamente già non sappia farlo, di apprendere l'uso della lingua del paese in cui vive.

L'Italiano che vive negli Stati Uniti dell'America del Nord, sapendo parlare inglese, può farsi meglio apprezzare dagli americani. Spesso, abili operai sono costretti a contentarsi di salarii molto bassi solo perchè ignorano la lingua inglese.

L'Italiano che parla l'inglese non deve evitare gli americani, ma anzi cercare la loro compagnia; nè deve mostrarsi a loro riguardo diffidente e altezzoso. Gli americani non possono avere

---

(1) Preparato dal prof. B. Attolico, R. Ispettore dell'emigrazione per gli Stati Uniti, per i lavoratori italiani della scuola aperta dalla « Society for Italian Immigrants » sui campi di lavoro di Ashokan Dam (New York).

fiducia degli Italiani se anche questi non si mostrino fiduciosi. Soltanto mediante i reciproci contatti e la reciproca confidenza si stabilisce la convivenza armonica e cordiale.

L'Italiano in America deve mantenersi sempre ossequiente alle leggi locali; ogni paese ha le sue leggi, ugualmente degne di rispetto. Egli deve evitare le risse ed i fatti di sangue, pensando che il coltello è il peggiore dei giudici e che la cattiva condotta di pochi può compromettere la buona riputazione delle tante migliaia di connazionali che vivono in America onestamente come in una seconda patria.

Vi sono nell'America del Nord oltre due milioni di Italiani. Ma la maggioranza di essi vivono agglomerati nelle grandi città. Ve ne sono circa mezzo milione nella sola New York, 100 mila a Chicago, 80 mila a Filadelfia e 50 mila a Boston.

Gli Italiani sembrano preferire le grandi città perchè la vita vi è più a buon mercato e più frequenti i contatti con i propri connazionali. Ma essi devono anche pensare che nei « tenements » delle grandi città si annidano i germi di ogni malattia fisica e morale e che dalle agglomerazioni urbane escono i predisposti al mal fare ed alla tubercolosi.

Ogni anno ritornano dall'America in Italia oltre mille emigranti affetti da tubercolosi, e che pure erano partiti dal loro paese pochi anni prima robusti e forti, nel fiore della giovinezza. Questi disgraziati hanno perduto la salute dormendo a dozzine in ambienti senza luce e senza aria, e lavorando troppo giovani nelle fabbriche, anzichè all'aperto.

Gli Italiani preferiscono al salubre lavoro dei campi quello delle città, anche perchè sono attratti dalla lusinga di più alti guadagni. Ma non pensano ai lunghi periodi di disoccupazione che li attendono nelle città, e durante i quali saranno costretti a vivere di debiti.

Vi sono negli Stati Uniti tante colonie agricole floride e prospere, nelle quali i nostri connazionali hanno mostrato quanto possa la loro industriosità e la loro perseveranza, non meno che la loro attitudine al lavoro dei campi. Gli Italiani, avvezzi alle meravigliose culture di Italia che fanno a ragione chiamare il nostro paese il giardino d'Europa, hanno trasformato l'agricoltura di intere contrade, come, per citarne una, la California, dove, mercè loro, prosperano viti ed agrumi che gareggiano con gli stessi prodotti d'Italia.

Perchè essi, prendendo esempio dalle colonie già esistenti, come quelle di Vineland e Hanmonton nel New Jersey, di Fredonia nello stesso stato di New York, di Toutitown nell'Arkansas, non si danno all'agricoltura e non cercano di diventare, mercè la costanza di lavoro di cui son capaci, proprietarii della terra che coltivano?

L'agricoltura dà sicurezza e sanità di vita materiale e morale.

**

Voi immigranti taliani che siete in America, ricordatevi pure che anche qui siete seguiti dall'occhio vigile della vostra patria d'origine.

Sul piroscafo che vi ha portati negli Stati Uniti avete visto e conosciuto il « Regio Commissario », che ha preso cura a bordo della vostra salute e del vostro trattamento ed ha accolto i vostri reclami.

All'arrivo, avete trovato in Ellis Island gli agenti della *Società per gli emigranti italiani* incaricati di prestare aiuto gratuitamente a tutti coloro che sono trattenuti nell'isola per un ulteriore e definitivo esame.

Se, entrando in New York, non avete parenti od amici che vi attendano, le guide della stessa Società vi accompagneranno alla casa, agli amici, ai parenti ai quali siete diretti (1).

Se avete bisogno di passare qualche giorno in New York, prima di proseguire per l'interno, voi potrete trovare alloggio e vitto a mitissime condizioni nella *Casa per gli Italiani* (129 Broad Street) istituita e diretta dalla stessa Società. (*).

Le donne e i bambini trovano speciale assistenza e, in caso di

---

(1) Ora questo servizio è disimpegnato, sotto la sorveglianza delle Autorità di Immigrazione Americane, dalla North American Civic League for Immigrants.

(*) I prezzi sono di 50 centesimi di dollaro per gli emigranti in arrivo dall'Italia.

bisogno, vitto ed alloggio gratuito presso la « Società di San Raffaele » (8 Charlton Street).

Se vi trovate in New York senza occupazione, potete rivolgervi alla stessa Società per gli emigranti Italiani (129 Broad St.) la quale ha testè aperto una sezione *gratuita* di collocamento al lavoro.

In caso di malattia, troverete assistenza e riparo, oltre che negli altri ospedali della città, in un ospedale tutto vostro, con dottori che parlano la vostra lingua, l'*Ospedale Italiano* (173 West Houston Street), nel quale sono accolti gratuitamente tutti i malati italiani poveri. Molti sono pure gli Italiani poveri curati nel « Columbus Hospital » (226 East 20th Street) mantenuto dalle Suore del Sacro Cuore.

Se per disgrazia voi cadiate vittima di quel terribile male che si chiama tubercolosi o tisi, non vi rincresca di dichiararlo. Anche quel male, per quanto grave, può essere sanato, se avvertito e curato in tempo. I tubercolotici sono curati gratuitamente nella *Clinica Morgagni* annessa all'Ospedale Italiano (173 West Houston Street).

Non abbiate mai fiducia negli avvisi, pubblicati nei giornali, di certi dottori che dicono di guarire tutti i mali, anche senza vedere il malato e per lettera. Essi vogliono profittare della vostra ingenuità e vogliono vendere a caro prezzo delle medicine che non costano niente.

Se vi occorra una disgrazia sul lavoro, se il vostro padrone non voglia pagarvi i danari da voi onestamente guadagnati, e per tutte le controversie derivanti dal contratto di lavoro, voi potete ricorrere all'opera dell'*Ufficio di assistenza legale per gli Italiani* annesso al Consolato d'Italia (226 Lafayette Street), risparmiandovi le spese per litigi e cause molto spesso inutili e dannose.

Se dovete ancora adempiere ai vostri obblighi di leva, presentatevi al Consolato ove sarete visitati gratuitamente. Non cercate mai d'essere ingiustamente esentati dalla leva; non è onesto sottrarsi ad uno dei più sacri doveri di cittadino; e se qualche compaesano cerca di farvi credere che con danaro è possibile conseguire l'esenzione, non gli date ascolto; egli vuole derubarvi del vostro danaro.

Ove vogliate spedire alle vostre famiglie che siano ancora in Italia i vostri risparmi (abbiate gelosa cura di essi perchè sono il frutto del vostro lavoro) voi potete rivolgervi, oltre che alla posta, anche alla *Agenzia del Banco di Napoli* (80 Spring Street). Se per tenere in deposito i vostri danari preferite una *Cassa di risparmio italiana* ne troverete una a New York (all'incrocio di Spring e Lafayette Street).

Se desiderate chiamare presso di voi qualche membro della vostra famiglia residente in Italia, ricordatevi che non v'è bisogno per questo di mandar loro il così detto « atto di richiamo ». Questi atti costano spesso cinque dollari e più, mentre non sono tenuti in nessun conto dalle Autorità Americane addette al servizio dell'immigrazione di Ellis Island o degli altri porti.

Ai parenti od amici che vogliano raggiungervi, mandate il vostro stesso indirizzo e non quello della vostra Banca. Negli scorsi anni sono stati respinti da Ellis Island moltissimi vostri compatrioti perchè, arrivati qui a gruppi e indirizzati tutti allo stesso banchiere, sono stati ritenuti dalle Autorità di Immigrazione come legati da contratto di lavoro. Le autorità vogliono che gli emigranti in arrivo abbiano l'indirizzo giusto della persona cui sono diretti e non quello di un intermediario.

Ai vostri parenti ed amici in Italia che intendano recarsi in America, consigliate di non assicurarsi contro i rischi della reiezione. Questa assicurazione costa dieci lire e non aumenta i diritti dell'emigrante verso le compagnie di navigazione, diritti i quali vengono garantiti senza alcun pagamento dalla legge italiana sull'emigrazione.

Informazioni ed assistenza in ogni vostro bisogno voi potrete sempre avere dal Consolato italiano e da un apposito « Ufficio di emigrazione », entrambi situati al 226 Lafayette Street.

In tutte le altre grandi città degli Stati Uniti, Filadelfia, Boston, New Orleans, Chicago, Denver, San Francisco, voi troverete sempre istituti privati e pubblici fondati per l'assistenza degli immigranti italiani. Se, recandovi in quei luoghi voi volete gli indirizzi delle Società ed Istituti che vi possano essere di qualche aiuto, rivolgetevi per averli all'Ufficio di emigrazione già nominato (New York, 226 Lafayette Street).

A quelle istituzioni domandate consiglio tutte le volte che qualcuno tenti di allettarvi ad entrare in imprese o in speculazioni con la lusinga di facili guadagni. I giornali sono pieni di avvisi non degni di fede. Vi sono, per esempio, delle imprese di colonizzazione che fanno credere di vendere delle terre adatte alla coltivazione, mentre invece sono terre paludose ed insalubri. Talune dicono anche di « regalare » dei lotti. Non è vero. Vi chiedono dopo cinque dollari per lotto mentre il valore di un intero acre (20 lotti) è spesso assai inferiore a quella somma. E un acre di terra anche se buona, non è sufficiente per scopi agricoli.

Non comprate mai azioni per miniere d'oro o per nuove invenzioni, come la posta elettrica, l'ombrello tascabile, ecc. Nel maggior numero di casi si tratta di frodi e voi dovete evitarle, domandando consiglio a chi può darvelo.

Quando, per esservi stata avversa la sorte, o per ragioni di malattia sentiate il bisogno di ritornare in Italia e non ne abbiate i mezzi, voi potete ottenere attraverso i nostri Consolati ed uffici di protezione un rimpatrio di favore al prezzo di sole lire 2 al giorno per ogni giorno di traversata.

Guardatevi da faccendieri che tentano di far credere necessario il loro intervento e la loro interposizione per ottenere questi rimpatri di favore; essi lo fanno per defraudarvi. Nè è necessario che per ottenere il rimpatrio voi vi procuriate, pagando, dei certificati medici. Questi certificati non servono a nulla; giacchè se il Console vuole assicurarsi del vostro stato di salute, vi fà visitare egli stesso gratuitamente.

Quando vi recate in Italia per adempiere al servizio militare, potete ottenere, rivolgendovi sempre al vostro Consolato, un rimpatrio di favore a soli dollari 18.

Se, infine, dopo varii anni di lavoro voi ritorniate in patria per rivedere i vostri cari ed abbiate bisogno, passando per New York, di un luogo ove fermarvi in attesa dell'imbarco, rivolgetevi alla « Casa per gli Italiani », (129 Broad Street) ove pagherete soltanto 75 cents al giorno per alloggio, vitto e accompagnamento ai docks e ove troverete assistenza gratuita per la ricerca dei bagagli e per quanto altro possa occorrervi. E essenziale che voi scegliate per le vostre temporanee dimore in New-York un luogo sicuro. Ancora due anni or sono, in una locanda di Broadway, 6 italiani trovarono la morte perchè, ammassati in una stanzetta senza aria, dormirono lasciando aperta la chiavetta del gas.

Tutte le istituzioni sopra ricordate sono mantenute da persone americane od italiane, sinceramente interessate nel vostro benessere. Abbiate fiducia in quelle istituzioni che, sorrette anche dal vostro Governo, sono in parte mantenute col vostro stesso denaro.

.*.

Anche vivendo fuori d'Italia, ricordatevi dunque che deve essere vostro scopo di elevarvi, così materialmente, come moralmente.

Amate l'istruzione, curate la pulizia e la decenza. Non vi fate mai mancare il necessario. Una persona che lavora ha diritto di mantenersi bene e le eccessive privazioni diminuiscono la potenzialità al lavoro.

Verso i vostri compagni di lavoro, di qualunque paese essi siano, siate sempre animati da benevolo senso di solidarietà.

Siate affezionati alla vostra patria di lavoro; ma ciò non vi esima dall'amore doveroso per il paese ove siete nati. Se, per il migliore svolgimento della vostra attività nel paese di residenza, abbiate anche sentito il bisogno di acquistare la cittadinanza americana, ciò non deve distaccarvi per sempre dalla vostra patria di origine, nè allontanarvi dal culto dei vostri ideali.

MINISTERO DEGLI AFFARI ESTERI

COMMISSARIATO DELL'EMIGRAZIONE

BOLLETTINO DELL'EMIGRAZIONE

Anno 1912. N. 4.

SOMMARIO.

I. — *Misure restrittive dell'immigrazione negli Stati Uniti dell'America del Nord.*
II. — *Le Società italiane negli Stati Uniti dell'America del Nord.*
III. — *Nuova codificazione delle assicurazioni operaie in Germania (Istruzioni popolari).*
IV. — *Atti del Ministero degli Affari esteri e del Commissariato dell'emigrazione: Consiglio dell'emigrazione.*

ROMA
STAB. TIP. SOCIETÀ CARTIERE CENTRALI
Via Appia Nuova, 234-A
1912

Le Società italiane negli Stati Uniti dell'America del Nord nel 1910.

Nel Bollettino N. 24 del 1908 fu pubblicato un elenco delle Società italiane all'estero nell'anno 1908, nel quale figuravano anche quelle esistenti agli Stati Uniti. Senonchè, come è detto in calce alla prefazione all'elenco stesso, per un accidente tipografico andarono perduti, prima che fossero composti, i fogli originali contenenti l'elenco delle Società italiane stabilite nella circoscrizione del R. Console generale in Denver e di parte di quelle stabilite nella circoscrizione del R. Console di Chicago senza che sia stato possibile, data l'urgenza di pubblicare l'elenco, colmare il vuoto col chiedere un duplicato delle notizie che andarono disperse.

Per questo motivo ed anche perchè dopo il 1908 avvennero non lievi modificazioni nel numero e nella composizione dei sodalizi italiani negli Stati Uniti, pubblichiamo ora un elenco più recente delle Società esistenti nel territorio federale alla fine del 1910.

L'elenco che, per le difficoltà particolari all'assunzione di simili notizie, non può dirsi nemmeno ora completo, è diviso per Stati e non, come il primo, per circoscrizioni consolari e fu compilato per cura dell'Ufficio italiano del lavoro in New York.

All'elenco in parola fa seguito un prospetto (Tav. A), nel quale è raccolto il numero delle Società italiane esistenti in ciascun centro abitato dai nostri emigrati nei diversi Stati della Confederazione ed anche indicato almeno per alcune Società, il numero dei soci. Segue infine un prospetto riepilogativo (Tab. B).

Nell'elenco attuale, a differenza di quanto fu fatto per quello riprodotto nel Bollettino N. 24 del 1908, non è data notizia degli scopi delle Società nè dell'ammontare del loro patrimonio ; perchè tali indagini avrebbero richieste cure assidue e dato risultati incerti per la riluttanza che è spesso negli emigrati a rispondere con esattezza ai quesiti loro rivolti.

Nell'elenco sono, d'altra parte, comprese soltanto quelle Società che hanno per scopo beneficenza, previdenza, assistenza, istruzione scolastica e musicale, recitazione, educazione fisica e ricreazione, con esclusione delle associazioni precipuamente o puramente politiche.

Alla fine del 1910 esistevano negli Stati Uniti 1116 società italiane, mentre all'epoca in cui fu compiuta l'indagine precedente e cioè nell'anno 1908, ve ne erano soltanto 427 con 31.143 soci.

In tredici anni si verificò dunque un incremento di 689 società.

Non possiamo indicare l'incremento nel numero dei soci poichè si ha notizia del numero di questi soltanto per 592 (78.241 inscritti) delle società comprese nell'elenco attuale.

Le 1116 società italiane sono disseminate in 35 Stati della Confederazione Nord-Americana.

Nello Stato di New York se ne contano 32, nella Pennsylvania 26, nel New Jersey 16, nel Massachusetts 12, nell'Illinois 11, nel Texas 9 e così via, riscontrando naturalmente maggior numero di associazioni in quegli Stati nei quali la città accentra gli emigranti in occupazioni industriali.

Relativamente alle città e centri in cui vi è maggior numero di società abbiamo: New York con 338 società; Philadelphia con 83; Newark (N. J.) con 53; Boston con 41; Buffalo con 34; Baltimora con 16; New Orleans con 12; Chicago con 10. Gli altri centri hanno un numero inferiore di società.

La moltiplicità e la varietà delle associazioni è determinata più che dall'importanza numerica delle Colonie dalla provenienza regionale dei suoi membri.

Alla fine del 1910 si contavano negli Stati Uniti 260 società a intitolazione regionale: la maggior parte di queste era costituita da meridionali.

Una quarantina di società hanno una fisonomia affatto speciale; notevoli fra queste, quelle costituitesi fra veterani o militari in congedo.

Lo stesso nome assegnato ai vari sodalizi indica il sentimento che fra loro unisce gli associati; molti si intitolano dal nome del Sovrano o dei Principi Reali (110); altri con quello degli eroi o degli uomini che maggior luce di progresso rifletterono nella storia della scienza o dell'arte in Italia (150); 200 circa hanno il nome del Santo, patrono del paese o del villaggio, da cui gli emigrati provengono, la maggior parte di queste ultime ha carattere meramente festaiuolo.

Elenco delle Società italiane esistenti negli Stati Uniti alla fine del 1910.

STATO DI ALABAMA.

Birmingham. — Umberto di Savoia, Principe di Piemonte, 2530 — 2 end Ave, 125 soci — Principe Umberto di Savoia, New City Market, 100 soci.
Ensley. — Vittorio Emanuele III, 80 soci.
Mobile. — Società Italiana di Unione e Mutua Beneficenza, 18 soci.

CALIFORNIA.

Asti. — Giuseppe Verdi — Loggia Druidica.
Healdsburg. — Antico Ordine dei Drudi, 200 soci.
Jackson. — Società di Unione e Beneficenza Italiana (Beneficenza), 135 soci.
Los Angeles. — Società e Fratellanza Garibaldina (Mutuo Soccorso), Date St., 100 soci — Società di Mutua Beneficenza, 637 Buena Vista, 70 soci — Mazzini Grove (Druidi), Mutuo Soccorso, 120 N. Main St., 135 soci — Dante Alighieri (Forest of America), Mutuo Soccorso, 637 Buena Vista, 240 soci — Intangibile (Forest indipendenti) Mutuo Soccorso, 637 Buena Vista, 60 soci — Sezione della Dante Alighieri di Roma, 637 Buena Vista, 25 soci — Comitato di Soccorso, 642 No. Main St., 169 soci — Italian-American Clu, 642 No. Main St., 45 soci.
Sacramento. — Bersaglieri N. 3 — Piemonte Reale — Druid Grove N. 112 — Comitato Soccorso.
San Francisco. — Società Italiana di Mutua Beneficenza, 600 soci — Società Garibaldina di Mutuo Soccorso, oltre 100 soci — Società Operaia di Mutuo Soccorso, 320 soci — Società Ligure di Mutuo Soccorso, oltre 100 soci — Società Piemontese di Mutuo Soccorso Giuseppe La Masa, id. Società di Giardinieri e Rancieri, id. — Loggia Massonica « Speranza Italiana », id..
San José. — Società Italiana di Beneficenza, 250 soci — Druidi (Grove., 150 soci — Forest A. O. F., 225 soci — American Forest, 100 soci — Dante Alighieri, 200 soci — Regina Margherita (Società di beneficenza) per sole signore, 60 socie.
Santa Cruz. — U. A. O. D. Druidi, 470 soci — Società Italiana, 100 soci.

COLORADO.

Aguilar. — Western Federation of Miners
Denver. — Società S. Antonio di Padova, 2138 - 15th. St., 200 soci — Nativi di Potenza, 3406 Palmer Street, 180 soci — San Rocco, id., 100 soci — Madonna del Carmine, id., id. — Vittorio Emanuele III. id., 180 soci — Principe di Napoli, id., 80 soci.

Plublo. — Cristoforo Colombo (Mutuo soccorso), 103 soci — Società Indipendente Siciliana, id., 75 soci — Fedeltà Italiana, id., 90 soci — Protettiva e Beneficenza, id., 42 soci — Vittorio Emanuele III, id., 40 soci — Giardinieri Italiani, id., 50 soci.

Trinidad. — Amerigo Vespucci (Mutuo soccorso), 100 soci — Stella Italiana (Starkville), id., 200 soci — Garibaldi (Starkville, id., 100 soci — Silvio Pellico (Sopris), id., circa 700 soci — Foresters of America (Eagleville), id., 100 soci.

CONNECTICUT.

Bridgeport. — Società Castelfrancese, Mutuo Soccorso, 290 Washington Ave. — Roma, id., 12 Lexington Ave, 153 soci — George Dewey, Mutuo Soccorso — Società Cristoforo Colombo, id·

Hartford. — Young Italian American Association, 80 soci — Vittorio Emanuele III, 80 soci — Umberto I, 130 soci — Court Garibaldi, 125 soci — Italian Benevolent, 50 soci — Fratellanza, 40 soci — Hamilton, 35 soci.

Middletown. — Giuseppe Garibaldi.

New Haven. — Società Cristoforo Colombo, Mutuo Soccorso, 182 Halmilton St., oltre 199 soci — Società Marineria Italiana, Mutuo Soccorso, 257 Wooster St., id. — Loggia G. Garibaldi, Mutuo Soccorso., P. O. box 935, id. — Società S. Antonio di Padova, Mutuo Soccorso, P. O. Box 1535, id. — Società Trinacria, Mutuo Soccorso 180 Hamilton St., id. — Società Mana Caiazzo, Mutuo Soccorso, 46 Wooster Street, id. — Società Santa Maria Maddalena Mutuo Soccorso, 123 Wooster St., id.

Stamford. — Società di Mutuo Soccorso Tommaso Campanella, 18 Pacific Street, 128 soci — Società di Mutuo Soccorso Vittorio Emanuele III, 152 Pacific St., 145 soci — Società Foresters of America (Corte Umberto I), 251 Pacific Street, 110 soci — Società di Mutuo Soccorso Operaia, 18 Pacific St., 60 soci — Società San Manghese di Mutuo Soccorso, 90 soci — Società Aviglianese di Mutuo Soccorso, 100 soci

Waterbury. — Società Aviglianese di Mutuo Soccorso, 7 Ashley St. — Court Giuseppe Verdi, 19 Summer St., 151 soci — Società Provincia di Avellino, di Mutuo Soccorso — Società Italiani Uniti, id — Società Vittorio Emanuele II.

Torrington. — Società Operaia di Mutuo Soccorso, 100 soci — Figli d'Italia, 30 soci.

DELAWARE.

Wilmington. — Società Italiana di Mutuo Soccorso Principe di Napoli, 160 soci — Società Cattolica di Mutuo Soccorso S. Antonio di Padova, id. — — Società Cattolica di Mutuo Soccorso San Michele Arcangelo, 140 soci — Club Democratico di Beneficenza dei Giovani Italiani, circa 200 soci.

DISTRETTO DI COLUMBIA.

Washington. — Società Unione e Fratellanza Italiana, Mutuo Soccorso, 601 E. St. N. W., 188 soci — Vittorio Emanuele II, Mutuo Soccorso, 610 G. Street, N. W., 212 soci — Generale Giuseppe Garibaldi, Mutuo Soccorso, 428, 11th. St. N. W., 110 soci — Trinacria, Mutuo Soccorso. 661 C. Street, N. W., 101 soci — Arti e Mestieri, 619 G. Street, N. W., 100 soci — Umberto I. 601 P. Street, N. W., 125 soci.

FLORIDA.

Tampa. — Società l'Unione. 7th Ave, Ybor City, 125 soci — Circolo Italiano, 7th Ave, Ybor City, 140 soci.

ILLINOIS.

Beuld. — Forester of America, circa 400 soci.
Chicago. — Società Bersaglieri e Carabinieri, 11,553 Front St., 224 soci — Marconi Guglielmo, 428 West 12th St, 135 soci — Torino, 1231 Wabash Ave. 264 soci — Albano di Lucania, 161 Morgan St., 150 soci — Unione Italiana, Mutuo Soccorso, 1162 Oakley Ave, 346 soci — Giovane Italia, 119 So. Congress Street, 200 soci — Arti e professioni, 253 East Division St., 130 soci — Loggia Dante Alighieri, 2211 Wentworth Ave., 107 soci — Unione Siciliana, 1662 Plymouth Place, 800 soci — Duca degli Abruzzi, 1662 Plymouth Place, 250 soci — Giuseppe Garibaldi, 664 West Harrison St., 200 soci.
Du Quoin. — Società di Mutuo Soccorso e Beneficenza: Fratellanza Italiana Torinese, 34 soci.
Harrin. — Cristoforo Colombo, 250 soci — Aurora, 225 soci — Foresters of America, 300 soci.
Johnston City. — Forester — Lombarda.
Ladd. — Court Regina Margherita, N. 39 F. o. A., 350 soci — Società di Mutuo Soccorso Corona d'Italia, 400 soci — Società Alpina di Mutuo Soccorso, 250 soci.
Murphysboro. — Società Lombarda di Mutuo Soccorso, 50 soci.
Portland. — Foresters of America, Box 45, circa 150 soci.
Riverton. — Società Bersaglieri Abbruzzi, Mutuo Soccorso, 125 soci — Foresters of America, id., 110 soci.
South Wilmington. — Marco Polo, Mutuo Soccorso — Sole Risplendente, id. — Società Minatori, id. — Stella Polare, id. (Complessivamente le quattro società contano circa 700 soci).
Stanton. — Foresters of America, circa 100 soci — C. C. P., 350 soci.

INDIANA.

Indianapolis. — Società di Mutuo Soccorso Umberto I, 70 soci — Società Femminile « Regina Margherita », 40 soci.

IOWA.

Des Moines. — Società Stemma d'Italia, 120 soci — Circolo Giuseppe Garibaldi, 100 soci — Circolo Italiano, 50 soci — Campo No, 352 Roma Woodman of the W., 60 soci.
Seymour. — Forester, 180 soci — Fraterna, 250 soci.

LOUISIANA.

Lake Charles. — Vittorio Emanuele III, Società Italiana di Mutua Beneficenza, 80 soci — Immacolata Concezione, id., 45 soci.
New Orleans. — Società Italiana di Mutua Beneficenza, 75 soci — Contessa Entellina, Mutuo Soccorso, 500 soci — Cristoforo Colombo, id., 300 soci — Tiro al Bersaglio, id., 200 soci — Giovani Bersaglieri, id., 300 soci — San Bartolomeo Apostolo, id. 200 soci — Termini Imerese, id., 70 soci — Madonna del Balso, id., 100 soci — San Giuseppe, id., 100 soci — S. Antonio, id., id. — Santa Rosalia, id., id. — Santa Lucia, id., id.
Shreveport. — Società Italiana di Mutua Beneficenza, Italia Moderna, 75 soci.

MARYLAND.

Baltimore — Unione e Fratellanza, Mutuo Soccorso, 150 soci — Cristoforo Colombo, id., 200 soci — Francesco Crispi, id., 350 soci — Imera Croce Bianca, id., 140 soci — Artistico Operaia, id., 150 soci — Reduci Patrie Battaglie, id., 180 soci — Lega D'Onore, id. 100 soci — Umberto I, id., 120 soci — Unione Cefaludese, id., 350 soci — Jolanda Pleasure Club, id. — Giovanni Da Procida, id., 220 soci — S. Antonio di Padova, id., 120 soci — Figlie Unite d'Italia, id., 20 socie — Columbus Day Ass., id., 60 soci — Lega Avellinese, id., 60 soci.

MASSACHUSETTS.
Società di Mutuo Soccorso.

Boston. — Società di M. S., 2 Hildreth Place, 235 soci — Società Italiana « Colombo », Hanover Street, 500 soci — Knights of Progress, 124 North Street, 45 soci — Società Barbieri, 10 State Street, 125 soci — Maria SS. Ausiliatrice, 24 Hull Street, 140 soci — George Washington, 14 Glouchester Pl., 100 soci — S. Antonio, 34 Endicott Street, 100 soci — San

Rocco, 139 Paris Street, 100 soci — San Giovanni di Messina, 192 North Street, 60 soci — Società di Sant'Angelo, 23 Fleet Street, 70 soci — Santa Maria delle Grazie, 124 Prince Street, 100 soci — San Feliciano, 267 Proctor Ave. Revere, 325 soci — Società Pompei, 160 Salem Street, 60 soci — San Pietro di Roma, 14 Foster Street, 35 soci — San Ciariaco, 4 North Square, 125 soci — Società Anzanesi, 85 North Margin Street, 90 soci — Società di Montemerano, 236 North Street, 102 soci — Società Garibaldi, 60 Endicott Street, 56 soci — Società Vittorio Emanuele, 156 Salem Street, 40 soci — Società Bersaglieri, 4 North Square, 75 soci — Società S. Tommaso d'Aquino, 72 Charter Street, 80 soci — Società San Gaetano, 126 Salem Street, 80 soci — Scietà S. Vincenzo Ferreri, 71 Charter Street, 67 soci — Società Santa Maria della Lettera, 189 North Street, 75 soci — Società San Michele, 31 North Square, 200 soci — Società Carabinieri, 33 North Square, 42 soci — Società Amerigo Vespucci, 84 Cross Street, 110 soci — Società San Giuseppe di Lapio, 245 Hanover Street, 85 soci — Società Montevergine, 31 North Square, 70 soci — Società Chiusano San Domenico, 31 North Square, 100 soci — Società San Teodoro, 84 Endicott Street, 40 soci — Società Fratellanza Siciliana, 5 Union Pl. 250 soci — Società Termini Imerese Imera, 5 Union Pl., 100 soci — Società Arianese, 32 Frankfort Street, 48 soci — Società Maria SS. di Petemobile, 369 Hanover Street, 82 soci — Società Conte di Torino, 29 So. 359 Hanover Street.

Società di carattere vario.

Unione Medici, 148 Richmond Street, 18 soci — Circolo Italo Americano (educativo), 250 Newbury Street, 150 soci — Mediterranean Fishing Club, 359 Hanover Street.

Fall River. — Società Operaia di Benevolenza, Mutuo Soccorso, 80 soci — Società Vittorio Emanuele III, 30 soci.

Fitchburg. — Società Italiana di Mutuo Soccorso Vittorio Emanuele III, 74 soci.

Greenfield. — Club Colombo, non più di 25 soci.

Haverhill. — Vittorio Emanuele III, Mutuo Soccorso, 53 River Street, 120 soci — Maria S.S. di Carpignano, 53 River Street, 40 soci.

Lawrence. — Cristoforo Colombo, Mutuo Soccorso, 120 Common Street, 65 soci — Società Teanese, id., 130 Common Street, 130 soci — Maria SS. dei Lattacci, 67 Essex Street, 52 soci — Vittorio Emanuele III, 82 Common Street, 55 soci — Unione d'Italia, 89 Common Street, 160 soci — Trinacria, 92 Common Street, 48 soci.

Lynn. — Società di Mutuo Soccorso, 62 Monroe Street, 75 soci.

Milford. — Società Operaia di Mutuo Soccorso, 120 soci — Società Vittorio Emanuele III., id., 125 soci — Italian Foresters of America, 173 soci.

North Adams. — Società Italiana di Mutuo Soccorso di North Adams, 188 soci — Società Concordia, 70 soci — Società Figli di Calabria, 60 soci.

Sommerville. — Società di San Giuseppe, Mutuo Soccorso, 120 soci — Società di S. Antonio, id., 100 soci — Società della Madonna delle Grazie, 80 soci.

Springfield. — Unione e Fratellanza, Mutuo Soccorso, 200 soci — Patria, id., 170 soci — Monte Carmelo, id., 200 soci.

Worcester. — Corte Giuseppe Mazzini, Mutuo Soccorso, 200 soci — Società Cristoforo Colombo — Società Mario Pagano — Società Regina Elena — Società Dame Italiane — Società Donna Principessa Iolanda.

MAINE.

Portland. — Forest of America, Court Italy No. 18, Mutuo Soccorso, 100 soci.

MICHIGAN.

Bessemer. — Bessemer Grove No. 1 U. A. A. O. D. di Mutuo Soccorso, 57 soci — Società di Mutuo Soccorso, 180 soci — Società Fratelli Bandiera di Mutuo Soccorso, 90 soci.

Calumet. — Mutua Beneficenza Italiana — Cristoforo Colombo — Giuseppe Giusti — Club Alpino — G. Garibaldi Celibi — Club Carlo Botta.

Detroit. — Trinacria, Mutuo Soccorso, 183 Fort Street, 150 soci — Casa Savoia id. 219 Monroe Avenue, 80 soci — Dante Alighieri, id., 330 High Street, 75 soci — Stella d'Italia, id., Angolo di Rivard e Monroe, 90 soci — Corte Garibaldi, id., 505 Baubien Street, 150 soci — Torquato Tasso, id., 726 Rowena Street, 120 soci — Lombarda, id., 719 Riopelle Street, 300 soci — Unione Fratellanza, id., 634 Rivard Street, 200 soci — San Francesco, id., 283 Wilkins Street, 130 soci.

Iron Mountain. — Società Beneficenza Confederata con la Cristoforo Colombo, 700 soci — Società Umbro-Marchegiana, 150 soci — Capestrano, 150 soci — Piemonte e Lombardia, 150 soci — Veneto, 120 soci — Vittorio Emanuele III, 120 soci.

Laurium. — Italian Mutual Fire Insurance Company — Federazione delle Società Italiane — Lega Cittadina Italiana di Mutuo Soccorso — Legione Giuseppe Garibaldi, federata alla Federazione Colombiana — Società Ettore Perrone di San Martino.

Negaunee. — Società Fratellanza Italiana di Mutuo Soccorso — Società Mazzini di Mutuo Soccorso.

South Range. — Società Cacciatori Italiani, 250 soci — Società di Mutuo Soccorso Pietro Micca. 124 soci — Società Fratellanza Toscana, 165 soci — Società Italo-Toscana, 60 soci.

MINNESOTA.

Duluth. — Cristoforo Colombo, Mutuo Soccorso, 50 soci.
Ely. — Società Vittorio Emanuele III.
Eveleth. — Società di Mutuo Soccorso Vittorio Emanuele III, Box 353, 70 soci — Società Operaia, Box 28, circa 40 soci.
Hibbing. — Società Guglielmo Marconi, 125 soci — Società Italo Tirolese, Mutuo Soccorso, 75 soci.
Minneapolis. — Cristoforo Colombo, 300 soci.
St. Paul. — Dante Alighieri, 70 soci — S. Antonio.
Stillwater. — Catholic Order of Foresters.

MISSISSIPPI.

Gulfport. — Società Italiana di Mutua Beneficenza Figli d'Italia, 40 soci.

MISSOURI.

Kansas City. — Società Italo Americana, Mutuo Soccorso, 350 soci — Società Galileo Galilei, id., 100 soci — Società Duca degli Abruzzi, id., id. — San Michele Arcangelo, id., 45 soci — Sacro Cuore, 50 soci — San Giuseppe, 40 soci — Madonna di Monte Pierno, 60 soci — Madonna del Rosario, 65 soci
St. Louis. — La Fratellanza, 811 Franklin Ave., 230 soci — Notrh Italy Society, 5200 Shaw Ave., 700 soci — Annita Garibaldi, 5310 Duggett Avenue, 300 soci — La Meridionale, 929 N. 7th St., 125 soci — San Giuseppe, 1415 No. 9th St., 130 soci — Giuseppe Mazzini, 6th & Carr Sts, 400 soci.

MONTANA.

Butte. — Cristoforo Colombo, Società di Mutuo Soccorso, 110 soci.

NEVADA.

Reno. — Società Beneficenza Italiana — Roma Grove, Druidi.

NEW JERSEY.

Atlantic City. — Principe di Piemonte, Mutuo Soccorso, 27 No. Mississippi Ave., 43 soci — San Nicola di Bari, id., 16 No. Mississippi Ave., 40 soci — — San Michele, id., 16 No. Mississippi Ave., 45 soci — Vittorio Emanuele III, id., Atlantic & Michigan Ave. 60 soci.

Bayonne. — Società Cristoforo Colombo, 545 Avenue C., 70 soci — Società Assunta, 23 Avenue C., 90 soci — Società S. Antonio, 23 Avenue C., 125 soci.

Elizabeth N. J. — Società di Sant'Antonio, Beneficenza, 24 soci — San Rocco, id., 26 soci — Santa Lucia, id., 25 soci — San Giuseppe, id., 19 soci — San Costantino, id., 16 soci — La Nazionale, id., 60 soci.

Hammonton. — Italian Benevolent Society.

Jersey City — La Concordia, Third Cor. Grove St., 312 soci — Della Assunta, 6th Street, 185 soci — La Madonna del Carmine, 6th Street, 164 soci — Cristoforo Colombo, Newark Ave., 121 soci — Corte Italiana dei Foresters of America, Newark Ave. — Società Finanza, 423 Second Street, 131 soci.

Long Branch. — Stella d'Italia, Mutuo Soccorso, 50 soci — Americo Vespucci, id., 40 soci — Foresters of America, id., 40 soci.

Hoboken. — Unione Fratellanza, 122 Adams Street, 613 soci — Sant'Anna, 710 Adams Street, 300 soci — San Michele, 325 Madison Street, 250 soci — San Donato, 325 Madison Street, 150 soci.

Madison. — Società del Monte Carmelo, 14 Central Ave. — Società di Monte Vergine, 81 Maine Street.

Newark. — Corte Verdi, F. o. A., 120 Bank St., 560 soci — Corte Garibaldi, No. 137, F. o. A. 209 Ferry St., 280 soci — Corte Cavour, F. o. A. 16 Factory St., 320 soci — Corte Vespri Siciliani, 120 Bank Street, 180 soci — Loggia Galilei, No. 2691, Order of Oddfellows, West Park St., 250 soci — Società Cavour, 159 8th Ave., 112 soci — Società Figli d'Italia, 181 8th Ave., 95 soci — Società Puccinesi, 517 Market St., 116 soci — Società Ufficiali Garibaldini, 16 Factory St., 160 soci — Società Alpini Teoresi, 159 9th Ave, 95 soci — Società Columbian Guards, Post Office, 320 soci — Società Garibaldini del Sorgente Sole, Nassan St. 80 soci — Società Cavalleria Lucca 28°, 14 th Ave., 118 soci — Società Guards of Columbus, 29 Crane Street, 212 soci — Società Bersaglieri, 94 Jackson Street, 70 soci — Società Fraterno Amore, 8th Ave., 120 soci — Società Calabrittana, 27 Carside Street, 280 soci — Società Subalpina, 15 Grove Street, 80 soci — Società Italia, 159 8th Ave., 140 soci — Società San Felesi, 244 Warron St., 213 soci — Società Riciglianesi, 13 Sheffield St., 98 soci — Società Lionesi, 29 Boyden St., 134 soci — Società Arianesi, 26 Garside Street, 210 soci — Società Operaia Caposelesi, 414 Broad St., 308 soci — Società Principessa Elena, 21 14th Ave., 90 soci — Società Romagnano al Monte 126 Delancey Street, 66 soci — Società San Filippo Neri, 91 River Street, 80 soci — Società Castel Grandese, 13 Garside Street, 80 soci — Società San Gregorio Magno, 56 Madison Street, 175 soci — Società San Marco Evangelista, 21 Drift St., 86 soci — Società Secondo Battaglione Teorese, 147 7th Ave., 90 soci — Società Conzese, 49 Cutler

Street, 165 soci — Società Muratori e Scalpellini, 24 Boyden St., 270 soci — Società Regina Margherita, 140 Eighth Ave., 108 soci — Società Carabinieri, 120 Eighth Ave., 95 soci — Società Lavianese, 45 Clifton Ave., 125 soci — Lega Lombarda, 142 Eighth Ave., 89 soci — Società Teoresi Civili, 346 Warren Street, 118 soci — Società Gagliano Castel Ferrato, 54 14th Ave., 120 soci — Società G. S. N. Teoresi, 159 Eighth Ave., 110 soci — Società Grottesi, 142 Bruce Street, 80 soci — Società Sanfelese, 181 8th Ave., 95 soci — Società Madonna di Pompei, Ferry Street, 106 soci — Società Artiglieria, River Street, 172 soci — Società Terra di Lavoro, 43 Garside Street, 97 soci — Società Italo-Americana, 27 Market Street, 118 soci — Società Vittorio Emanuele III, 208 Ferry Street, 136 soci — Società Conte di Torino, 46 14th Ave., 80 soci — Società Principessa di Napoli, 56 Prospect Place, 107 soci — Società Fiumerese, 56 Prospect Place, 105 soci — Società Siciliana, 196 Newton Street, 216 soci — Società Caserta, 22 Sheffield Street, 325 soci — Società Santa Lucia, id., 90 soci.

Orange. — Corte Marconi, Foresters of America, Main Street, 400 soci.

Passaic. — Umberto I, Mutuo Soccorso, Main Street, 120 soci — Cadorini, 229 Dayton Street, 80 soci.

Patterson. — Mutuo Soccorso ed Istruzione, 23 Essex Street, 200 soci — Vittorio Emanuele, 23 Essex Street, 70 soci — Loggia Giosuè Carducci, Ordine Figli d'Italia, 37 Oak St., 116 soci — Aurora, 319 Straight Street, 110 soci — Cento Cooperare, 6 Park Place, 100 soci — Figli del Lavoro, 1412 Madison St., 80 soci — Dei Primi Crociati, 50 Morton Street, 100 soci — Pride Aurora (femminile), 286 Straight St., 60 socie — Marinari, 19 Brook Street, 70 soci.

Raritan. — La Fratellanza — San Rocco.

Trenton. — Vittorio Emanuele II, 717 So. Clinton St., 75 soci — G. Garibaldi 435 Wittaker Ave., 35 soci — Società Colombo, 448 Witta–ker Ave. 80 soci — Società Sanfelese, 566 So. Clinton St., 40 soci — Società Napoletana, 8° Clark St., 75 soci — Società Cavour, 434 Wittaker Ave., 50 soci.

Vineland. — Umberto I, Mutuo Soccorso, Quinn & Sherry, 105 soci — Maria S. S. Dell'Assunta, id., 80 soci — Beneficenza Nuova Italia, id., Union Road & Chestnut, 80 soci — G. Garibaldi, Wheat Road, 40 soci.

West Hoboken. — La Lombarda, Spring Street, 323 soci — La Piemontese, Spring Street, 200 soci — Cosmopolitan Military Band, Spring St., 500 soci — Club Corale, Spring St., 85 soci — Società Riunita Italiana Demott St., 600 soci — Cooperativa Sud-Italia, Assembly Rooms, circa 150 soci.

NEBRASKA.

Omaha. — Società dal Cenisio all'Etna di Mutuo Soccorso, 2.° Reggimento Cavalleria Reale.

NEW YORK.

Albany. — Cristoforo Colombo, Mutuo Soccorso, 50 soci — Principe di Napoli, id., 45 soci — La Siciliana, id., 40 soci.
Amsterdam. — Società Stella d'Italia, 84 soci — Principe di Piemonte, 100 soci — Isola Salina 140 soci — Cristoforo Colombo, 60 soci.
Auburn. — Cristoforo Colombo, 90 Clark St., 80 soci — Corona d'Italia, 110 Clark St., 50 soci — Heart Club, 110 Clak Street, 30 soci.
Binghamton. — Società di Mutuo Soccorso, Principe di Piemonte, 137 Court St.
Brant. — Società di Maria SS. del Carmine, Mutuo Soccorso.
Buffalo. — Società Fratellanza Italiana, 551 Prospect Ave. — Bersaglieri, 250 Seneca Street — San Fele, 26 State Street — Garibaldi, 184 West Genesee Street — Cristoforo Colombo, 33 Gorge St. — Regina Margherita, 136 Erie St. — SS. Crocefisso, 207 Seventh St. — Umberto I. 5 State Street — Aviglianese, 108 Seventh Street. — San Donato, 126 Terrace — Lavoratori Italiani, 253 Court Street — Giovanile, 40 Mechanic Street — Caltavuturese, 25 Trenton Ave. — Club Ufficiali, 34) Clinton Street — San Rocco, 103 Front Ave. — Sant'Antonio 22 Burwell Place — Termini Imerese, 29 Main Street — Club Aurora, 112 Carolina Street — Club Indipendente, 211 Court St. — Cavour Social Club, 180 Court Street — Italian Protective Union, 120 Erie Street — Italian Businessmen Association, 40 Mechanic St. — Società Vallelunga Pratameno, 112 Carolna St. — Principe di Piemonte, 133 Niagara St. — Bagheria, 377 Front St. — Conte di Torino, 78 Clinton St. — San Vito, 286 Ellicott St. — Vittorio Emanuele III, 45 Front Ave. — San Nicola di Bari, 120 Erie St. — San Giuseppe da Cerda, 116 Georgia St. — Club Montemaggiore, 134 Front Ave. — Italian Saint James Society, 26 State St. — Società Reali Carabinieri di Savoia, 40 Evans St.
Dunkirk. — Vittorio Emanuele III.
Elmira. — Duca degli Abruzzi, Mutuo Soccorso, 101 West 5th St., 40 soci.
Fredonia. — La Giovanile, 60 soci — Società Sant'Antonio, 80 soci — Società il Crocifisso, 80 soci — Società il Santo Rosario, 80 soci.
Geneva. — Società Vittorio Emanuele, 50 soci.
Haverstraw. — Cristoforo Colombo, Mutuo Soccorso, 70 soci.
Inwood. L. I. — Foresters of America « Corte Vesuvius », No. 408, 100 soci — Stella Albanese, 70 soci — S. Conò, 55 soci.

Lawrence. — Stella Albanese, 50 soci.
Mount Vernon. — Clb Italian Benevolent Ass. — Court Pride of Italy, Faresters of America.
New Rochelle. — Società Operaia Italo-Americana, 140 soci — Società Calitrana, 60 soci — Foresters of America, Italian Branch, 40 soci.
New York City — (*Borgo Manhattan*).

Associazioni di Mutuo Soccorso.

— Abruzzi, 331 E. 14th St. — Abruzzo Citra, 2388 Arthur Ave. — Altavilla Silentina, 15 Spring St. — Alpini Italiani, 118 Mulberry St. — Annibale Mastallo, 421 E. 14th St. — Anzanese, « Benj. Franklin », 66 Thompson St — Atripaldese, 198 Grand St. — Avellinese, 189 Elizabeth St. — Agrigento, 83 Elizabeth St. — Bersaglieri, 215 Thompson St. — Bella Augusta, 2039 First Ave. — Belmonte Mezzagno, 210 Forsyth St. — Benevolente Mariano Lavia, 1443 Fifth Ave. — Bentivegna S. Spinuzza, 240 Elizabeth St. — Bitetto, Bari, 432 E., 79th, St. — Borghetto Maria S. S. Addolorata del Romitello, 332 E. 62 St. — Cicciottolo Campagnese, 696 Morris Ave., 90 soci — Caltabellottese, 155 West 28th St. — Caltavaturo, 49 Oliver St. — Camparello, 174 Mulberry St. — Caracciolo Campagnese, 636 Morris Ave. — Caracciolo, 437 West 39th St. — Carlo Pisacane 283 Mott St. — Catania, 60 Catharine St., 135 soci — Cerdese, 207 East 110 th St — Campobasso, 78 Mott St. — Carolitana, 304 E. 113th St. — Castelgrandese, 326 East 34th St. — Cittadini Italo-Americani, 306 East 116th St. — Cittadini Amanteani, 198 Grand St. — Cittadini Balvanesi, 77 Sullivan St. — Cittadini Calabro-Americani, 306 East 116th St. — Cittadini Lercaresi, 22, 2nde Ave — Cittadini Napolitani, 137 Sullivan St. — Cittadini Sessanesi, 579 Broome St. — Civiltà e Lavoro, 504 Pearl St. — Congrega Monte Carmelo, 2242 First Ave — Congrega San Donato, 140 Mulberry St. — Concordia, 76 West 3rd St. — Conte di Torino, 209 East 107th St. — Confederate Santantimese, 114 Mulberry St. — Dante Alighieri, 32 West 69th St. — De Felice Giuffrida, 224 East 112th St. — Daniele Manin, 139 Thompson St. — Don Giovanni Bosco, 74 Gansevoort St. — Duca degli Abruzzi, 186 York Ave, New Brighton, S. I. — Duca d'Aosta, 320 East 113th St. — Ebolitana, « Francesco La Francesca », 2343 Third Ave — Etna, 66 Thompson St. — Esercito Italiano, 160 West Houston St. — Fenaroli, 2379 Belmont Ave — Fascio dei Siciliani, 225 Bowery — Federazione Militare, 171 Mulberry St. — Ferraroli Lanciano e Circondario, 245 E. 110 th St. — Figli di Sicilia, 206 East B'way — Flavio Gioia, 409 — East 116th St. — Francesco Nitti, Santeramo in Colle, 218 Pleasant Ave. — Fratelli Testa fra Nicosiani, 1259 Park Ave. — Fraterna Acicetturese, 299 East 29th St. — Fraterna Castellammare, 2-4 Prince St.

— Fratellanza Italiana G. Garibaldi, 83 Elizabeth St. — Fratellanza Sanfelese, 484 Pearl St. — Fraterna Italiana, 247 Mulberry St. — Fraterna Materana, 416 East 116th St. — Fratellanza Sperlinghese, 126 Manhattan Ave. — Fratelli Testa, 2091 Second Ave. — Fratellanza della Pietà Calvellese, 50 Spring St. — Fratellanza San Vito di Ruoti, 5 Prince St. — Fratellanza Sannita, 602, Morris Ave. — Fratelli Raponesi, 117 West 26th St. — Gabriele Buccolo, 119 Ave. A. — Gian Paolo Riva, 250 East 114th St., 410 soci — Galileo Galilei, 225 Sullivan St. — Gangitana, 272 Canal St. — Giovanni da Potenza, 35 Oak St. — Giov. Battista Nicolini, 159 West 4th St. — Gabriele Rossetti, 425 East 116th St. — Giacomo Puccini, 229 Sullivan St. — Gioia del Colle, 315 East 112th St. 85 soci — Giovanni da Procida, 814 Second Ave. — Gioventù G. Garibaldi, 110 Mc. Dougal St. — Gioventù Biellese, 104 West 96th St., 142 soci — Gioventù Lucania, 183, Bleecker St. — Gioventù Nicosiana, 75 East 20th St., 145 soci — Giuseppe Verdi, 1149 First Ave. — Guardia Garibaldi, 200 Grand St. — Guardia Vittorio Emanuele II, 55 E. Houston St. - Immacolata Fagnano Castello, 248 East 111th St. — Irpinese, 153 Mulberry St. — Il Sole, 224 East 107th St. — Italian Pioneers Corps, 46 Prince St. — Italian Students of America, 360 East 13th St. — Italian Benevolent Society of the Sons of Columbus Legion, 411 East 114th Street — Italian Rifle Guard, 504 Pearl St. — Lega degli Accadiesi, 59 Mc Dougal St. — Lega Ligure, 186 Prince St., 502 soci — Lega Toscana « F. D. Guerrazzi » 154, Bleecker St. — Lecaresi, 331 East 15th St. — Luigi ' Vannutelli, 192 Grand St. — Lega Operaia Garibaldi, 227 Sullivan St. — Lega Artigiana Avellinese, 243 Canal Street — Lega Eolia, 178 Park Row — Leonforte e Mandamento, 319 East 107th St. — Lucio Valerio Polento, 13 Hancock St. — Lodovico Speziale, 2091 Second Ave. — Legione Garibaldi, 97 Third Ave. — Mandamento di Cicciano, 462 East 115th St. — Mandamento di Partanico, 462 East 69th St. — Mandamento di Baiano, 25 Oak Street — Manila, 203 Bleecker St. — Mantovana, 135 Sullivan St. — Margherita di Savoia fra Cittadini Polesi, 455 East 114th St. — Maria S. S. della Civita (Provincia di Caserta) 326 E. 109th St. — Maria S. S. della Misericordia, 122 Commerce St. — Maria S. S. del Romitello, 332 East 62nd St. — Maria S. S. della Purificazione, 331 East 115th St. — Marinese, 267 Elizabeth St. — Mario Pagano, 98 Thompson St. — Materana, 430 West 125th St. — Messina, 315 East 25th St. — Meta Pontina, 192 Lafayette St. — Militare Torquato Tasso, 256 Washington St. — Mistretta, 406 East 11th St. — Montalbano, 22-1/2 Mc Dougal St. — Montemaggiore Belsito S. S. Crocifisso, 343 Morris Ave. — Morrisania, 647 Monroe St. — Muro Lucano, 337 Pleasant Ave. — Mussomele, 9 Prince

St. — Mutuo Soccorso « Vespri », 16 Stanton St. — Napolitani, 84, 6th Ave. — Nizza Cavalleria, 197 Mulberry St. — Nocera Inferiore e Superiore, 81 East 125th St. — Nuova Alimena Trinacria, 201-1/2 East 89th St. — Nuova Pietro Novelli, 236 Elizabeth St. — Operaia San Fratello, 319-21 East 107th St. — Operaia Barcellona del Gotto, 53 Park Row — Operaia Goldese, 330 East 24th St. — Operaia Pattese, 116 Mc Dougal St. — Ordine Colombiano, 304 East 113th St. — Ordine Indipendente Figli d'Italia — G. Licata N. 1 — Matteo Renato Imbriani, N. 2 — Benvenuto Cellini, N. 3 — Selinunte, n. 4 — Giovanni Bovio, N. 5 — Guglielmo Marconi, N. 6 — Tommaso Campanella, N. 7 — Giovanni da Verrazzano, N. 8 — Luigi Zampone Grande Venerabile, 46 Prince Street — Giuseppe Miceli, Grande Segretario, 645 Union St. B'klyn — Ordine figli d'Italia — Supremo Venerabile, Dr. Achille Sabatino, 35 Ward St. Patterson, N. J. — Alessandro Paternostro, 242 Elizabeth St. — Rapisardi, 242 Elizabeth St. — Duca degli Abruzzi, 71 James St. — Dante Alighieri, 67 East 2nd St. — Fratelli Bandiera, Druggist, 12th St. & Second Ave. — Salerno, 387 Broome St. — Giuseppe Mazzini, 216 First Ave. — Bovio M. Bongiovanni, 427 East 14th St. — Vespri Siciliani, 81 Oliver St. — Il Mondo, 510 East 13th St., 65 soci — Giuseppe Verdi, 22-1/2 Mc Dougal St. — Trento e Trieste, 243 Elizabeth St. — Cristoforo Colombo, 68 James St. — Archimede, 216 First Ave. — Principe Tomaso di Savoia, 33 Roosevelt St. — Provincia di Siracusa, 420 East 13th St. — Palmi-Calabro, 163 Mott St. — Piemontese, 154 Bleecker St. — Pietraria, 38 East Houston St. — Principessa Jolanda Margherita, 157 East 118th St. — Reali Carabinieri, 80 Mulberry St. — Reduci delle Patrie Battaglie, 169 Mott St. — Regalbuto di M. S., 526 Broome St. — Regio Esercito Italiano, 35 Watts Street. — Reggio Villa, 145 Morris Ave. — Rionero in Volture, 274 Mott. St. — Risorgimento Messina, 53 Oak St — Riunite Laurenzanese, 9 Hancock St. — Roccapalumbo, 53 Oak St. — Saato, 60 Baxter St. — Saati, 60 Baxter St. — Salernitani, 183 Bleecker St. — San Luigi Gonzaga, 429 East 12th St. — San Martino di Angri, 59 Sullivan St. — San Michele Arcangelo, 280 Mont. St — San Michele di Caltanissetta, 201 Worth St. — San Salvatore 171 Spring St. — San Stefano d'Aveta, 500 West Broadway — San Vito di Cimino, 23 Greenpoint Ave. — Sant'Arsenio, 320 East 113th St. — Santa Chiara, 403 West 36th St. — San Francesco di Paola, 2221 First Ave — San Giuliano Giovanni Accetturesi, 335 E. 11th St. — San Gregorio Magno, 394 Ninth Ave., 70 soci — Santa Lucia, 109th St. & First Ave. — Santa Lucia del Mela, 424 East 14th St. — San Giovanni di Potenza, 69 James St. — San Giuseppe di Mezzoiuso, 232 3/2 East 11th St. — S. S. Crocifisso di M. S., 331 East 115th St. — S.

BOLLETTINO DELL'EMIGRAZIONE 139

S. Sacramento, 320 East 25th St. — Senese, 444 East 117th St. — Sciacca, 186 Elizabeth St. — Scagani, 61 Catharine St. — Sicula Albanese, 403 East 11th St. — Secondo Bersaglieri Vittorio Emanuele, 215 Thompson St. — Stato Maggiore Duca d'Aosta, 320 East 109 th St. — Stato Maggiore Stella d'Italia, 76 Thompson St. — Stella Albanese, 2123 Second Ave. — Toritto, 193 Second Ave. — Tiratori Italiani, 2222 First Ave. — Tiro a Segno Nazionale, 252 West 34th St. — Tramonti, 136 Prince St. — Tirolese, 64 Wall St. — Tre Provincie Calabrese, 197 Mulberry St. — Tulliana, 34 Watts St. — Tricula Caltabellotta, 469 Second Ave. — Unione e Fratellanza, 76 Mc Dougal St. — Udione Calabrese, 295 Elizabeth St. — Villalba, 8 Prince St. — Vittorio Emanuele III, 226 Thompson St. — Vico Equense, 225 Sullivan St. — Vetri di Potenza, 307 East 114th St.

Società di trattenimento.

Aviglianese, 126 Thompson St. 156 soci — Circolo Abruzzese, 556 Morris Ave — Circolo Antrettese e Provincia, 559 East 11th St. — Circolo Operaio Nicosiano, 2091 Second Ave. — Emanuele Gianturco, 21 Hancock St. — Colonel Roosevelt, 200 Spring St. — Foggia, 486 East 115th St. — Fraterna, 416 East 18th St. — Nuova Ausonia, 308 East 14th St.

Società sportive.

Italian Bicycle, 186 Lincoln Ave. — Liguria Athletic, 224 Spring St. — Unione Sportiva Italiana, 219 West 25th St.

Società di mestiere.

Bakers' Union, 127 Delancey St. — Master Barbers Ass'n, 200 Spring St. — Società di Benevolenza Barbieri Italiani, Magrino, 66 Mulberry St. e — Circolo Antrettese e Provincia, 559 East 11th St. — Circolo Operaio Niglioni, 107 West 135th St., 500 soci — Stone Mason's Union N. 74, 331 East 112th St. — Mason Helperes International Union, 2301 First Ave. — Italian Labor Society, 111 Mulberry St. — Scow Trimmers Employes Protective Ass'n, 10 Morton St. — Sarti Italiani, 205 East 109th St. — Unione dei Calzolai, 234 East 11th St. — Stonemasons Contractors Ass'n, 324 E. 116th St.

New York City (Borgo di Brooklyn).

Associazioni di Mutuo Soccorso.

Agrigentina, 61 Throop Ave. — Airola-Benevento, 2337 Pacific St. — Altavilla-malicia, 150 Harrison Ave. — Amalfitani, 40 Union St. — Amerigo Vespucci, 2349 Pacific St. — Apicese, 1468, 71st.

St. — Attilio Trippitelli, 132 Utica Ave. — Calabro Reggio Lidi, 90 Union St — Calatafimi, 101 Hamburg Ave. — Campobassana, 1448, 69th St.— Carlo Merenda di M. S., 483 Henry St. — Cicciano, 2980 Third Ave. — Circolo Burgio, 90 Union St. — Cittadini Giffonesi, 174 Hudson Ave. — Cittadini Gragnanesi, 132 Navy St. — Cittadini Gotesi, 230 Pacific St. — Cittadini Italiani Borgo Brooklyn, 40 Union St. — Cittadini Padulesi, 242 York St. — Cittadini St. Angelo dei Lombardi, 564 Vanderbilt Ave. — Coltura e Progresso Giosuè Carducci, 436 Marcy Ave. — Concordia Partanna, 165 Montrose Ave. — Congrega Assunta di Pierna, 139 Navy St. — Corpus Domini, 14 Prospect Pl. — Congrega Maria S. S. della Carità di M. S., 73 Troy Ave. — Etna, 509 Henry St. — Figli di Aspromonte, 1808 Sterling Pl. — Fraterno Amore, 40 Union St. — Fratellanza Stabiese, 40 President St. — Fratellanza Gaglianese, 212 stanhope St. — Gagliano Castel Ferrato, 95 Throop Ave, 48 soci — Giovanni Bausan, 40 Union St. — Indipendente Milazzo, 642 Third Ave. — Iolanda Margherita, 92 Navy St. — Italiana di M. S., 40 Union St. — La Trinacria, 90 Union St., 96 soci — Lucca Stato Maggiore Bersaglieri, 50 Skilman St. — Lega P. Russo, 66 Myrtle Ave. — Società di M. S. Maria S.S. delle Grazie Benevento e Provincia, 2340 Pacific St. — Società di M. S. Maria S. S. di Loreto, 2336 Pacific St. — Società di M. S. Santa Lucia, 197 Stone Ave. — Società di M. S. San Michele Arcangelo, 2340 Pacific Street — Società di M. S. Paduli Benevento 2341 Atlantic Ave. — Società di M. S. dei Pietracilnesi S. Maria della Libera, 28 Jamaica Ave. — Società di M. S. Maria S. S. di Casaluce, 14 Prospect St. — Megaro Augusta di M. S., 139 Navy St. — Monte Carmelo di M. S., 139 Navy St. — Masaniello, 200 Sixth Ave. — Militare San Donato, 713 Adams St. — Mandamento di Gaeta, 37 Dixon Pl. — Maria S. S. di Pompei, 143 Classon Ave. — Nazionale Italiana, 161 Bridge St. — Nocera Inferiore e Superiore, 90 Union St. — Olimpia di M. S., 73 Troy Ave. — Our Lady of Peace, 452 Carroll St. — Partenopea, 19 President St. — Primo Ottobre, 19 Union St. — Principe di Napoli, 40 Union St. — Procidani, 201 Columbia St. — Principessa Mafalda, 90 Union St. — Principe Emanuele Filiberto, 132 Navy St. — Progresso e Fratellanza Cittadini di Salaparuti, 129 Knickerbocker Ave. — Sant'Alfonso dei Liguori, 452 Carroll St. — Sant'Antonio di Padova, 425 Carroll St. — San t'Anna, 481 Adelphi Street — Sant'Angelo dei Lombardi, 452 Carroll St. 120 soci — San Donato, 504 Caroll St. — San Giuseppe, 452 Carroll St. — San Giovanni Battista, 452 Carroll St. — Santa Margherita Belice, 14 Graham Ave., 476 soci— Santa Maria di Capua Vetere, 90 Union St. — S. S. Sacramento, 292 Third Ave. — San Luigi Gonzaga, 289, 24th St. — Selimunte fra cittadini di Castelvetrano, 200 Johnson Ave. — Sicula

Burgio, 90 Union St. — Vittorio Emanuele III, 90 Union St. — Vetri sul Mare, 90 Union St. — Regina Margherita, 171 Seigel St. — San Giovanni, 230, 21st St. — San Donato, 47 Skilman St. — Santa Lucia 598 Third Ave. — Partanna, 550 Flushing Ave.

Società di mestiere.

Longshoremen's Protective Ass'n, 40 Union St. — Fruit Backers Union, Branch 126, 90 Union St. — United Italian American Ice and Coal Dealers Ass'n., 40 Union St. — United Bootblack Protective League, 65 Myrtle Ave. — Società di Benevolenza Barbieri Italiani, 203 Hamburg Ave.

Società di trattenimento.

Christopher Columbus Social Club, 375 Fulton St. — Italian Citizne Ass'n., 72 President St. — Società Musicale Pietro Mascagni, 334 Ninth Ave. — Fior di Menfi, 122 Central Ave.

Niagara Falls, — Principessa Elena, 223 Erie St., 60 soci — Cristoforo Colombo, 1101 Falls St., 50 soci — Vittorio Emanuele III, 217 Erie St., 60 soci — Toscana San Giuseppe, 1730 Codaback St., 40 soci — Società Reale Italiana, 1203 Niagara St., 25 soci.

North Tarrytown. — Società Calitrana di Mutuo Soccorso.

Oswego. — Cristoforo Colombo, 36 soci — Umberto I, 40 soci.

Port Chester. — Court Volta n. 456 F. o. A. Frank di Paolo Ranger. — Società Italiana di Benevolenza, Mutuo Soccorso.

Poughkeepsie. — Società Stella d'Italia, 13 Magin St., 60 soci — Società Coriglianesi Calabro, 31 Gifford Ave., 42 soci.

Rochester. — Società Bersaglieri La Marmora, Mutuo Soccorso, 10 soci — Regina Elena, id., 86 soci — Società Duca degli Abruzzi, id., 80 soci — Giovani Garibaldini, id., 72 soci — Celanesi, id., 34 soci — Reali Carabinieri, id., 30 soci.

Rome. — Società Stella d'Italia, 100 soci — Unione Abruzzese, 50 soci — Umberto II, 50 soci.

Schenectady — Società Unione Fratellanza, 80 soci — Società Garibaldi 60 soci — Alta Italia, 35 soci.

Seneca Falls. — Società di Mutuo Soccorso, 50 soci.

Siracuse, NY. — Camillo Cavour, 200 soci.

Siracuse, NY. — Camillo Cavour, 200 soci — Agostino Depretis, 200 soci — Duca degli Abruzzi, 100 soci — Principe Amedeo, 50 soci — Vittorio Emanuele III, 50 soci.

Troy. — Elena di Montenegro — Sant'Antonio — Giorgio Washington — Società Siciliana.

Utica. — Società Progresso ed Aiuto, 150 soci — Vittorio Emanuele III, 60 soci — Giuseppe Garibaldi, 50 soci — Società Ausoniese, 40 soci — Società Calabria, 130 soci — Società Laurenzanese, 40 soci — Società Missanellese, 50 soci — Società Capi di famiglia, 30 soci.
Watertown. — Società Umberto I, 50 soci — Società R. P. Hour, 50 soci.
Westfield. — Società di Mutuo Soccorso Stella d'Italia.
White Plains. — Società Stella d'Italia.
Yonkers. — La Marmora, 50 soci — Sant'Antonio, 250 soci — Guglielmo — Marconi, 60 soci — San Rocco, 50 soci — Società Palmese, 50 soci — Società Margherita, 30 soci.

OHIO.

Akron. — Corte Crisoforo Colombo, 121 Foresters of America — Italian Sporting Club, 218 Uhler Ave.
Ashtabula. — Cristoforo Colombo, 55 soci.
Cincinnati. — Unione e Fratellanza — Camillo Cavour — Nazionale — Giuseppe Garibaldi — Vittorio Emanuele II — Giuseppe Mazzini — Sarti Italiani — Contadini Italiani — Gregorio Ugdolena — Bersaglieri.
Cleveland. — Società Fraterna Italiana, Mutuo Soccorso, 210 soci — Società Cristoforo Colombo, id., 190 — Società Operaia di M. S. San Giuseppe, 180 soci — Società di M. S. Trinacria Fratellanza Siciliana, 120 soci — Società di M. S. Alimena, 110 soci — Società Operaia di M. S., 80 soci — Società Imerese del Beato Agostino di M. S., 80 soci — Società Calabrese, 60 soci.
Niles. — Società di M. S. Cittadinanza Barrea (Aquila), 449 Mason St., 120 soci — Società Fraterna di Beneficenza (San Filippo), Magir Block, 65 soci.
Steubenville. — Cristoforo Colombo M. S., 138 No. 6th St., 60 soci.
Wellsville. — Vittorio Emanuele III, 40 soci.
Youngstown. — Duca degli Abruzzi, M. S., 40 soci — P. Mascagni, Italian Independent Social Club, M. S., No. 10 Diamond Block, 60 soci.

OKLAHOMA.

Coalgate. — Menotti Garibaldi.
Hartshorne. — Vittorio Emanuele III.
Krebs. — Cristoforo Colombo.
Lehigh. — Società Indipendente Italiana, No. 1.

OREGON.

Portland. — Foresters of America, Mutuo Soccorso, 350 soci — Ordine Unito dei Druidi, id., 150 soci — Colombo, id., 275 soci — Mazzini, id., 150 soci — Bersaglieri Italiani, id., 120 soci.

PENNSYLVANIA.

Altoona. — Cristoforo Colombo, Mutuo Soccorso.
Anita. — San Giuseppe, Mutuo Soccorso.
Bristol. — Società Italiana di Beneficenza, 85 soci — Società Nascente di Mutuo Soccorso, 65 soci.
Carbondale. — Giovane Italia, Mutuo Soccorso, 70 soci — San Giuseppe, Protezione, 300 soci.
Connellsville. — Società Fraterna Italiana di Mutuo Soccorso, 100 soci.
Dunmore. — Corona d'Italia, Mutuo Soccorso, 90 soci — Principe di Napoli, id., 90 soci — Aviglianesi, id., 50 soci — Nativi Calitrani, id., 50 soci — Due Calabrie, Giovanni Nicotera, id., 90 soci — San Cataldo, id., 80 soci — Avellinese, id., 40 soci.
Hazleton. — Guardia Colombo, Mutuo Soccorso, 42 soci — Reali Savoia, id., 32 soci — Giuseppe Garibaldi, id., 100 soci — San Giuseppe, id., 65 soci — Santa Maria delle Grazie, id., 80 soci — Maria S. S. del Rosario, Congregazione, 545 soci — San Donato, id., 60 soci — Cuore di Gesù, Mutuo Soccorso, 120 soci — Maria S. S. del Carmine, Congregazione, 160 soci.
Freeland. — Maria S. S. del Carmelo, Religione e M. S., 15 soci.
Jessup. — Società Umbria, Mutuo Soccorso, 250 soci.
Latrobe. — Società Figli d'Italia, 500 soci.
New Castle. — Società Casa Savoia, Mutuo Soccorso, 4 City Bldg, 98 soci — Italian American Citizen Society, Jefferson St., 460 soci — Società Umberto I di Savoia, sede al Y. M. C. A. Bldg, 70 soci.
Old Forge. — Guardia Roma, Mutuo Soccorso, 150 soci — Cristoforo Colombo, id., 100 soci — Giuseppe Garibaldi, id., 200 soci
Philadelphia. — Società Unione e Fratellanza Italiana, 463 Bourse Bldg, 314 soci — Società Italiana di Mutuo Soccorso e Beneficenza, 2nd St., 122 So., 350 soci — Società di Mutuo Soccorso dei Sarti Italiani, 1119 Christian St. — Società I. Reggimento Genio e Artiglieria, 616 Pemberton St. — Società Bersaglieri La Marmora, Hicks St., 1424 So. — Legione Umberto I, Penn. Sq., 1416 So. — Società Primo Reggimento Artiglieria di Campagna, 1515 So., Franklin Street — Società Operaia di Mutuo Soccorso e Beneficenza, 914 Montrose St.

144 BOLLETTINO DELL'EMIGRAZIONE

— Legione Giuseppe Garibaldi, 710 Clymer Street — Società di M. S. La Trinacria, 818 Delhi St. — Circolo Savonarola, 1024 Christian St. — Circolo Diodati di M. S., 8th St., 1004 So. — Società Gessopalena, 1205 Wilder Street. — Società Musaicisti di Philadelphia e vicinanze, 914 League St. — Fraterna Associazione Duca degli Abruzzi, 914 League St. — Società Unione Fraterna Monterodunese, S. Warnock St. — Società Italiana Abruzzese, 904 League St. — Società Emancipatrice di M. S. della Provincia di Avellino, 915 Annin Street — Società Unione Abbruzzese, 616 Carpenter Street, 400 soci — Consorella Associazione Italiana Regina Margherita, 923 Passyunk Street, 250 soci — Società di Mutuo Soccorso e Beneficenza Santa Lucia e Maria S. S. della Neve, 910 Carpenter Str.et — Società di M. S. Maria S. S. delle Grazie di Spezzano Albanese, Marchall Street, 1217 soci — Società di Mutuo Soccorso Maria S. S. del Carmine, 704 Washington Ave. — Società Sannita di M. S. San Pietro Celestino Papa, 805 Sheridan Ave. — Società di M. S. Giuseppe Corbi di Calabritto, 1328 So., Clarion Street — Società Italiana Progressiva Calabrittana, 750 Hubbell Street — Circolo Musicale P. Mascagni, 1030 Annin St. — Società S. Francesco di Paola e Maria S. S. di Costantinopoli — Consorella Associazione Italiana di M. S. Maria Santissima del Monte Carmelo, 1726 So., Front St. — Società Italiana di Roccasalegna di M. S., 836 Christian St., 90 soci — Società di Mutuo Soccorso San Rocco, 746 So., Darien St. — Società di Mutuo Soccorso San Nicola di Bari, 918 Fitzwater St., 53 soci — Società Unione Calabrese di M. S., 922 Kimball St. — Società di Mutuo Soccorso San Salvatore, 1122 So., 7th St. — Società di Mutuo Soccorso San Rocco (di donne), 5 Schell St. — Società di donne Italiane di M. S. Madonna del Carmine, 913 Washington Ave. — Società di Mutuo Soccorso fra i Salandresi, 745 So., Marvine St. — Società Irpina di Mutuo Soccorso, 930 Ann Street — Società di Civitella Messer Raimondo, 1317 Kimbal St. — Club Mazzini-Garibaldi, 840 Greewich St., 250 soci — Società di Muro Lucano M. S. Beato Gerardo Majella, 1017 So., 11th St. — Società di Mutuo Soccorso Castelnebula Giovanni, 2038 Gratz St. — Associazione di M. S. Stella d'Italia tra le signore Italiane, 843 Montrose St. Rear, 100 soci — Amerigo Vespucci Council No. 14 of the A. U., 1125 So., 11th St. — Società di M. S. San Biagio, 934 Beulah St., 263 soci — Società Italiana di M. S. dei Nativi della Basilicata, 918 So., 8th St. — Società di Mutuo Soccorso del S. S. Sacramento, 604 Kimball St. — Società di Mutuo Soccorso Sant'Antonio da Padova, 1104 So. Franklin Street — Società di Mutuo Soccorso dei Militari in congedo, 1375 Ridge Ave. — Società di M. S. Maria S. S. della Immacolata Concezione, 844 Wharton St., 120 soci — Società Venatrana di M. S. San

Nicandro, 1002 Catharine St. — Società San Sebastiano provincia di Cosenza, 727 Kimball St. — Società di M. S. Sacro Cuore di Gesù, 614 Kimball St — Società di M. S. Sant'Antonio Martire, 2633 Randolp St. — Società Italiana di M. S. San Donato Val di Comino, 14 So. Sheridan Street — Società Gian Vincenzo Gravina, 813 Fitzwater. St., 97 soci — Italian Citizens M. A. and Protective Association, 927 So., 10th. — Società Cristoforo Colombo, 1208 Wilder St. — Società di M. S. Maria S. S. del Rosario Valle di Pompei, 1008 So., 7th St. — Società di Mutuo Soccorso dei Santi Protettori (San Nicandro, Marciano e Daria) di Venafro, 511 Christian St. — Società Italiana di M. S. San Giovanni Battista, 1375 Ridge Ave. — Società Cattolica di M. S. di San Giuseppe, 825 So., 9th St. — Unione Economica Cooperativa Erbitense, 713 Montrose St. — Società Cattolica San Donato e Maria S. S. di Costantinopoli, 906 Carpenter Street, 100 soci — Congrega di Maria S. S. Addolorata fra i cittadini di Civitella Messer Raimondo, 1309 Kimball Street — Società di M. S. Maria SS. della Libera, 607 Fitzwater St., 59 soci — Società Italiana di M. S. Sant'Anna di Filignano, 715 So., 7th St. — Società di M. S. tra i campagnesi di Filadelfia, 1032 So., 7th St. — Società di M. S. e Beneficenza della Prov. di Campobasso, 13 75 Ridge Ave. — Società di M. S. di donne Maria S. S. delle Grazie di Spezzano Albanese, prov. di Cosenza, 1533 Iseminger St. — Società di M. S. di Maria SS. della Misericordia di Fontanarosa, prov. di Avelino, 819 So., Hutchinson St. — Società di M. S. Santa Barbara, 1024 Montrose St. — Corte Amerigo Vespucci, n. 234 F. O. F., 929 Mc Clellan L. St. — Società Maria SS. del Carmine in Camden N. J., 1232 So., Warnock St. — Società Italiana di M. S. Scalpellini Italiani, 1330 So., Hicks St. — Società Italiana di M. S. San Rinaldo, 711 So., Hutchinson St. — Società M. S. del Pettoruto in Camden N. J., 214 So., 2nd St. Camned N. J. — Hat Makers Beneficial Associacion, 1027 Cross St. — Società Italiana di M. S., 609 Webster St. (S. Genovario) — Società di M. S. di Maria SS delle Grazie di Acquavella Cilento, 1024 Montrose St. — Società Cattòlica Italiana di M. S., 1302 S. Warnock St. — Società di M. S. San Emillio, 1309 So., Hicks St. — Società di M. S. San Cosmo e Damiano d'Isernia, 1238 Christian St., 125 soci.

Pottsville. — Società Amor Fraterno, 200 soci, Thomas Casale — Società Leone XIII, 502 No. Cebtre St., 30 soci.

Reading. — Società Spartaco di M. S. circa 100 soci.

Roseto. — San Filippo Neri, 150 soci — Società Indipendente di M. S., 40 soci — « Addolorata » M. S., 60 soci.

Pittsburg. — Legione Giuseppe Garibaldi, Mutuo Soccorso, 6403 Apple Ave., 62 soci — Società Operaia Italiana di M. S., 141 Wilslow St., 300 soci — Società Operaia di M. S. L'Assunzione di Maria Vergine, 97 Washington

St., 150 soci — **Società di M. S. Vittorio Emanuele II**, 24 Omega Street, 90 soci — Cassa di Previdenza per gli Operai Italiani, 872 soci — Società Fraterna Italiana di M. S., 1233 Penn. Ave., 387 soci — Società di M. S. Italo-Americana di Protezione, 4018 Penn. Ave., 65 soci.

Pittston. — «San Cataldo», Mutuo Soccorso, 100 soci — Policarpo Petrocchi, id., 100 soci.

Scranton. — Giuseppe Mazzini, Mutuo Soccorso, 250 soci — Vittorio Emanuele II, id., 180 soci — Sicula Americana, id., 35 soci — Cattolica Religione Patria, id., 90 soci — Nord Italia, id. 100 soci — Ricciotti Garibaldi id., 50 soci — San Rocco, id., 60 soci.

Sharpsburg. — Società Regina Elena, Adress P. O., 50 soci.

South Bethlehem. — Italian Beneficial Society, Mechanic St. — Italian Independent Club, 719, 5th Street.

Steelton. — Società Italiana di M. S. San Michele, 80 soci.

Uniontown. — Società di M. S. Cristoforo Colombo, 97 soci.

Walston. — G. Garibaldi, Mutuo Soccorso, 200 soci — S. Antonio, di., 200 soci.

Wayne. — Maria SS. della Libera.

Williamsport. — Società di Mutuo Soccorso « Ufficiali Bersaglieri », I. Gaglione 111 East 3rd. St.

RHODE ISLAND.

Bristol. — Principessa Elena di Napoli, Mutuo Soccorso, 176 Bradford St., 72 soci — Società Giuseppe Garibaldi, id., 445 Wood Street, 32 soci — Società Santa Maria Atranese, id., 168 Bradford St., 30 soci.

Pawtucket. — Società Unione e Fratellanza, 111 Water St., 100 soci — Foresters of America.

Providence. — Società di M. S. Unione e Benevolenza, Brayton Ave., 150 soci — Società di M. S. Corte Firenze F. of A., 54 America St., 330 soci — Società di M. S. Roma, 130 Arthur Ave., 120 soci — Società di M. S. Bersaglieri, 127 Cedar St., 90 soci.

TENNESSE.

Memphis. — Fratellanza Italiana, Beneficenza, 160 soci — Mutuo Soccorso Vittorio Emanuele III, id., 40 soci — Società Giardinieri Italiani, id., 50 soci

Nashville. — Club « La Unione Italiana ».

TEXAS.

Beaumont. — Società di Beneficenza San Salvatore, 110 soci.
Byran. — Società Cristoforo Colombo, 100 soci — Società Agricola, 250 soci
Dallas. — Società di Mutua Beneficenza « Roma », 40 soci — Alta Italia, 24 soci — La Luce, 29 soci.
Galveston. — Società Italiana di Mutua Beneficenza, Market St., 37 soci — Loggia Garibaldi (Old Fellows) Beneficenza, Market St., 40 soci — Loggia Massonica « Il Diritto Umano », N. 326, 27 soci — Società Giovanni Italiani, 20 soci.
Houston. — Società Colombo e Margherita di Savoia, Main St., 60 soci — San Giuseppe, 40 soci.
Sant'Antonio. — Società di M. S. Cristoforo Colombo, 75 soci.
Texarkana. — Società Italiana M. S. Principe di Piemonte.
Thuber. — La Cattolica — La Stella d'Italia, 160 soci — La Forester — Druiz — Alfela.
Waco. — Cristoforo Colombo, 75 soci.

UTAH.

Salt Lake City. — Cristoforo Colombo, 70 soci.

VIRGINIA.

Norfolk. — Unione e Fratellanza Italiana di M. S., 222 Water St., 80 soci.
Richmond. — Unione e Fratellanza di M. S., 1231 Franklin St., 120 soci.

WASHINGTON.

Cle Elum. — Società « Conte di Torino », Forester, 200 soci — Società A. O. O. Druidi, 80 soci — Cacciatori d'Africa.
Roslyn. — Felice Cavallotti, Beneficenza, 35 soci — Silvio Pellico, 2nda Figliale, 180 soci — A. O. O. Druidi, 96 soci — Cacciatori d'Africa, 96 soci.
Seattle. — Corte Roma, F. o .A., 511 third Ave., 150 soci — Società Mazzini. 510 Main St., 80 soci — Columbus Grove (Druidi), 600, 4th Ave., 80 soci — Società XX Settembre, 600 Fourth Ave., 50 soci.
Spokane. — Società Marconi, Box 760, 70 soci — Società Figli di Colombo, Box 760, circa 60 soci.
Tacoma. — Società Vittorio Emanuele III, 13th and D. Sts., 80 soci.

WEST VIRGINIA.

Fairmont. — Guglielmo Marconi, Wheeling. W. Va., 40-50 soci.
Morgantown. — Unione e Fratellanza Italiana, 80 soci.
Mcnongah. — Società di Vittorio Emanuele III.
Thomas. — Società di Mutuo Soccorso, 105 soci.

WISCONSIN.

Hurley. — Mutuo Soccorso Italiano, 75 soci — Bersaglieri di Savoia, 48 soci — Forester of America, 140 soci — North Italian, 60 soci — Società Abruzzi, 50 soci.
Pence. — Società di M. S. Speranea, 50 soci — Società di M. S. Giuseppe Garibaldi, 80 soci.
Racine. — Società Italiana di M. S., 35 soci.

NUMERO DELLE SOCIETÀ

Tavola A

esistenti in ciascun centro abitato dagli emigrati italiani nei diversi Stati della Confederazione e numero dei soci

STATI E CITTÀ	N. delle Società italiane esistenti alla fine del 1910	Società italiane per le quali si ha notizia del numero dei soci	
		Società	Soci
Alabama:			
Birmingham	2	2	225
Ensley	1	1	80
Mobile	1	1	18
Totale	4	4	323
California:			
Asti	2	—	—
Healdsburg	1	1	200
Jackson	1	1	135
Los Angeles	8	8	844
Sacramento	4	—	—
San Francisco	9	9	1620
San José	6	6	985
Santa Cruz	2	2	570
Totale	33	27	4354
Colorado:			
Aguilar	1	—	—
Denver	6	6	840
Pueblo	6	6	100
Trinidad	5	5	1200
Totale	18	17	2140
Connecticut:			
Bridgeport	1	1	173
Hartford	7	7	540
Middletown	1	—	—
New Haven	8	8	80
Stamford	6	6	633
Waterbury	5	—	—
Torrington	2	2	130
Totale	33	24	225

150 BOLLETTINO DELL'EMIGRAZIONE

STATI E CITTÀ	N. delle Società italiane esistenti alla fine del 1910	Società italiane per le quali si ha notizia del numero dei soci — Società	Soci
Delaware:			
Wilmington	4	4	660
Totale	4	4	660
Distretto di Columbia:			
Washington	6	6	836
Totale	6	6	836
Florida:			
Tampa	2	2	265
Totale	2	2	265
Illinois:			
Benld	1	1	400
Chicago	11	11	2806
Du Quoin	1	1	34
Harrin	3	3	775
Johnston City	2	—	—
Ladd	3	3	1000
Murphysboro	1	1	50
Portland	1	1	150
Riverton	2	2	235
South Wilmington	4	4	700
Stanton	2	2	450
Totale	31	29	6600
Indiana:			
Indianapolis	2	2	110
Totale	2	2	110
Io.a:			
Des Moines	4	4	330
Seymour	2	2	430
Totale	6	6	760
Louisiana:			
Lake Charles	2	2	125
New Orleans	12	12	2145
Shreveport	1	1	75
Totale	15	15	2345

STATI E CITTÀ	N. delle Società italiane esistenti alla fine del 1910	Società italiane per le quali si ha notizia del numero dei soci	
		Società	Soci
Maryland:			
Baltimore	16	15	2320
Totale	16	15	2320
Massachusetts:			
Boston	41	40	4760
Fall River	2	2	110
Fitchburg	1	1	74
Greenfield	1	1	25
Haverhill	2	2	160
Lawrence	6	6	510
Lynn	1	1	75
Milford	3	3	418
North Adams	3	3	318
Sommerville	3	3	300
Springfield	3	3	670
Worcester	6	—	—
Totale	72	65	7420
Maine:			
Portland	1	1	100
Totale	1	1	100
Michigan:			
Essemer	3	3	327
Calumet	6	—	—
Detroit	9	9	1295
Iron Mountain	6	6	1390
Laurium	5	—	—
Negaunee	2	—	—
South Range	4	4	599
Totale	35	22	3411

STATI E CITTÀ	N. delle Società italiane esistenti alla fine del 1910	Società italiane per le quali si ha notizia del numero dei soci	
		Società	Soci

Minnesota:

Duluth	1	1	50
Ely	1	—	—
Eveleth	2	2	110
Hibbing	2	2	200
Minneapolis	1	1	300
St. Paul	2	1	70
Stillwater	1	—	—
Totale	10	7	720

Mississippi:

Gulfport	1	1	40
Totale	1	1	40

Missouri:

Kansas City	8	8	810
St. Louis	6	6	1885
Totale	14	14	2695

Montana:

Butte	1	1	110
Totale	1	1	110

Nevada:

Reno	2	—	—
Totale	2	—	—

New Jersey:

Atlantic City	4	4	188
A riportarsi	4	4	188

STATI E CITTÀ	N. delle Società italiane esistenti alla fine del 1910	Società italiane per le quali si ha notizia del numero dei soci	
		Società	Soci
Riporto	4	4	188
Bayonne	3	3	285
Elisabeth	6	6	170
Hammonton	1	—	—
Jersey City	6	5	913
Long Branch	3	3	130
Hoboken	4	4	1313
Madison	2	—	—
Newark	53	53	8145
Orange	1	1	400
Passaic	2	2	200
Patterson	9	9	906
Raritan	2	—	—
Trenton	6	6	355
Vineland	4	4	305
West Hoboken	7	6	1858
Totale	113	106	15168

Nebraska:

Omaha	1	—	—
Totale	1	—	—

New York:

Albany	3	3	135
Amsterdam	4	4	384
Auburn	3	3	160
Binghamton	1	—	—
Brant	1	—	—
Buffalo	34	—	—
Dunkirk	1	—	—
A riportarsi	47	10	679

STATI E CITTÀ	N. delle Società italiane esistenti alla fine del 1910	Società italiane per le quali si ha notizia del numero dei soci	
		Società	Soci
Riporto	47	10	679
Elmira	1	—	40
Fredonia	4	4	300
Geneva	1	1	50
Haverstraw	1	1	70
Inwood	3	3	225
Lawrence	1	1	50
Mount Vernon	2	—	—
New Rochelle	3	3	210
New York City	—		—
Borgo di Manhattan	218	11	2300
Borgo di Brooklyn	90	4	740
Niagara Falls	5	5	235
North Tarvytown	1	—	—
Oswego	2	2	76
Port Chester	2	—	—
Poughkeepsie	2	2	102
Rochester	6	6	401
Rome	3	3	200
Schenectady	3	3	175
Seneca Falls	1	1	50
Syracuse N. Y.	5	5	600
Troy	1	—	—
Utica	8	8	550
Watertown	2	2	100
Westfield	1	—	—
White Plains	1	—	—
Yonkers	6	6	490
Totale	453	81	7676

STATI E CITTÀ	N. delle Società italiane esistenti alla fine del 1910	Società italiane per le quali si ha notizia del numero dei soci	
		Società	Soci
Ohio :			
Akron	2	—	—
Ashtabula	1	1	55
Cincinnati	10	—	—
Cleveland	8	8	1030
Niles	2	2	185
Steubenville	1	1	60
Wellsville	1	1	40
Yongstown	2	2	100
Totale	27	15	1470
Oklahoma :			
Coalgate	1	—	—
Hartshorne	1	—	—
Krebs	1	—	—
Lehigh	1	—	—
Totale	4	—	—
Oregon :			
Portland	5	5	1045
Totale	5	5	1045
Pennsylvania :			
Altoona	1	—	—
Anita	2	—	—
Bristol	2	2	150
Carbondale	2	2	370
Connellsville	1	1	100
Dunmore	7	7	490
A riportarsi	15	12	1110

STATI E CITTÀ	N. delle Società italiane esistenti alla fine del 1910	Società italiane per le quali si ha notizia del numero dei soci	
		Società	Soci
Riporto	15	12	1110
Hazleton	9	9	1204
Freeland	1	1	15
Jessup	1	1	250
Latrobe	1	1	500
New Castle	3	2	168
Old Forge	3	3	450
Philadelphia	83	14	2551
Pottsville	2	2	230
Reading	1	1	100
Roseto	3	3	250
Pittsburg	7	7	1926
Pittston	2	2	200
Scranton	7	7	765
Sharpsburg	1	1	50
South Bethlehem	2	—	—
Steelton	1	1	80
Uniontown	1	1	97
Walston	2	2	100
Wayne	1	—	—
Williamsport	1	—	—
Totale	147	70	10346

Rhode Island:

Bristol	3	3	134
Pawtucket	2	1	100
Providence	4	4	690
Totale	9	8	924

BOLLETTINO DELL'EMIGRAZIONE 157

STATI E CITTÀ	N. delle Società italiane esistenti alla fine del 1910	Società italiane per le quali si ha notizia del numero dei soci	
		Società	Soci
Tennessee :			
Memphis	3	3	250
Nashville	1	—	—
Totale	4	3	250
Texas :			
Beaumont	1	1	110
Bryan	2	2	350
Dallas	3	3	93
Galveston	1	1	124
Houston	2	2	100
Sant'Antonio	1	1	75
Texarkana	1	—	—
Thuber	5	1	160
Waco	1	1	75
Totale	20	15	1087
Utah :			
Salt Lake	1	1	70
Totale	1	1	70
Virginia :			
Norfolk	1	1	80
Richmond	1	1	120
Totale	2	2	200
Washington :			
Cle Elum	2	2	280
Roslyn	4	4	107
A riportarsi	6	6	687

STATI E CITTÀ	N. delle Società italiane esistenti alla fine del 1910	Società italiane per le quali si ha notizia del numero dei soci	
		Società	Soci
Riporto	6	6	687
Seattle	4	4	360
Spokane	2	2	130
Tacoma	1	1	80
Totale	13	13	1257
West Virginia :			
Fairmont	1	1	50
Morgantown	1	1	80
Monongah	1	—	—
Thomas	1	1	105
Totale	4	3	235
Wisconsin :			
Hurley	5	5	373
Pence	2	2	130
Racine	1	1	35
Totale	8	8	538

RIEPILOGO

Tavola 13

STATI	Numero delle città e centri in cui vi sono Società italiane	Numero delle Società italiane esistenti alla fine del 1910	Società Italiane per le quali si ha notizia del N. dei Soci	
			Società	Soci
Alabama	3	4	4	323
California	8	33	27	4354
Colorado	4	18	17	2440
Connecticut	7	33	21	2256
Delaware	1	4	4	660
Distretto di Columbia	1	6	6	836
Florida	1	2	2	265
Illinois	11	31	29	6600
Indiana	1	2	2	110
Jowa	2	6	6	760
Louisiana	3	15	15	2345
Maryland	1	16	15	2320
Massachusetts	12	72	65	7420
Maine	1	1	1	100
Michigan	7	35	22	3611
Minnesota	7	10	7	730
Mississippi	1	1	1	40
Missouri	2	14	14	2695
Montana	1	1	1	110
Nevada	1	2	—	—
New Jersey	16	113	106	15168
New York	32	453	81	7676
Nebraska	1	—	—	—
Ohio	8	27	15	1470
Oklahoma	4	4	—	—
Oregon	1	5	5	1045
Pennsylvania	26	147	70	10346
Rhode Island	3	9	8	924
Tennessee	2	4	3	250
Texas	9	20	15	1087
Utah	1	1	1	70
Virginia	2	2	2	200
Washington	5	13	13	1257
West Virginia	4	4	3	235
Wisconsin	3	8	8	538
TOTALI	192	1116	592	78241

MINISTERO DEGLI AFFARI ESTERI

COMMISSARIATO DELL'EMIGRAZIONE

BOLLETTINO DELL'EMIGRAZIONE

Anno 1913.   N. 1.

SOMMARIO.

I. B. Attolico: " Sui campi di lavoro della nuova ferrovia transcontinentale canadese „.

II. L. Provana: " Condizioni della emigrazione nel r. Distretto consolare in Chicago „.

III. G. Moroni: " Lo Stato dell'Alabama „.

IV. G. Moroni: " L'Emigrazione Italiana in Florida „.

ROMA
STAB. TIP. SOCIETÀ CARTIERE CENTRALI
Via Appia Nuova, 234-A
1913

Condizioni della Emigrazione nel R. Distretto consolare in Chicago

(*Da un rapporto del Reggente il R. Consolato in Chicago, Conte Luigi Provana del Sabbione, giugno 1912*)

Movimento della Emigrazione.

Arrivi.

Dalle statistiche federali della immigrazione, testè pubblicate, risulta che dal 1 luglio 1910 al 30 giugno 1911 immigrarono negli Stati di questa Unione 1.030.300 individui di cui 213.360 italiani.

Fissarono o dichiararono allo arrivo di voler fissare la loro residenza in alcuno degli Stati di questa giurisdizione consolare 218.387 persone di cui 24.528 italiani: 18.256 italiani del Sud, 6.272 italiani del Nord.

Essi si ripartirono come segue:

Illinois	Indiana	Iowa
3.055. Nord	196. Nord	480. Nord
7.899. Sud	394. Sud	320. Sud
10.954.	590.	800.
Kentucky	Michigan	Minnesota
10. Nord	903. Nord	349. Nord
61. Sud	1546. Sud	884. Sud
71.	2449.	1223.
Missouri	Ohio	Wisconsin
566. Nord	496. Nord	217. Nord
1379. Sud	4778. Sud	1005. Sud
1945.	5274.	1222.

Partenze.

Durante lo stesso periodo rimpatriarono dai vari stati della Unione 518.215 persone di cui 117.365 italiani. Da questo distretto 72.873 di cui 10.974 italiani: 8.038 italiani del Sud, 2936 del Nord. Essi partirono dai vari Stati del distretto in questa misura:

Illinois	Indiana	Iowa
1301. Nord	108. Nord	139. Nord
3671. Sud	202. Sud	76. Sud
4972.	310.	215.
Kentucky	Michigan	Minnesota
22. Nord	357. Nord	223. Nord
10. Sud	735. Sud	332. Sud
32.	1092.	555.
Missouri	Ohio	Wisconsin
270. Nord	416. Nord	100. Nord
458. Sud	2039. Sud	415. Sud
728.	2455.	515.

L'aumento degli arrivi sulle partenze rimane pertanto dimostrato dal seguente specchietto:

STATI UNITI.

Complessivamente:	Arrivi	1.030.300	
	Partenze . . .	518.225	
	Differenza . . .		512.085
Italiani	Arrivi	213.360	
	Partenze . . .	117.365	
	Differenza . . .		95.995

DISTRETTO CONSOLARE.

Complessivamente:	Arrivi	218.387	
	Partenze ...	72.873	
	Differenza. .·.		145.514
Italiani	Arrivi	24.528	
	Partenze ...	10.974	
	Differenza. . .		13.524

Istituti di assistenza e protezione.

La grande maggioranza di questa massa emigrata, ammontante, dunque, in questo distretto a circa 275,000 abitanti, appena pone piede sul territorio di questi Stati si cerca impiego, accomoda le eventuali sue vertenze, invia ai parenti nel Regno il guadagno del suo lavoro e rimpatria più tardi, senza che generalmente ricorra ad alcun'altra assistenza che non sia il consiglio dell'amico compaesano e quello, più o meno disinteressato, del ben noto *Banchista* e cioè ad un tempo: banchiere, scrivano, agente di collocamento al lavoro, interprete, intermediario, negoziante, ecc., ecc.

La sua vita è puramente vita di strenuo lavoro e tutt'al più, dagli agglomeramenti coloniali sorgono le società di Mutuo Soccorso ed Assistenza, circa 400 nella sola città di Chicago, i di cui effetti pratici si riducono, più che altro, a soddisfare la vanità di coloro che riescono a farsi nominare ufficiali della associazione stessa o ad organizzare piccole feste sociali.

Sua caratteristica principale è la continua sua mobilità da un impiego all'altro, da una località ad un'altra a seconda delle migliori o peggiori condizioni del mercato del lavoro: è quasi inafferrabile e non può su di essa riversarsi quella protezione ed assistenza preventiva di cui pure tanto necessita e che faciliterebbe i risultati dell'assistenza che riceve qualora per ragioni varie di malattia, infortunio, mancanza di lavoro ecc. essa si trovi costretta a farvi ricorso.

Come si esplica ora questa assistenza?

Essa può essere suddivisa in vario modo a seconda la si consideri nei rispetti dei momenti vari della vita dell'emigrato (arrivo, ricerca di abitazione, ricerca di impiego, vertenze di vario genere, malattia, rimpatrio, morte) oppure a seconda della natura della assistenza o protezione (Uffici governativi o privati di collocamento al lavoro, uffici legali, ospedali, scuole, società di beneficenza, istituti di assicurazione sulla vita) od infine, a seconda del carattere dell'istituto di protezione o tutela (Governativo, privato, coloniale vero e proprio, coloniale sussidiato, consolare).

Ma poichè sono pochi gli istituti che limitano la loro opera ad uno solo dei rami di assistenza, stimo opportuno seguire, con accenni brevi e sommari, questa ultima suddivisione.

Istituti Governativi Americani. — Non ve ne sono in questo Distretto e ad essi accenno solo perchè se ne lamenta la mancanza e se ne ventila la istituzione. Venne anzi già stanziata la somma di 75 mila dollari per la costruzione di una « stazione per gli immigranti » i quali ultimi riceveranno, all'arrivo, temporaneo asilo e verranno diretti alle loro abitazioni da guide ed interpreti di fiducia. È stato infatti replicatamente lamentato come, per la mancanza di una efficace sorveglianza della polizia, molti immigranti rimasero vittime, particolarmente di disonesti cocchieri o di agenzie di trasporto. Attualmente alcune *Private Istituzioni* esercitano una abbastanza efficace tutela. Oltre alle principali Compagnie ferroviarie che offrono agli immigranti, giunti con i treni delle loro linee, camere di riposo, bagno, vitto e servizio di interprete o guida, grandi benefici rende la *Immigrant Protective League* il di cui Comitato Direttivo, composto di persone di varia nazionalità, dispone che ad ogni arrivo di treno si trovi un rappresentante della Lega per aiuto e consiglio, procura alloggio gratuito od a modicissimo prezzo ed aiuta l'immigrante nella ricerca di abitazione e lavoro; compie sulle condizioni dei vari gruppi coloniali inchieste e studi, propone al governo misure protettrici ed esercita su larga scala la beneficenza. Opera di beneficenza, specialmente per quanto riguarda la elargizione di sussidi in effetti o denaro, compie la associazione « United Charities » ed assistenza varia la ben nota « Hult House » i di cui apparati sono però forse sproporzionati ai reali benefici che accorda.

In quanto alle *Istituzioni Coloniali* vere e proprie, qualora si eccettuino la Società di Beneficenza delle Donne Italiane ed il Circolo Maria Adelaide, che si limitano ad organizzare delle feste di carità, per scopi diversi, le altre danno dei risultati poco soddisfacenti; apatia da una parte, invidie e gelosie personali e regionali dall'altra, sono la causa di questo poco lusinghiero stato di cose.

Le scuole parrocchiali, in quanto disgraziatamente non sono ancora sussidiate dal Patrio Governo, (ad eccezione di quella di Willisville, Illinois) possono venire considerate come le sole istituzioni che, nate nella Colonia, esplicano utile, sana e lodevolissima opera educativa e patriottica. I cenni sommari della presente enumerazione non consentono una disamina dettagliata di questo importante problema della scuola italiana nel Nord America, ma tuttavia io non esito ad affermare che riuscirebbe vano ogni tentativo di organizzare un sistema scolastico italo-americano che non si imperniasse sulla scuola cattolica parrocchiale. L'indole religiosa del nostro connazionale, l'aiuto finanziario che la chiesa accorda alla scuola nella costruzione dell'edificio e nel suo mantenimento, lo spirito degli insegnanti e le varie garanzie di ordine morale che offre la scuola parrocchiale, sono argomenti che raccomandano vivamente la concessione di sussidi a queste benemerite istituzioni, sussidi che indurrebbero i sacerdoti a dare ancora maggior sviluppo, più che, ora, non facciano, allo insegnamento e allo spirito italiano.

Parallela all'opera delle scuole parrocchiali sta l'opera di due altre istituzioni, entrambi ecclesiastiche e di cui una sola, almeno per ora sussidiata dal Patrio Governo: intendo il Segretariato della Italica Gens ed il Columbus Hospital. Circa il primo trascrivo un mio rapporto di recente data al Commissariato della Emigrazione:

« ..... recentemente è stato istituito in questa città un vero e proprio Segretariato della Italica Gens. Ne è Direttore il Rev. Luigi Valletto, da Collegno.

« Il locale Segretariato si propone di esplicare in questo distretto l'opera che è propria dei Segretariati della Italica Gens, vale dire: assistenza dell'emigrato nella ricerca del lavoro, vertenze di vario genere, consigli legali, ecc.

« Potrà rendere utili servigi alla nostra emigrazione specialmente agricola in quanto mantiene stretti rapporti con la « Catholic Colonization Society U. S. A. » di cui è direttore generale l'arcivescovo di Saint Louis, Missouri.

« ..... la Società stessa si propone di facilitare ai cattolici indigenti ed emigrati l'acquisto di terreni in qualsiasi parte della repubblica e, senza prenderne alcuna responsabilità diretta, raccomanda l'acquisto di terreni qualora offrano sufficienti garanzie. In compenso di quest'opera di intermediari gli originali proprietari dei terreni si obbligano a costruire una chiesa, la casa parrocchiale, una scuola se del caso ed a sussidiare un sacerdote.

« I soddisfacenti risultati sinora conseguiti consigliano a seguire con la massima attenzione ed interesse la futura azione che sarà svolta dalla « Catholic Colonization Society » con l'assistenza della Italica Gens ».

In quanto al Columbus Hospital, *Istituzione Coloniale sussidiata*, mi riferisco ai rapporti dettati dal cav. Sabetta che lumeggiano l'opera benefica ed umanitaria esplicata da tale istituto nella Colonia ed io non posso che augurare che ad esso vengano dal Governo concessi maggiori fondi e sussidi affinchè possa sempre più estendersi la sua opera di assistenza. Il Columbus Hospital ha in sè elementi per rappresentare la istituzione benefica, per eccellenza, della Colonia: i nostri emigranti, proporzionatamente alle altre nazionalità, ricorrono in minima misura alle istituzioni locali di beneficenza sia perchè è fra essi molto sviluppato il senso di mutuo soccorso, sia perchè le istituzioni americane accompagnano troppo spesso l'atto di assistenza vera e propria con un sistema di inchiesta, ammaestramenti, consigli e regolamenti che non si confà alla nostra indole, ma tuttavia la assistenza medica è impellente specie quella *preventiva*. Chiunque abbia visitato e constatato negli aggruppamenti coloniali lo stato igienico miserevole dei nostri bambini, rachitici in una allarmante proporzione, non può che con me desiderare che finalELmente sorga nella Colonia una istituzione che con sale di maternità, ambulatori, brefotrofi ecc., porga riparo e rimedio a tali dolorose condizioni.

Il Columbus Hospital di questa città sussidiato sul fondo della Emigrazione con 25,000 lire, ha ricoverato gratuitamente 259 italiani dal 1° gennaio al 31 dicembre 1911, con un totale di giornate di cura 7414. Calcolando il costo medio del mantenimento dell'ammalato a doll. 1,25 al giorno si ha il totale di doll. 9267,50 spesi dall'ospedale a beneficio dei nostri emigrati.

Prima di chiudere questi appunti, voglio far cenno ad un altro istituto coloniale che è o dovrebbe essere l'indice della nostra attività economica in questa metropoli e precisamente la Camera di Commercio sorta per nobile iniziativa del cav. Sabetta. L'indirizzo dato recentemente alla Camera dall'attuale suo consiglio direttivo, indirizzo pratico e meglio corrispondente alle finalità dell'istituto, induce a sperare che presto possano rendersi palesi i vantaggi che ne dovrebbero derivare al ceto commerciale italiano e locale.

La Camera è sussidiata dal **Ministero di Agricoltura, Industria e Commercio** con lire 4,000 annue.

MINISTERO DEGLI AFFARI ESTERI

COMMISSARIATO DELL'EMIGRAZIONE

BOLLETTINO DELL'EMIGRAZIONE
(pubblicazione mensile)

Anno XII.   15 Dicembre 1913.   N. 14.

SOMMARIO.

1. *Atti Ufficiali del Commissariato*: Circolare agli Ispettorati d'emigrazione, pag. 3.
2. G. DE LUCCHI: *L'emigrazione italiana nel distretto consolare di Innsbruck*, pag. 5.
3. C. UMILTÀ: *Il Paranà e l'emigrazione italiana*, pag. 51.
4. F. DANEO: *L'emigrazione italiana in California*, pag. 55.

LEGISLAZIONE SOCIALE

F. DANEO: *Gli infortuni sul lavoro in California e le leggi statali*, pag. 59.
F. DANEO: *Gli infortuni sul lavoro nello Stato del Washington*, pag. 65.
Appunti di legislazione sociale:
   I. Nuova legge sul lavoro delle donne nello Stato di Pennsylvania, pag. 71.
   II. La costituzionalità della nuova legge sul lavoro dei fanciulli nel Massachussetts, pag. 71.
   III. Progetto di legge sulla paga minima per le donne nello Stato di Oregon, pag. 72.

NOTIZIARIO

   I. — Informazioni sulle condizioni dell'emigrazione italiana nella provincia di Ontario, pag. 73.
   II. — Il lavoro a domicilio nei grandi centri industriali degli Stati Uniti, pag. 75.
   III. — Tassa per i rimpatrianti dal Canadà, per la via degli Stati Uniti, pag. 76.
   IV. — Colonizzazione in Florida, pag. 77.
   V. — Movimento migratorio negli Stati Uniti, pag. 77.
   VI. — Paghe e ore di lavoro negli Stati Uniti, pag. 78.
   VII. — Note agricole sullo Stato di Connecticut, pag. 80.
   VIII. — Note agricole sullo Stato di Massachussetts, pag. 82.
   IX. — Note agricole sullo Stato del New Hampshire, pag. 84.

ROMA
STAB. TIP. SOCIETÀ CARTIERE CENTRALI
Via Appia Nuova, 234-A

1913

# L'emigrazione Italiana in California

(*Da un rapporto del R. Console in S. Francisco* CAV. DANEO)

Le Contee di Calaveras ed Amador, in ispecie questa ultima, sono assai interessanti per l'emigrazione italiana. Jackson, capitale della Contea di Amador, è un centro minerario: qui è affluita la prima emigrazione italiana in California, attiratavi dalla messa in esercizio delle miniere. Oggi la popolazione della Contea è forse per metà oriunda italiana, specialmente ligure e piemontese, ma si è americanizzata, conservando però qualche simpatia italiana.

Le principali famiglie del paese portano nomi italiani, quali Garibaldi, Lavaggi, Caminetti, Chichizzola, Spagnoli, Vicino, ecc., e sono oriundi italiani vari avvocati, farmacisti, tenitori di *saloons*, ecc. L'attuale Commissario Generale di immigrazione a Washington, il senatore Caminetti, ha il suo feudo elettorale a Jackson.

La Contea, che aveva circa 9000 abitanti nel 1910, non ha altre industrie all'infuori della mineraria e dell'allevamento del bestiame. Molti italiani possiedono dei « ranchi ».

L'emigrazione vecchia ha, presentemente, lasciato il lavoro delle miniere; i minatori italiani sono ora emigranti giovani provenienti di recente dall'Italia, ove hanno lasciato la famiglia, ed abitano nei « saloons » vicini alle miniere.

Pochi italiani fanno parte della Unione americana dei minatori. Nei centri sono generalmente inscritti alle logge dei « Druidi », specie di massoneria Californiana.

Le paghe sono inferiori a quelle dello Stato del Nevada, variando da dollari 2,50 a dollari 2,75. Il lavoro delle miniere si fa però in condizioni di sicurezza migliori che non nel Nevada.

A Los Angeles ebbi occasione di visitare due importantissime aziende agricole, fondate da italiani, l'una proprietà dell'« Italian Wineyard Company », e l'altra il « rancho » Schiappapietra.

L'« Italian Wineyard Company » coltiva oggi a vite una estensione di 4000 acri di terreno, ed ha dato origine ad un piccolo centro di emigranti, piemontesi in maggioranza.

Fondatore fu il cav. Guasti, che comperò quei terreni, parecchi anni fa, per una cifra irrisoria, perchè erano reputati sterili e sabbiosi. Ma sotto lo strato di sabbia, di circa 30 o 40 centimetri, vi era della terra fertile, ed oggi, grazie al sistema del « dry farming », aratura molto profonda, ed ai sistemi modernissimi e costosi di irrigazioni, quei terreni hanno raggiunto il valore di dollari 500 all'acre.

Il « rancho » Schiappapietra è a Ventura, località vicina a Santa Barbara. Esso fu acquistato oltre 50 anni fa da un prete genovese ed oggi è condotto da un avvocato ligure, il signor Ferro, uno degli eredi.

Ventura è un centro agricolo importantissimo, anche esso in gran parte di proprietà di oriundi italiani. Poco numerosa vi è la mano d'opera italiana, la quale vi sarebbe desideratissima.

La questione della mano d'opera agricola in California e della convenienza di dirigere l'emigrazione italiana verso quell'impiego, richiederebbe però indagini più sicure e profonde.

I salari agricoli pagati a Los Angeles, a Ventura, a S. Barbara variano tra 50 e 60 dollari senza mantenimento, e tra 25 e 35 col mantenimento. Ma la semplice economia sui salari non permette all'emigrante di migliorare la sua sorte in modo definitivo: se è solo, può mandare in Italia di che aiutare i genitori o mantenere la propria famiglia; se ha con sè la famiglia, di cui nessun altro membro sia in grado di guadagnare, ha appena di che campare decentemente.

L'emigrante dovrebbe diventare affittavolo e poi piccolo proprietario. La conduzione delle terre è basata sul sistema della mezzadria, che varia a seconda della coltura: così per i fagiuoli, coltura che si fa qui in grande, con criteri industriali, il proprietario del terreno prende netto da spese una metà, od un terzo, od un quinto del raccolto, a seconda della qualità della terra; per il « barbey » (orzo) il proprietario prende un quarto netto da spesa.

L'accesso alla proprietà del terreno non è facile: la California, specialmente del Sud, è terra di grandi latifondi. La piccola proprietà, costituita da piccoli poderi, vi è assai cara: in vicinanza dei centri un podere di 10 acri irrigabili, coltivato ad ortaggi, può dare l'agiatezza ad una famiglia di coltivatori. Con altra coltura, ad esempio: di fagiuoli, per avere un risultato uguale occorrono almeno 100 acri in mezzadria; ed un buon terreno adatto alla coltura dei « lima-beans » (varietà di fagiuoli specialmente coltivata in Ventura, S. Barbara, ecc.) può valere fino a dollari 400 all'acre.

Si comprende da questo esame, pure molto generale, che l'emigrante agricolo non può raggiungere uno stato di agiatezza, anche nelle migliori condizioni di cose, se non dopo un periodo di tempo assai lungo. Non mi sembra che una emigrazione temporanea agricola possa consigliarsi: i salari che l'emigrante potrebbe risparmiare non compensano le spese di viaggio.

Data la varietà delle colture e le differenti epoche dei raccolti, occorre, per l'agricoltura Californiana, una mano d'opera nomade, che si trasporti con facilità e rapidità alle sedi dei diversi raccolti. Questa mano d'opera è ora fornita da messicani, indi, giapponesi e anche di recente da greci. Non mi parrebbe punto consigliabile dirigervi l'emigrante italiano.

In conclusione, l'emigrazione per scopi agricoli in California è consigliabile, a mio parere, solo al *buon* contadino italiano, deciso ad espatriare per un lungo periodo di tempo e ad affrontare per i primi anni una vita dura e sacrificata: egli non dovrebbe portare con sè, nel primo periodo, la famiglia che non è in condizioni di lavorare, ma riservandosi di farla venire solo quando abbia realizzate economie che gli permettano di divenire affittuario o piccolo proprietario.

A Handlist of Selected Publications on Italian Emigration and Related Matters

Aquarone, Alberto. "The Impact of Emigration on Italian Public Opinion and Politics." In Humbert S. Nelli, ed., *The United States and Italy: The First Two Hundred Years*. Proceedings of the Ninth Annual Conference of the American Italian Historical Association. New York: American Italian Historical Association, 1977, pp. 133-146.

Arcuri, Luigi De Marco. *L'emigrazione siciliana all'estero nel cinquantennio 1876-1925*. Annali della Facoltà di Economia e Commercio dell'Università di Palermo, a. III, n. 2, 1949.

Beccherini, Francesco. *Il fenomeno dell'emigrazione italiana negli Stati Uniti*. San Sepoloro: Tip. Boncompagni, 1906.

Bolletta, Francesco. *Il Banco di Napoli e Le Rimesse Degli Emigrati 1914-1925*. Napoli: Istituto Internazionale, 1972. Questions the commonly held assumption concerning the impact of immigrant remittances on Italy. See also, Vincenzo Greco, *Il Banco Napoli e la Sua Funzione Negli Stati Uniti* (1904).

Bonacci, Giovanni. *Calabria e emigrazione*. Firenze: Ricci, 1908.

Briani, Vittorio. *Emigrazione e Lavoro Italiano all'Estero: Repertorio Bibliografico*. Roma: Ministero Degli Affari Esteri, 1967. Edited and with a New Introduction and Supplemental Bibliography by Francesco Cordasco. Detroit: Blaine Ethridge, 1979.

Caroli, Betty B. *Italian Repatriation from the United States, 1900-1914*. New York: Center for Migration Studies, 1973. A study of immigration repatriation during the period of mass immigration with a chapter on "Repatriates' Impressions of the United States." Originally, Ph.D. dissertation, New York University, 1972.

Carpenter, Niles, *Immigrants and Their Children*. U. S. Bureau of the Census. Census Monograph, 7. Washington: Government Printing Office, 1927. Statistical analysis of the distribution of immigrants, spatial demography, residence, national origins, race, sex, language, age, marriage patterns, citizenship, occupations. See also, E. P. Hutchinson, *Immigrants and Their Children* (1956), an updating of the Carpenter data. Reference also should be made to *Catalogs of the Bureau of the Census Library* (Washington, D. C.) which include some 323,000 cards whose publication is underway (Boston: G. K. Hall, 1976-, 20 vols.).

Carpi, Leone. *Dell'emigrazione italiana all'estero nei suoi rapporti coll'agricoltura, coll'industria e col commercio,* Firenze: Stab. L. Civelli, 1871.

Carpi, Leone. *Delle colonie e dell'emigrazione d'italiani all'estero sotto l'aspetto dell'industria, commercio, agricoltura e con trattazione d'importanti questioni sociali,* 4 v. Milano: Tip. Ed. Lombarda, 1874.

Carpi, Leone. *L'Italia all'estero.* Roma: Centenari, 1887.

Cattapani, Carlo. "Gli emigranti italiani fra gli Anglo-Sassoni," *Atti, Congresso Geografico italiano* (Palermo, 1911), pp. 143-162.

(CENTRO Studi Emigrazione) *L'Emigrazione Italiana Negli Anni '70.* Roma: Centro Studi Emigrazione, 1975. A collection of articles from the Center's journal, *Studi Emigrazione.* See also, *Un Secolo di Emigrazione Italiana: 1876-1976* (Roma: Centro Studi Emigrazione, 1978), which is a comprehensive review of the historical, economic, and social backgrounds of Italian emigration over the last century.

(CENTRO Studi Emigrazione) *La Società Italiana di fronte alle prime migrazioni di masse.* Roma: Centro Studi Emigrazione, 1968. A special issue of the Center's *Studi Emigrazione* which studies Italian emigration with G. B. Scalabrini, Bishop of Piacenza, and his efforts in behalf of immigrants as central themes. Invaluable. Reissued, with a new foreword by F. Cordasco, New York: Arno Press, 1975.

Cerase, Francesco P. "A Study of Italian Migrants Returning from the U. S. A." *International Migration Review* 1 (Summer 1967), pp. 67-74.

Cerase, Francesco P. *From Italy to the United States and Back: Returned Migrants, Conservative or Innovative?* Ph.D. dissertation, Columbia University, 1971.

Cerase, Francesco P. "Expectations and Reality: A Case Study of Return Migration from the United States to Southern Italy." *International Migration Review* 8 (Summer 1974), pp. 245-264.

Cerase, Francesco P. *Sotto il dominio dei borghesi. Sottosviluppo ed emigrazione nell'Italia meridionale.* Roma: Carucci, 1976.

Coletti, Francesco. *Dell'emigrazione italiana.* Milano: Hoepli, 1911.

Cordasco, Francesco, ed. *The Italian Community and Its Language in the United States: The Annual Reports Of the Italian Teachers Association.* Totowa, N.J.: Rowman & Littlefield, 1975.

Cordasco, Francesco. *Italian Mass Emigration: The Exodus of a Latin People. A Bibliographical Guide to the Bollettino Dell'Emigrazione, 1902-1927.* Totowa, N.J.: Rowman & Littlefield, 1980.

Cordasco, Francesco and Thomas Monroe Pitkin. *The White Slave Trade and the Immigrants: A Chapter in American Social History.* Detroit: Blaine Ethridge, 1981.

Cordasco, Francesco and Michael Vaughn Cordasco. *Italians in the United States: An Annotated Bibliography of Doctoral Dissertations Completed at American Universities. With a Handlist of Selected Published Bibliographies, Related References Materials, and Guide Books for Italian Immigrants.* Fairview, N.J.: Junius-Vaughn Press, 1981.

Cordasco, Francesco. *The Immigrant Woman in North America: An Annotated Bibliography of Selected References.* Metuchen, N.J.: Scarecrow Press, 1985.

Cordasco, Francesco. *The New American Immigration: Evolving Patterns of Legal and Illegal Emigration. A Bibliography of Selected References.* New York: Garland Publishing, 1987.

Cordasco, Francesco, ed. *A Dictionary of American Immigration History.* Metuchen, N.J.: Scarecrow Press, 1989.

D'Ambrosio, Manlio. *Il Mezzogiorno d'Italia e l'emigrazione negli Stati Uniti.* Roma: Athenaeum, 1924.

Della Peruta, Franco. "Per la Storia dell'Emigrazione Meridionale." *Nuova Revista Storica.* Nos. 3-4 (1965), pp. 344-356. A review of the literature on Italian emigration and emigration of the 1950's and 1960's. See also, "The Italian Experience in Emigration," *International Migration Review* 1 (Summer 1967) which includes a wide range of articles.

De Luca, Paolo Emilio. *Dell'emigrazione europea ed in particolare di quella italiana,* 4 v., Torino: Bocca, 1909.

Del Vecchio, Giulio Salvatore. *Sulla emigrazione permanente italiana nei Paesi stranieri, avvenuta nel dodicennio 1876-87.* Bologna: Stab. G. Civelli, 1892.

Dickinson, Joan Y. "Aspects of Italian Immigration to Philadelphia." *Pennsylvania Magazine of History and Biography,* v. 40 (October 1966), pp. 445-465.

Dore, Grazia. *La Democrazia italiana e L'emigrazione in America.* Brescia: Morcelliana, 1964. A major work on Italian emigration history to the Americas, exploring a number of themes and attempting a conceptualization of the causes of the mass migration, the political ideologies which influenced the immigrants abroad, and the transformation of the folk culture of Italian peasants overseas. Includes "Bibliografia Per La Storia Dell'Emigrazione Italiana in America," an invaluable bibliographical report and register of titles which had been published in 1956 by the Ministero Degli Affari Esteri.

Dore, Grazia. "Some Social and Historical Aspects of Italian Emigration to America." *Journal of Social History* 2 (Winter, 1968), pp. 95-122.

Filipuzzi, Angelo. *Il Dibattito sull'Emigrazione, 1861-1914.* Firenze: Felice Le Monnier, 1976. Excerpts from the press of the time dramatizing the debate over emigration which ranged across the half century following Italy's unification (*e.g.*, in 1913 emigrants numbered 3000 a day and land owners were dismayed by the loss of cheap labor). Views of economists, colonialists, and legislators are recorded. Problems discussed are transportation of emigrants, and social aid needed to mitigate long journeys. Included are excerpts from the literature, prose, and poetry of the emigrant experience.

Florenzano, Giovanni. *Della emigrazione italiana in America comparata alle altre emigrazione europee.* Napoli: Tip. F. Giannini, 1874.

Foerster, Robert F. "A Statistical Survey of Italian Emigration." *Quarterly Journal of Economics,* vol. 23 (November 1908), pp. 66-103.

Foerster, Robert F. *The Italian Emigration of Our Times.* Cambridge: Harvard University Press, 1919; reissued with an introductory note by F. Cordasco. New York: Russell & Russell, 1968. A vast storehouse of information on the mass Italian migrations between 1876-1919 to all parts of the world. Chapters 17-20 are devoted to the experience in the United States with notices of family life, health, assimilation, and education. See also Foerster's "Emigration from Italy with Special Reference to the United States." Ph.D. dissertation, Harvard University, 1909.

Gans, Herbert J. "Some Comments on the History of Italian Migration and on the Nature of Historical Research." *International Migration Review,* Vol. 1, New Series (Summer 1967), pp. 5-9.

Gilkey, George R. "The United States and Italy: Migration and Repatriation." *Journal of Developing Areas* (1967), pp. 23-35.

Grossi, O., and G. Rosoli. *Il Pane Duro. Elementi Per Una Storia Dell'Emigrazione Italiana Di Massa, 1861-1915.* Roma: Savelli, 1976. A photographic history, with commentaries, on Italian emigration. Vivid chronicle of hardships endured by immigrant masses: contracting of emigrant labor; embarkation to America and the ordeal of steerage; Italian colonies in American urban ghettos.

Hall, Prescott F. "Italian Immigration." *North American Review,* vol. 163 (August 1896), pp. 252-254.

Haughwont, Frank G. "Italian Emigration." *U. S. Consular Reports,* vol. 11 (December 1883), pp. 364-366.

Huntington, Henry G. "Italian Emigration to the United States." *U. S. Consular Reports,* vol. 44 (February, 1894), pp. 308-309.

Istituto Coloniale Italiano. *Atti del primo congresso degli italiani all'estero* (Ottobre 1908). Roma: Manuzio, 1910. 2 vols.

Istituto Coloniale Italiano. *Atti del Secondo Congresso degli italiani all'estero* (Giugno 1911). Roma: Manuzio, 1912. 2 vols. in 4 Parts.

HANDLIST OF SELECTED PUBLICATIONS 177

Istituto de Demografia dell'Università di Roma. *L'Emigrazione dal Bacino Mediterraneo Verso l'Europa Industrializzata.* Milano: Franco Angeli, 1976. An analysis of migratory flows from Mediterranean countries to the West, Central, and Northern Europe.

The Italian Immigrant Woman in North America. Proceedings of the Tenth Annual Conference of the American Italian Historical Association (Toronto, Ontario, Canada, October 28-29, 1977). Toronto: Mulicultural History Society of Ontario, 1978.

Lenzi, Romolo and Anna Maria Birindelli. *Aspetti e Problemi dell'Emigrazione Italiana.* Roma: Ministero Degli Affari Esteri, 1977. A compact history of Italian migration over the last century. Emigration is seen as a part of the overall dynamics of the Italian labor market in the context of the economic development of the country.

Livi-Bacci, Massimo. *L'immigrazione e l'assimilazione degli italiani negli Stati Uniti secondo le statisiche demographiche Americane.* (Milano: Giuffrè, 1961). Estimates that there were in 1950 in the U.S. no fewer than seven million people, belonging to three generations, who had at least one Italian grandparent. Other estimates have run as high as 21 million and over. See Giuseppe Lucrezio Monticelli, "Italian Emigration: Basic Characeristics and Trends," in S. M. Tomasi and M. H. Engel, eds., *The Italian Experience in the United States* (1970), pp. 3-22.

Lucrezio Monticelli, G. "A Century of Italian Immigration." *Migration News.* 10 (March-April, 1961), pp. 1-4.

Lucrezio Monticelli, G. and L. Favero. "Un Quarto di Secolo di Emigrazione Italiana." *Studi Emigrazione* 9 (May-June 1972) pp. 25-26; 5-91. Italian emigration during the preceding twenty-five years and its prospects for coming years. See also, M. Federici, *Emigrazione Ieri e Domani* (1972).

Manzotti, Fernando. *La Polemica sull'Emigrazione nell'Italia Unità.* 2nd. ed. Milano: Fratelli Treves, 1969. The politics of Italian emigration, 1861-1914. Richly detailed study with valuable insights for Italian emigration to America. See also, Emilio Sereni, *Il Capitalismo Nelle Compagne* (1947), a Marxian analysis of the causes of Italian emigration; Alvo Fontani, *Gli Emigranti: L'Altra Faccia del Miracolo Economico* (1962) and *La Grande Migrazione* (1966), Francesco Renda, *L'Emigrazione in Sicilia* (1963), neo-Marxian analyses of the emigration; for a contrary view, see Giuseppe Galasso, *Mezzogiorno Medievale e Moderno* (1965) who describes the emigration as "an authentic and pacific mode of emancipation" for the southern Italian peasantry.

Martellone, Anna Maria. "Italian Mass Emigration to the United States, 1876-1930: A Historical Survey." *Perspectives in American History.* New Series I (1984): 379-423.

Massara, Giuseppe. *Viaggiatori Italiani in America, 1860-1970.* Roma: Edizioni di Storia Letteratura, 1976.

Molinari, Augusta. *Le Navi di Lazzaro: Aspetti Sanitari dell'Emigrazione Transoceanica: Il Viaggio per Mare.* Milano: Angeli, 1988.

Monga, Luigi. "Handbooks For Italian Emigrants to the United States: A Bibliographical Survey." *Resources For American Literary Study* 6 (Autumn 1976), pp. 209-221.

Motture, G., and E. Pugliese. "Observations on Some Characteristics of Italian Emigration in the Last Fifteen Years." *Community Development* 27-28 (Summer 1972), pp. 3-20.

Paoletti, Lamberto. *L'emigrazione italiana negli ultimi trent'anni.* Roma: Libr. Ed. Mantegazza, 1908.

Perotti, Antonio. "Italian Emigration in the Next Fifteen Years." *International Migration Review* 1 (Summer 1967), pp. 75-95.

Perotti, Antonio. *Programmazione e Rientro Degli Emigranti.* Roma: Centro Studi Emigrazione, 1967.

Ragionieri, Ernesto. "Italiani all'Estero ed Emigrazione di Lavoratori Italiani: Un Tema di Storia del Movimento Operaio." *Belfagor* 17 (1962): 640-699.

Reiske, Heinz. *Die USA in den Berichten Italienische Reisender.* Meisenheim am Glan: Verlag Anton Hain, 1971.

Renda, Francesco. *L'emigrazione in Sicilia.* Palermo: Ed. Sicilia al Lavoro, 1963.

Rosoli, Gian F. "La colonizzazione italiana delle Americhe tra mito e realtà (1880-1914)," *Studi Emigrazione,* vol. 9 (Ottobre 1972), pp. 296-376.

Rovere, Giovanni. *Testi Di Italiano Popolare. Autobiografie di Lavoratori e Figli di Lavoratori Emigranti. Analisi Sociolinguistica.* Roma: Centro Studi Emigrazione, 1977.

Scalise, Giuseppe. *L'emigrazione dalla Calabria. Saggio di economia sociale.* Con pref. di N. Colajanni. Napoli: Pierro, 1905.

Senner, Joseph H. "Immigration from Italy," *North American Review,* vol. 162 (May 1896), pp. 649-656. Reply by P. F. Hall, vol. 163 (August 1896), pp. 252-254.

Sitta, P. *Emigrazione e popolazione rurale in Italia.* Roma: Unione tip. ed., 1900.

Società Geografica Italiana. *Indagini sulla emigrazione italiana all'estero.* Roma: Società Geogr. Ital., 1890.

Speranza, Gino C. "Our Italian Immigration." *Nation,* vol. 80 (1905), p. 304; also, "The Italian Emigration Department in 1904." *Charities,* vol. 15 (October 21, 1905), pp. 114-116.

Stella, Antonio. *Some Aspects of Italian Immigration to the United States:*

Statistical Data Based Chiefly upon the U. S. Census and Other Official Publications. New York: Putnam's Sons, 1924. Republished New York: Arno Press/New York Times, 1975. Illustrated. Includes a preface by Nicholas Murray Butler. Brief chapters on various aspects of Italian immigration to the U. S. and Italian life in America (*e.g.*, development and character of Italian immigration, naturalization, health and morality, etc.) written by a prominent physician active in the Italian immigrant community.

Taruffi, D., L. De Nobili, C. Lori. *La questione agraria e l'emigrazione in Calabria.* Firenze: G. Barbera, 1908.

Tassello, Graziano. *Rassegna Bibliografica sull'Emigrazione e sulle Comunità Italiane all'Estero.* Roma: Fratelli Palombi Editori, 1988.

United States Immigration Commission. *Report of the Immigration Commission.* 41 vols. (61st. Congress. 2nd. and 3rd. Sessions) Washington: United States Government Printing Office, 1911. Abstracts, vols. 1-2. Includes statistical review of immigration; emigration conditions in Europe; dictionary of races and peoples; immigrants in industries; immigrants in cities, occupations of immigrants, fecundity of immigrant women; children of immigrants in schools; immigrants as charity seekers; immigration and crime; steerage conditions; bodily form of descendants of immigrants; federal immigration legislation; state immigration and alien laws; other countries; statements and recommendations. The *Index of Reports of the Immigration Commission* (S. Doc. No. 785, 61st. Congress, 3rd. Session) was never published. The *Report* was restrictionist in its basic recommendations, and the chairman of the Commission was Senator (Mass.) William P. Dillingham. The *Report* is summarized in Jeremiah W. Jenks and W. Jett Lauck, *The Immigration Problem: A Study of Immigration Conditions and Needs* (New York: Funk & Wagnalls, 1912, 6th ed., 1926). Isaac A. Hourwich, *Immigration and Labor: The Economic Aspects of European Immigration to the United States* (New York: G. P. Putnam Sons, 1912: 2nd. ed., 1922) subsidized by the American Jewish Committee, was a statistical attack on the Commission's *Report.*

Vecoli, Rudolph J. "Emigration Historiography in Italy." *The Immigration History Newsletter* 6 (November 1974), pp. 1-5. An overview of Italian emigration as a social phenomenon and its treatment by Italian historians. Valuable bibliographical references.

Vegliante, Jean-Charles. *Gli Italiani all'Estero, 1861-1981: Dati Introduttivi.* Paris: La Sorbonne, 1986.

Velikonja, Joseph. "Distribuzione Geografica degli Italiani negli Stati Uniti." *Atti. 17 Congresso Geografico Italiano* (Trieste) 2 (1961), pp. 243-262.

Velikonja, Joseph. "The Italian Born in the United States, 1950." *Annals of the Association of American Geographers* 51 (December 1961), p. 426.

Velikonja, Joseph. "Italian Immigrants in the United States in the Mid-Sixties." *International Migration Review* 1 (Summer 1967), pp. 25-37.

Villari, Luigi. *Gli Stati Uniti D'America e L'Emigrazione Italiana*. Milano: Fratelli Treves, 1912. Republished New York: Arno Press/New York Times, 1975. For many years, Luigi Villari was in the Italian consular service in the United States, and his book was intended to furnish an objective survey of "a problem very vital to Italy."

In 1975, the Italian Government organized a National Conference on Emigration. Prior to the Conference a series of essays, documents, and reports were published as background information (*Aspetti e Problemi dell'Emigrazione Italiana. Elementi di Documentazione Preliminare*. 5 vols. Roma, 1974). These volumes are essentially useful in conveying the continuing endemic character of Italian emigration, with the resurgence of political interest in an issue of national concern. The proceedings of the Conference (*L'Emigrazione Italiana nelle Prospettive degli Anni Ottanta*. 5 vols. Roma, 1975) include basic reports prepared for a discussion of the structural causes of emigration, employment policies, organizations for the protection of migrants, and the participation of migrants in governmental agencies dealing with emigration; the substance of the debates, major issues that emerged, and the opinions of the press. The Italian Ministry of Foreign Affairs in its *Aspetti e Problemi dell'Emigrazione Italiana all'Estero* (1978) reported tht 5,151,566 Italians were residing abroad in 1977. In its annual reports (*e.g.*, the earlier *Aspetti e Problemi dell'Emigrazione Italiana all'Estero nel 1976*) the Ministry updates the movement and character of Italian emigration by country of destination and population statistics. Reference should also be made to F. Foschi, *L'Emigrazione Italiana Oggi* (Roma: Ministero degli Affari Esteri, 1978).

The general trends and patterns of Fascist emigration policy can be studied in early Fascist oriented works, *e.g.*, F. Sulpizi, *Il problema dell'emigrazione dopo la rivoluzione fascista* (Milano: D. Alighieri, 1923); C. Di Marzio, *Il fascismo all'estero* (Milano: Imperia, 1923); G. Pertile, *La rivoluzione nelle leggi dell'emigrazione* (Torino: Bocca, 1923); V. Falorsi, *Problemi di emigrazione: Dal primo congresso degli italiani all'estero alla legge Johnson* (Bologna: Zanichelli, 1924); C. Arena, *Italiani per il mondo: Politica nationale dell'emigrazione* (Milano: Alpes, 1927); C. Woog, *La politique d'émigration de l'Italie* (Paris: PUF, 1930); A. R. Fiorentino, *Emigrazione transoceanica: storia-statistica-politica-legislazione* (Roma: USILA, 1931); Direzione generale degli Italiani all'Estero, *L'italiano all'estero e la sua condizione giuridica* (Roma: MAE, 1934); P. Parini, *Gli italiani nel mondo* (Milano: Mondadori, 1935). Recent appraisals include A. Nobile, "Politica migratoria e vicende dell'emigrazione durante il fascismo," *Il Ponte*, vol. 30 (1974), pp. 11-12, 1322-1335; E. Sori, "Emigrazione all'estero e migrazioni interne in Italia fra le due guerre," *Quaderni Storici*, vol. 10 (1975), pp. 29-30, 579-606;

A. Treves, *Le migrazioni interne nell'Italia fascista* (Torino: Einaudi, 1976); Claudia Bellen Damiani, "L'emigrazione italiana negli Stati Uniti durante il periodo fascista," *Affari Sociali Internazionali,* vol. 6 (1978), pp. 105-123; and Philip V. Cannistraro and Gianfausto Rosoli, "Fascist Emigration Policy in the 1920s; An Interpretive Framework," *International Migration Review,* vol. 13 (Winter 1979), pp. 673-692; and for the Fascist suppression of private agencies active in behalf of emigrants, reference should be made to the study by Philip V. Cannistraro and Gianfausto Rosoli; *Emigrazione, Chiesa e fascismo: Lo Scioglimento dell'Opera Bonomelli, 1922-1928* (Roma: Studium, 1979). Mussolini's writings on emigration are available in D. and E. Susmel, eds., *Opera Omnia di Benito Mussolini,* 36 vols. (Firenze: La Fenice, 1956). In a larger context, for Mussolini's foreign policy and emigration, see Denis Mack Smith, *Mussolini's Roman Empire* (New York: Penguin, 1977); Esmonde M. Robertson, *Mussolini as Empire Builder* (New York: St. Martin, 1977); and Alan Cassels, *Mussolini's Early Diplomacy* (Princeton University Press, 1970).

The need for a major international effort in historical research on immigration is indicated by Renzo di Felice in his evaluation of historical studies in Italy on Italian emigration during recent years in a special issue of *Affari Sociali Internazionali* ("Cenni storici sull'emigrazione italiana nelle Americhe e in Australia," 6:5-184, 1978) for which he served as editor. This special issue of *Affari Sociali Internazionali* also includes an historical review of Italian literature on Italian immigration in the United States by Gianfausto Rosoli; a contribution by Claudia Belleri Damiani on Italian emigration to the United States during the Fascist era; a study of Italian anti-Fascism in Australia by Gianfranco Cresciani; a history of Italian emigration and agricultural colonization between 1860-1880 by Eugenia Scarzanella; and studies by Giorgio Erler on Italian immigrants in the Rio Grande do Sul State in Brazil between 1875 and 1914, and by Josè De Souza Martins on the conditions of the labor market and Italian emigration in Brazil.

The most recent patterns of Italian emigration to the United States are presented in "Italian Immigrants to the United States: The Last Twenty Years," a chapter in Graziano Battistella, ed., *Italian Americans in the '80s: A Sociodemographic Profile* (New York: Center For Migration Studies, 1989). Salient points: from 1966 to 1986 over 290 thousand Italians emigrated to the United States; in 1986, Italian immigration to the United States reached its lowest level in fifty years. See also, A.M. Birindelli, "Stable Features and Changing Aspects of Italian Migration Abroad in Recent Times," *Genus* 42 (Luglio-Dicembre 1986): 141-163; P. Gastoldo, "Gli Americani di Origine Italiana: Chi Sono, Dove Sono, Quanti Sono," in *Euroamericani: La Popolazione di Origine Italiana* (Torino: Fondazione Giovanni Agnelli, 1987); S. Lieberson and M.C. Waters, *From Many Strands: Ethnic and Racial Groups in Contemporary America* (New York: Russell Foundation, 1987); J.P. Allen and E. J. Turner, *We the People: An Atlas of America's Ethnic Diversity* (New York: Macmillan, 1988); Lydio F. Tomasi, ed., *Italian Americans: New Perspectives in Italian Immigration and Ethnicity* (New York: Center For Migration Studies, 1985). In the matter of continuing assimilation and socialization of Italian Americans, see the valuable, if controversial, R. D. Alba, *Italian Americans: Into the Twilight of Ethnicity* (Englewood Cliffs, N.J.: Prentice-Hall, 1985).

Special attention should be made of a new review announced in April 1989, *Altreitalie,* sponsored by the Fondazione Giovanni Agnelli of Turin: "ALTREITALIE: A Review for All Students of Italian Emigration."

A new review, "ALTREITALIE" (Other Italies) was presented to a public of experts and journalists in April. Subtitled "An International Review of Research on Populations of Italian Origin in the World", edited and published by the Agnelli Foundation, "ALTREITALIE" will be an instrument for the dissemination of information and scientific discussion among all students of Italian emigration. The twice-yearly review has the benefit of two groups of advisers, one Italian and one international.

Referring to the 10 years of research and activities the Agnelli Foundation has dedicated to the history and problems associated with Italian emigration overseas, Marcello Pacini, the Foundation director and director of the new magazine, pointed out the originality of the endeavor. "This is the first time that a cultural foundation has not only studied the causes and impact of Italian emigration in terms of national history, but also sought to understand and interpret the contributions made by Italians and their descendents to the American and Australian societies. Some aspects of their contribution have been decisive and merit careful analysis and comparative study".

With this in mind, "ALTREITALIE" represents a platform for debate and an instrument for unravelling the historiographical knots that remain. It will not foster mere political history, but will point to economic and cultural developments in which the emigrant community has participated. "ALTREITALIE" will provide a meeting place for scholars working out of very different contexts and from differing methodologies.

The new publication was presented during an international seminar at the Agnelli Foundation, Turin, on the theme: "The state of research on the populations of Italian origin in the world: a comparison of geographic areas (the United States, Canada, Australia and Latin America)". [*Notizie d'Italia* 31 (June 1989): 16–17]

Index

This is largely a subject Index to the *Bibliographical Register of Italian Views*. References are to entry numbers in the *Register,* not to pages.

Agriculture: In Italy, 81, 201, 226, 341, 342, 513, 586; agricultural colonies in the United States, 111, 150, 177, 190, 201, 226, 276, 295, 331, 389, 392, 404, 406, 419, 495, 512, 514, 525
Alabama, 111, 307, 311, 419; Italian colonization project, 392
Alaska, 73, 98; Italian fishermen, 134; missionaries, 298, 556
Albany, New York, 14
Amador City, California, 135
American Democracy, 5, 6, 200
American South, 148, 419, 558; peonage of Italian workers, 303
Americanization, 499
Anarchists, 328
Arkansas, 20

Bandini, Pietro (Rev.), 136, 373, 385
Bankers (Italian) in United States, 45, 575
Biasotti, R. (Rev.), 138
Biella, 70, 178
Big Game Hunting, 472, 509; in Texas, 510
Boston, 113, 191, 229, 233, 550; Sacred Heart Mission, 124; San Raffaele Society, 487; Sicilian fishermen, 340
Boston Italian Immigrants' Society, 229
Buffalo, New York, 14, 275

Cabrini, F.S. (Mother), 137
Calabria: emigration from, 42, 471; agrarian question and emigration, 513

California, 70, 73, 87, 133, 135, 147, 165, 233, 289, 477; agricultural settlement, 150
Canal Zone: Panama Canal Italian workers, 266
Catholic universities in United States, 313
Carnovale, L.: Italianità in the United States, 175
Cesnola, L. Palma di, 126
Chicago, 159, 206, 207, 250, 375, 395, 437, 508; Eucaristic Congress (1927), 132; Exposition (1894), 455; Women's Palace, 344
Children: emigration of, 29, 31; protection and care, 474; urban congestion and, 503
Chini, Eusebio (Rev.), 412
Citizenship, 197, 271, 518, 553
Clinton, Indiana, 162
Coal miners, 162
Colorado, 125, 339
Connecticut, 63, 73
Commissariato dell'Emigrazione, 233, 407, 428
Consuls/consular reports, 233, 518, 526, 535
Cosenza (Province), 81
Crime: factors which favor, 102, 103, 104
Cuba, 1

Dante Alighieri Society, 390, 453; actions for diffusion of Italian language and culture in United States, 486

Dante studies in United States, 47
Daphne (Alabama), 111
Deaf-Mutes: education of, 180
Delaware, 319
Denver, Colorado: Italian orphanage, 339
District of Columbia, 233

Earthquake: San Francisco (1906), 320
Emigration guides, 112, 198, 223, 263, 372, 588
Eucaristic Congress (1927): in Chicago, 132

Ferris, A.W., 529
Florida, 308, 311, 446
Franciscan Fathers, 77, 167
Friuli: emigration, 602

Garfield, James A. (President), 40
Georgia, 319
Guides: See Emigration guides

High Bank, Texas, 111
Hoboken, New Jersey, 379
Hollywood, California, 188
Homicide: in United States, 51
Hunting, 472, 509; in Texas, 510

Idaho, 59
Illegal immigration, 549
Illinois, 375; see Chicago
Illiteracy, 128, 236, 299, 323; ostracism in the United States, 9
[Immigrant] Agents, 279
Immigrant Savings and remittances, 232, 240, 499, 534
Imperialism: American, 129
Indiana, 162
Insanity: among Italian and European immigrants, 529
Iron workers, 578
Italian colonization projects: Alabama, 392; Arkansas, 392; California, 150; Louisiana, 304; Mississippi, 419, 446, 623; New York State, 295; Texas, 406
Italian Emigration: Business of, 17, 18, 21, 43, 74, 193, 222; Colonization, 82, 89, 91, 94, 109, 170, 171, 177, 190, 194, 212,

Italian Emigration (*cont.*)
219, 276, 352, 389, 512; Demography: 130, 541; Economic and social aspects: 108, 116, 117, 123, 168, 195, 210, 258, 267, 269, 270, 285, 291, 292, 300, 318, 326, 327, 331, 343, 351, 354, 358, 360, 365, 380, 383, 399, 401, 402, 413, 417, 441, 442, 465, 466-470, 482, 516, 518, 531, 537, 566-570, 580, 581, 586, 600, 604, 605-607; History: 107, 118, 119, 141, 142, 144, 154, 156-158, 185, 217, 218, 220, 234, 246, 256, 261, 262, 281, 283, 310, 316, 355, 361, 362, 364, 366, 369, 380, 394, 409, 414, 438, 458, 459, 499, 517, 537, 538, 543, 545, 554, 561, 564, 571, 582, 584, 589-593, 594, 596; Laws and Regulations: 235, 252, 257, 447, 448, 449, 460, 467, 531, 533, 544; Pre- World War I, 60; Statutes: 35, 234, 498, 500, 520; and War, 515
Italian Foreman: as social agent, 491
Italian Immigrants: Protection in United States and abroad, 36, 37, 55, 68, 95, 113, 127, 153, 199, 202, 213-216, 229-231, 278, 286, 295, 394, 428, 435, 436, 440, 450, 474, 485, 487, 576, 590, 593; Among "Anglo-Saxons," 90
Italian Language Abroad, 452, 486, 522, 546, 577
Italian Life in the United States, 54, 61, 69, 83, 88, 96, 98, 105, 175, 204, 205, 209, 221, 238, 239, 259, 260, 267, 272, 274, 277, 314, 315, 317, 334, 335, 371, 388, 411, 420, 424, 425, 429, 457, 461, 476, 489, 584, 595, 599
Italian Clergy and assistance of immigrants, 202, 203, 213-216, 254, 345-347; in Alaska, 298, 556; See Franciscan Fathers, Scalabrinian Missionaries
Italian South: and emigration, 131, 391, 483, 513
Italica Gens: in the United States, 76, 213, 242-244, 254, 273

Jesuists, 15, 556
Journalism: Italian in United States, 85, 175

Kentucky, 75, 473

Letters from America, 3, 4, 597
Lombardia: emigration from, 223
Lucca, 484

INDEX 185

Louisiana, 304, 309, 419, 446, 473; Tangipahoa, 304; *See* New Orleans, Lynching in the United States
Lynching in the United States, 57, 329, 330, 367, 368

Maldotti, Pietro (Rev.), 168
Marconiville, Illinois, 375
Maryland, 319, 473
Massachusetts, 63, 393; *See* Boston, New England
Mentana, 2
[Il] Mezzogiorno, 131, 391, 442
Michigan, 89, 160, 161, 473
Ministero degli Affari Esteri, 235, 438
Minnesota, 89, 160, 161; Iron workers, 578
Missionaries: *See* Italian Clergy
Mississippi, 419, 446, 603
Missouri, 473
Monmouth Cave (Kentucky), 75
Monroe Doctrine, 34
Montana, 59
Mormons (Utah), 66

Naples: emigration from, 414
Nationalism, 121, 122, 192, 222, 366, 547, 563
New Haven, Connecticut, 72
New England, 63, 249
New Jersey, 379, 397
New Orleans, 176, 233, 264, 265, 301, 302, 306, 446, 557, 558; Lynchings, 367
New York City, 55, 172, 189, 196, 206, 208, 230, 231, 350, 405, 427, 493, 511, 539, 597; Catholic Agencies, 337; Immigrant work agencies, 155, 421, 536; Italian Chamber of Commerce, 290; Orphanages, 376
[New York City] Exhibit On Congestion of Population (1908), 511
[New York] Society For Italian Immigrants, 230, 231
New York Society For the Protection of Italian Immigrants, 488
New York State, 14, 237, 255, 378, 382; Agricultural colonies, 295; Immigrant work agencies, 155
North Carolina, 319

Ohio, 160, 473
Oregon, 59

Pacific Coast, United States: Italian colonization, 44, 164, 477
Palermo, Sicily, 264, 266
Panama Canal: Italian immigrant workers, 266
Parochial (Catholic) Schools, 99, 100, 179, 374, 379, 387
Peasants: emigration, 81, 86, 391, 471, 442, 513
Pellagra: and immigrants, 463
Pennsylvania, 7, 139, 224, 233, 248, 319, 462; Universities, 146
Peonage: Italian workers in American South, 303
Philadelphia, 139, 228, 233, 241, 248, 319, 497, 559; Catholicism, 224; Good Counsel School, 374, 387
Piemonte: emigration, 32
Pittsburgh, Pennsylvania, 233
Protection of Immigrants: *See* Italian Immigrants: Protection
Protestant Missions, 115, 225
Providence, Rhode Island, 377
Pullman, Washington State, 598

Races in the United States, 102
Religion and Immigrants, 16, 77, 78, 140, 143, 166, 225, 345-347, 461
Remittances/Savings: *See* Immigrant Savings/Remittances
Repatriation from the United States, 24, 25
Rhode Island, 63, 377
Rochester, New York, 378
Rossi, Egisto: and American society, 292, 432; and American public instruction, 293

Sacred Heart Missionaries, 297; in Boston, 124
San Francisco, 70, 233, 325; Earthquake (1906), 320
San Martino, 2
San Raffaele Society, 487, 593
Sanitary/Hygienic Measures for Immigrants, 407, 415, 416, 480, 573
Sardinia: emigration, 528
Scalabrini, G.B. (Mons.), 321, 322, 466-470
Scalabrinian Missionaries in the United States, 78, 213-216, 242-244, 259, 273, 466-470, 485, 572; in Boston, 214, 550; in New York City, 215

INDEX

Schooling in the United States, 58, 79, 99, 179, 293, 313, 353, 374, 379, 387, 408, 433, 454, 523, 577; Fascist legislation on Italian schools abroad, 338
Scranton, Pennsylvania, 521
Ships/Emigration: *See* Transports/Steamships
Sicilian poetry on Workers in United States, 13
Sicily: emigration, 65, 396, 400; Sicilian fishermen in Boston, 340
Slavery in the United States, 52
Society For Emigration and Colonization, 82
Sonora County, California, 135
South Carolina, 319
Spanish-American War, 93, 333
Stockton, California, 135

Tailors: Union of Italian, 539
Tennessee: Italian miners in East, 305
Texas: Big Game Hunting, 510; colonization of coast, 519; Italian colonies, 94, 302, 311, 312, 406, 445, 446, 521; High Bank, 111; Society for Agricultural Colonization, 406
Textile Industry: Italian workers, 423
Tontitown, Arkansas, 20
Tosi, Pasquale (Rev.), 298
Transports/Steamships: Laws and regulations, 533, 574; Sanitary/hygienic measures, 407, 415, 416, 480, 583
Treviso (Province): emigration, 23
Trieste: Port of embarkation, 443
Tuberculosis: and Italian emigration, 478, 479, 501, 502, 504–506; Sixth International Congress (1908), 502

Tuscany: emigration, 542

United States: Observations on Constitution, 92, 332, 565; public instruction, 293; opinion on Italian community, 562, 567; American society, 292, 314, 324, 334, 335, 356, 357, 403, 426, 475, 509, 551
Utah, 125; Mormons, 66

Verona: emigration, 496, 540
Vessels/Emigration: *See* Transports/Steamships
Villeneuve, A. (Abbot), 120, 571
Vineland, New Jersey, 397
Virginia, 319; Italian colonies, 439
Vogel, G. (Rev.), 203
Voyages and Travels to the United States, 110, 114, 145, 151, 152, 163, 173, 174, 178, 181, 182, 184, 186, 204, 211, 245, 247, 251, 280, 284, 287, 288, 324, 336, 356, 363, 370, 418, 430, 434, 444, 451, 456, 472, 481, 508, 552, 554, 603

Washington, D.C.: Department of Labor, 431
Washington State, 59
West Virginia, 253, 319; abuse of Italian workers, 490, 492
Wisconsin, 160, 161
Women: Condition and emigration, 29, 31, 32, 348; Education in United States, 315; in Italy and America, 349; Protection, 474; and Urban congestion, 503

Titles of Related Interest

Order From:
THE JUNIUS-VAUGHN PRESS, INC.
P.O. Box 85
Fairview, New Jersey 07022
. . .
Price List Available on Request

David Alloway & Francesco Cordasco. *Minorities And the American City: A Sociological Primer For Educators.* New York: David McKay, 1970.

Leonard Covello. *The Social Background of the Italo-American School Child: A Study of The Southern Italian Family Mores and Their Effect on the School Situation in Italy and America.* Edited & with an Introduction by Francesco Cordasco. Leiden: E.J. Brill, 1967.

Francesco Cordasco, ed. *Studies in Italian American Social History: Essays in Honor of Leonard Covello.* Totowa, N.J.: Rowman & Littlefield, 1975.

Francesco Cordasco. *Italians in the United States: A Bibliography of Reports, Texts, Critical Studies and Related Materials.* New York: Oriole Editions, 1972.

Francesco Cordasco. *The Italians: Social Backgrounds of An American Group.* New York: Augustus M. Kelley, 1974.

Thomas Monroe Pitkin & Francesco Cordasco. *The Black Hand; A Chapter in Ethnic Crime.* Totowa, N.J.: Rowman & Littlefield, 1977.

Francesco Cordasco, ed. *The Italian Community and Its Language in the United States: The Annual Reports Of the Italian Teachers Association.* Totowa, N.J.: Rowman & Littlefield, 1975.

Francesco Cordasco. *Italian Mass Emigration: The Exodus of a Latin People. A Bibliographical Guide to the Bollettino Dell'Emigrazione, 1902-1927.* Totowa, N.J.: Rowman & Littlefield, 1980.

Francesco Cordasco and Thomas Monroe Pitkin. *The White Slave Trade and the Immigrants: A Chapter in American Social History.* Detroit: Blaine Ethridge, 1981.

Francesco Cordasco and Michael Vaughn Cordasco. *Italians in the United States: An Annotated Bibliography of Doctoral Dissertations Completed at American Universities. With a Handlist of Selected Published Bibliographies, Related References Materials, and Guide Books for Italian Immigrants.* Fairview, N.J. & London: Junius Vaughn Press, 1981.